2018 수능특강 영어통단어(上)

2018 수능특강 영어통단어(上)

발 행 일   2017년 3월 3일

편   저   조 태 웅
펴 낸 이   손 형 국
펴 낸 곳   ㈜ 북랩
편 집 인   선일영   편 집   이종무, 권유선, 송재병, 최예은
디 자 인   이현수, 이정아, 김민하, 한수희   제 작   박기성, 황동현, 구성우
마 케 팅   김회란, 박진관
출판등록   2004. 12. 1(제2012-000051호)
주   소   서울시 금천구 가산디지털 1로 168, 우림라이온스밸리 B동 B113, 114호
홈페이지   www.book.co.kr
전화번호   (02)2026-5777   팩 스   (02)2026-5747

ISBN   979-11-5987-478-9 54740(종이책)   979-11-5987-479-6 55740(전자책)

2018

◉EBS영어영역

수능특강

(上)영어

| 조태웅 펴저 |

통단어

쓰면서 쉽고 재미있게 암기하는 수능 영단어 학습법

1강~18강

◉ 학생이 자습하기에 딱 좋습니다!

◉ 선생님이 과제로 내주기에도 딱 좋습니다!

수능특강에 나오는 관용표현과 어려운 우리말을 아주 쉽게 (배경)설명까지!!

예1 drive ~ up the wall(짜증나게하다)
: 막다른 벽(wall)으로 몰고가니(drive) 짜증날만 하죠

예2 breeding ground(온상지)
: 현상이나 사상 따위가 자라나는(breeding) 장소(ground)

북랩 book Lab

⊙EBS영어영역

수능특강
영어통단어(上)

1강~18강

CONTENTS

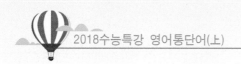
A. 문맥 속 영단어 정성껏 읽어보기(오른쪽 파란색 우리말에 해당하는 왼쪽 영어 떠올려 보기)

01	Wildfire산불 Action Plan	• 산불 대응 계획
02	It is vital지극히 중요한 that S+V	• S가 V하는 것은 지극히 중요하다.
03	face직면하다,향하다 a wildfire	• 산불에 직면하다.
04	the seriousness중대함 of this plan(serious 심각한, 중대한)	• 이런 계획의 중대함
05	have been carefully explained설명하다	• 면밀히 설명되었습니다.
06	the risk위험 of fire has still been extreme심(각)한	• 화재의 위험이 여전히 심각하다.
07	make it critical대단히,중대한 that+S+V	• S가 V하는 것을 대단히 중요하게 만들다.
08	rehearse(예행) 연습하다 our evacuation대피 to~	• 우리는 ~로 대피를 연습한다.
09	the designated지정된 'wildfire refuge대피 장소, 피난처'	• 지정된 '산불 대피 장소'
10	emergency긴급 lockdown통제 procedures	• 긴급 통제 절차
11	The students were impressive.깊은 인상을 주는	• 학생들은 깊은 인상을 주었다.
12	a mature성숙한 and serious approach접근 to the drill훈련	• 그 훈련에 성숙하고 진지한 접근

B. 빈칸을 영어로(빈칸에 해당하는 오른쪽 우리말에 동그라미 하면서 빈칸 채우기)

01	W___ Action Plan	• 산불 대응 계획
02	It is v___ that S+V	• S가 V하는 것은 지극히 중요하다.
03	f___ a wildfire	• 산불에 직면하다.
04	the s___ of this plan	• 이런 계획의 중대함
05	has been carefully e___ed	• 면밀히 설명되었습니다.
06	the r___ of fire has still been e___	• 화재의 위험이 여전히 심각하다.
07	make it c___ that+S+V	• S가 V하는 것을 대단히 중요하게 만들다.
08	r___ our e___ to~	• 우리는 ~로 대피를 연습한다.
09	the d___ 'wildfire r___'	• 지정된 '산불 대피 장소'
10	e___ l___ procedures	• 긴급 통제 절차
11	The students were i___.	• 학생들은 깊은 인상을 주었다.
12	a m___ and serious a___ to the d___	• 그 훈련에 성숙하고 진지한 접근

C. 빈칸을 우리말로(빈칸에 해당하는 왼쪽 영어에 동그라미 하면서 빈칸 채우기)

01	Wildfire Action Plan	• ___ 대응 계획
02	It is vital that S+V	• S가 V하는 것은 ___.
03	face a wildfire	• 산불에 ___.
04	the seriousness of this plan	• 이런 계획의 ___
05	have been carefully explained	• 면밀히 ___.
06	the risk of fire has still been extreme	• 화재의 ___이 여전히 ___하다.
07	make it critical that+S+V	• S가 V하는 것을 ___ 만들다.
08	rehearse our evacuation to~	• 우리는 ~로 ___를 ___.
09	the designated 'wildfire refuge'	• ___ '산불 ___'
10	emergency lockdown procedures	• ___ ___ 절차
11	The students were impressive.	• 학생들은 ___.
12	a mature and serious approach to the drill	• 그 ___에 ___ 진지한 ___

A. 문맥 속 영단어 정성껏 읽어보기(오른쪽 파란색 우리말에 해당하는 왼쪽 영어 떠올려 보기)

01	promotion승진,촉진 to Associate Professor	● 부교수로의 승진
02	make significant상당한 contributions공헌	● 상당한 공헌을 하다.
03	the Biology생물학 Department과,학부	● 생물학과
04	be voted뽑다,투표하다 'Teacher of the Year'	● '올해의 (우수) 교수'로 뽑히다.
05	review검토하다 the list of your publications출판물	● 당신의 출판물 목록을 검토하다.
06	withhold보류하다 the promotion	● 승진을 보류하다.
07	promising유망한 research projects in progress진행중인	● 진행 중인 유망한(좋은 전망이 있는) 연구 과제
08	grant부여하다 Associate Professor status지위	● 부교수 지위를 부여하다.
09	reconsider재고하다 request for advancement승진,발달	● 승진 요청을 재고하다.
10	quality(품)질 of your publications	● 당신 출판물의 (품)질
11	salute경의를 표하다,인사하다 your contributions to A	● A에 대한 당신의 공헌에 경의를 표하다.
12	professional직업의,전문의 and academic학문의 career	● 직업의 그리고 학문의 경력

B. 빈칸을 영어로(빈칸에 해당하는 **오른쪽 우리말에 동그라미** 하면서 빈칸 채우기)

01	p_____ to Associate Professor	● 부교수로의 승진
02	make s_____ c_____s	● 상당한 공헌을 하다.
03	the B_____ D_____	● 생물학과
04	be v____d 'Teacher of the Year'	● '올해의 (우수) 교수'로 뽑히다.
05	r_____ the list of your p_____s	● 당신의 출판물 목록을 검토하다.
06	w_____ the promotion	● 승진을 보류하다.
07	p_____ research projects i_____	● 진행 중인 유망한 연구 과제
08	g_____ Associate Professor s_____	● 부교수 지위를 부여하다.
09	r_____ request for a_____	● 승진 요청을 재고하다.
10	q_____ of your publications	● 당신 출판물의 (품)질
11	s_____ your contributions to A	● A에 대한 당신의 공헌에 경의를 표하다.
12	p_____ and a_____ career	● 직업의 그리고 학문의 경력

C. 빈칸을 우리말로(빈칸에 해당하는 **왼쪽 영어에 동그라미** 하면서 빈칸 채우기)

01	promotion to Associate Professor	● 부교수로의 _____
02	make significant contributions	● _____ _____을 하다.
03	the Biology Department	● _____
04	be voted 'Teacher of the Year'	● '올해의 (우수) 교수'로 _____.
05	review the list of your publications	● 당신의 _____ 목록을 _____.
06	withhold the promotion	● 승진을 _____.
07	promising research projects in progress	● _____ _____ 연구 과제
08	grant Associate Professor status	● 부교수 _____를 _____.
09	reconsider request for advancement	● _____ 요청을 _____.
10	quality of your publications	● 당신 출판물의 _____
11	salute your contributions to A	● A에 대한 당신의 공헌에 _____.
12	professional and academic career	● _____ 그리고 _____ 경력

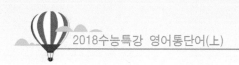
A. 문맥 속 영단어 정성껏 읽어보기(오른쪽 파란색 우리말에 해당하는 왼쪽 영어 떠올려 보기)

01	provide banking facilities(복수 형태로) 편의,시설	• 은행 업무 편의(편리하고 좋음)를 제공하다.
02	accurately정확하게 meet충족시키다 our customers'needs	• 정확하게 고객들의 요구를 충족시키다.
03	It is essential필수적인 that +S+V.	• S가 V하는 것이 필수적입니다.
04	give us your opinion의견	• 우리에게 당신의 의견을 주다.
05	an independent독자적인 market research company	• 독자적인 시장 조사 회사
06	a reliable신뢰할 수 있는 company	• 신뢰할 수 있는 회사
07	individual개별적인 responses	• 개별적인 응답
08	be kept completely철저히,완전히 confidential비밀의	• 철저히 비밀로 지켜지다.
09	conduct수행하다 the interviews	• 인터뷰를 수행하다.
10	not be contacted연락하다 at all	• 연락을 전혀 받지 않다.
11	value소중히 여기다 your contribution기여,공헌	• 당신의 기여를 소중히 여기다.

B. 빈칸을 영어로(빈칸에 해당하는 **오른쪽 우리말에 동그라미** 하면서 빈칸 채우기)

01	provide banking f＿＿	• 은행 업무 편의를 제공하다.
02	a＿＿ m＿＿ our customers' needs	• 정확하게 고객들의 요구를 충족시키다.
03	It is e＿＿ that +S+V.	• S가 V하는 것이 필수적입니다.
04	give us your o＿＿	• 우리에게 당신의 의견을 주다.
05	an i＿＿ market research company	• 독자적인 시장 조사 회사
06	a r＿＿ company	• 신뢰할 수 있는 회사
07	i＿＿ responses	• 개별적인 응답
08	be kept c＿＿ c＿＿	• 철저히 비밀로 지켜지다.
09	c＿＿ the interviews	• 인터뷰를 수행하다.
10	not be c＿＿ed at all	• 연락을 전혀 받지 않다.
11	v＿＿ your c＿＿	• 당신의 기여를 소중히 여기다.

C. 빈칸을 우리말로(빈칸에 해당하는 **왼쪽 영어에 동그라미** 하면서 빈칸 채우기)

01	provide banking facilities	• 은행 업무 ＿＿를 제공하다.
02	accurately meet our customers' needs	• ＿＿ 고객들의 요구를 ＿＿.
03	It is essential that +S+V.	• S가 V하는 것이 ＿＿입니다.
04	give us your opinion	• 우리에게 당신의 ＿＿을 주다.
05	an independent market research company	• ＿＿ 시장 조사 회사
06	a reliable company	• ＿＿ 회사
07	individual responses	• ＿＿ 응답
08	be kept completely confidential	• ＿＿ ＿＿ 지켜지다.
09	conduct the interviews	• 인터뷰를 ＿＿.
10	not be contacted at all	• ＿＿을 전혀 받지 않다.
11	value your contribution	• 당신의 ＿＿를 ＿＿.

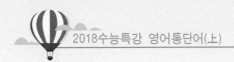
A. 문맥 속 영단어 정성껏 읽어보기(오른쪽 파란색 우리말에 해당하는 왼쪽 영어 떠올려 보기)

01	a subscriber가입자,기부자 to your Internet service	귀사의 인터넷 서비스 가입자(이용자)
02	of late최근에 increase dramatically급격히	최근에 급격히 증가하다.
03	The popups in particular are disturbing방해하는,성가신	특히 팝업들이 방해를 한다.
04	the content내용 of the spam is offensive불쾌한	쓰레기 편지(스팸)의 내용이 불쾌하다.
05	totally완전히 appalled오싹한,질겁한 by these messages.	이런 메시지에 완전히 질겁한 [질겁한 : 질식할 정도로 겁에 질린(놀란)]
06	share공유하다 my computer	내 컴퓨터를 공유하다.
07	irritating짜증 나게 하는 emails	짜증 나게 하는 이메일
08	currently현재 pay $60	현재 60달러를 지불하다.
09	provide proper적절한 internet services	적절한 인터넷 서비스를 제공하다.
10	seriously심각하게 consider ~ing	~하는 것을 심각하게 고려하다.
11	switch over to~로 바꾸다 one of your competitors경쟁사	경쟁사(경쟁자)들 중에 하나로 바꾸다.
12	be eager to~하기를 간절히 바라다 provide better services	더 나은 서비스 제공하기를 간절히 바라다.

B. 빈칸을 영어로(빈칸에 해당하는 **오른쪽 우리말에 동그라미** 하면서 빈칸 채우기)

01	a s_____ to your Internet service	귀사의 인터넷 서비스 가입자(이용자)
02	o_____ increase d_____	최근에 급격히 증가하다.
03	The popups in particular are d_____	특히 팝업들이 방해를 한다.
04	the c_____ of the spam is o_____	쓰레기 편지(스팸)의 내용이 불쾌하다.
05	t_____ a_____ by these messages.	이런 메시지에 완전히 질겁한
06	s_____ my computer	내 컴퓨터를 공유하다.
07	i_____ emails	짜증나게 하는 이메일
08	c_____ pay $60	현재 60달러를 지불하다.
09	provide p_____ internet services	적절한 인터넷 서비스를 제공하다.
10	s_____ consider ~ing	~하는 것을 심각하게 고려하다.
11	s_____ one of your c_____s	경쟁사(경쟁자)들 중에 하나로 바꾸다.
12	b_____ provide better services	더 나은 서비스 제공하기를 간절히 바라다.

C. 빈칸을 우리말로(빈칸에 해당하는 **왼쪽 영어에 동그라미** 하면서 빈칸 채우기)

01	a subscriber to your Internet service	귀사의 인터넷 서비스 _____
02	of late increase dramatically	_____ _____ 증가하다.
03	The popups in particular are disturbing	_____ 팝업들이 _____.
04	the content of the spam is offensive	쓰레기 편지의 _____이 _____하다.
05	totally appalled by these messages.	이런 메시지에 _____ _____
06	share my computer	내 컴퓨터를 _____.
07	irritating emails	_____ 이메일
08	currently pay $60	_____ 60달러를 지불하다.
09	provide proper internet services	_____ 인터넷 서비스를 제공하다.
10	seriously consider ~ing	~하는 것을 _____ 고려하다
11	switch over to one of your competitors	_____들 중에 하나 _____.
12	be eager to provide better services	더 나은 서비스 제공하기를 _____.

A. 문맥 속 영단어 정성껏 읽어보기(오른쪽 파란색 우리말에 해당하는 왼쪽 영어 떠올려 보기)

01	our relationships관계 with parents and siblings형제자매	●	우리와 부모형제자매와의 관계
02	particularly특히 adult-child relationships	●	특히 어른과 아이 사이의 관계
03	peer또래,동료 relationships	●	또래 관계
04	a degree정도 of equality평등 between the participants관계(참여)자	●	관계자들 간의 어느 정도의 평등
05	allow more negotiation협상	●	더 많은 협상을 허락한다(가능하게 하다).
06	the terms조건 of the relationship	●	관계의 조건
07	be relatively비교적 easily established형성된(destroyed파괴된)	●	비교적 쉽게 형성된다(파괴된다).
08	be stuck with~을 떨쳐버리지 못한다(붙잡히다) us	●	우리를 떨쳐버리지 못한다(붙잡히다).
09	hurt감정 상하게 하다 or annoy성가시게 하다 them	●	그들을 감정 상하게 하거나 성가시게 하다.
10	declare선언하다,'I'm not your friend any more.'	●	나는 더 이상 너의 친구가 아니다라고 선언하다.
11	make much훨씬 more of an effort노력	●	훨씬 더 많은 노력을 하다.
12	strengthen강화하다 and maintain유지하다 relationships	●	관계를 강화하고 유지하다.

B. 빈칸을 영어로(빈칸에 해당하는 오른쪽 우리말에 동그라미 하면서 빈칸 채우기)

01	our r＿＿s with parents and s＿＿s	●	우리와 부모형제자매와의 관계
02	p＿＿ adult-child relationships	●	특히 어른과 아이 사이의 관계
03	p＿＿ relationships	●	또래 관계
04	a d＿＿ of e＿＿ between the p＿＿s	●	관계자들 간의 어느 정도의 평등
05	allow more n＿＿	●	더 많은 협상을 허락한다(가능하게 한다).
06	the t＿＿s of the relationship	●	관계의 조건
07	be r＿＿ easily e＿＿(d＿＿)	●	비교적 쉽게 형성된다(파괴된다).
08	b＿＿ us	●	우리를 떨쳐버리지 못한다(붙잡히다).
09	h＿＿ or a＿＿ them	●	그들을 감정 상하게 하거나 성가시게 하다.
10	d＿＿,'I'm not your friend any more.'	●	나는 더 이상 너의 친구가 아니다라고 선언하다.
11	make m＿＿ more of an e＿＿	●	훨씬 더 많은 노력을 하다.
12	s＿＿ and m＿＿ relationships	●	관계를 강화하고 유지하다.

C. 빈칸을 우리말로(빈칸에 해당하는 왼쪽 영어에 동그라미 하면서 빈칸 채우기)

01	our relationships with parents and siblings	●	우리와 부모＿＿와의 ＿＿
02	particularly adult-child relationships	●	＿＿ 어른과 아이 사이의 관계
03	peer relationships	●	＿＿ 관계
04	a degree of equality between the participants	●	＿＿들 간의 어느 ＿＿의 ＿＿
05	allow more negotiation	●	더 많은 ＿＿을 허락한다(가능하게 한다).
06	the terms of the relationship	●	관계의 ＿＿
07	be relatively easily established(destroyed)	●	＿＿ 쉽게 ＿＿다(＿＿다).
08	be stuck with us	●	우리를 ＿＿.
09	hurt or annoy them	●	그들을 ＿＿나 ＿＿.
10	declare,'I'm not your friend any more.'	●	나는 더 이상 너의 친구가 아니다라고 ＿＿.
11	make much more of an effort	●	＿＿ 더 많은 ＿＿을 하다.
12	strengthen and maintain relationships	●	관계를 ＿＿고 ＿＿.

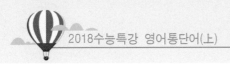
A. 문맥 속 영단어 정성껏 읽어보기(오른쪽 파란색 우리말에 해당하는 왼쪽 영어 떠올려 보기)

01	the newness of contemporary현대의,동시의 literature문학	•	현대 문학의 새로움
02	the context상황,문맥,배경 in which it is received	•	그것이 수용되는 상황
03	something interesting edge이점,테두리	•	매우 흥미로운 이점
04	because of globalization세계화	•	세계화로 인해
05	many more shared references참고(자료)	•	더욱 많은 공유된 참고 자료들
06	with regard to~에 관련하여 media and cultural icons표상,상징	•	매체 및 문화적 표상(상징)과 관련하여
07	mixed, as a rule대체적으로, with local지역의 references	•	대체적으로, 지역적인 참고 자료와 혼합된
08	It can easily be heldhold-held-held생각하다,잡다 that S+V.	•	~라고 분명히 생각될 수 있다.
09	have more in common공통으로 with each other	•	상호 간에 공통으로 더 많은 것을 가지다.
10	literary문학적인 traditions	•	문학적인 전통
11	such a significant중요한,(의미가) 큰 influence on ~	•	~에 미치는 아주 큰(중요한) 영향
12	Writers of the past did not have access접근.	•	과거의 작가들이 접근하지 못했다.

B. 빈칸을 영어로(빈칸에 해당하는 **오른쪽 우리말에 동그라미** 하면서 빈칸 채우기)

01	the newness of c_____ l_____	•	현대 문학의 새로움
02	the c_____ in which it is received	•	그것이 수용되는 상황
03	something interesting e_____	•	매우 흥미로운 이점
04	because of g_____	•	세계화로 인해
05	many more shared r_____s	•	더욱 많은 공유된 참고 자료들
06	w_____ media and cultural i_____s	•	매체 및 문화적 표상(상징)과 관련하여
07	mixed, a_____, with l_____ references	•	대체적으로, 지역적인 참고 자료와 혼합된
08	It can easily be h_____ that S+V.	•	~라고 분명히 생각될 수 있다.
09	have more i_____ with each other	•	상호 간에 공통으로 더 많은 것을 가지다.
10	l_____ traditions	•	문학적인 전통
11	such a s_____ influence on ~	•	~에 미치는 아주 큰(중요한) 영향
12	Writers of the past did not have a_____.	•	과거의 작가들이 접근하지 못했다.

C. 빈칸을 우리말로(빈칸에 해당하는 **왼쪽 영어에 동그라미** 하면서 빈칸 채우기)

01	the newness of contemporary literature	•	_____의 새로움
02	the context in which it is received	•	그것이 수용되는 _____
03	something interesting edge	•	매우 흥미로운 _____
04	because of globalization	•	_____로 인해
05	many more shared references	•	더욱 많은 공유된 _____들
06	with regard to media and cultural icons	•	매체 및 문화적 _____과 _____
07	mixed, as a rule, with local references	•	_____, _____ 참고 자료와 혼합된
08	It can easily be held that S+V.	•	~라고 분명히 _____ 수 있다.
09	have more in common with each other	•	상호 간에 _____ 더 많은 것을 가지다.
10	literary traditions	•	_____ 전통
11	such a significant influence on ~	•	~에 미치는 아주 _____ 영향
12	Writers of the past did not have access.	•	과거의 작가들이 _____ 못했다.

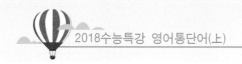
A. 문맥 속 영단어 정성껏 읽어보기(오른쪽 파란색 우리말에 해당하는 왼쪽 영어 떠올려 보기)

01	interfere with~을 방해하다 achievement	● (일의)성취를 방해하다.
02	primarily무엇보다,주로 because competition is stressful	● 경쟁은 무엇보다 스트레스를 유발하기 때문에
03	the anxiety that arises from~~에서 발생하다	● ~에서 발생하는 걱정
04	This anxiety can be suppressed억제하다,억누르다.	● 이러한 걱정이 억제될 수 있다.
05	distract(주의를) 딴 데로 돌리다 attention	● 주의를 다른 데로 돌리다.
06	the task at hand당면한(당장에 직면한)	● 당면한 일
07	ask her pupils제자, 학생 a question	● 그녀의 제자들에게 질문을 하다.
08	attract(주의, 관심) 끌다 her attention	● 그녀의 관심을 끌다
09	Finally recognized알아보다, 인지하다, S+V	● 마침내 인지되어지자, S는 V 한다.
10	scratch긁다 his head	● 머리를 긁적이다.
11	focus on beating이기다 his classmates	● 자신의 급우들을 이기는 데 집중하다.
12	Competition hinders방해하다 performance.	● 경쟁이 일의 수행을 방해한다.

B. 빈칸을 영어로(빈칸에 해당하는 오른쪽 우리말에 동그라미 하면서 빈칸 채우기)

01	i_____ achievement	● (일의)성취를 방해하다.
02	p_____ because competition is stressful	● 경쟁은 무엇보다 스트레스를 유발하기 때문에
03	The anxiety that a____ s____ ~	● ~에서 발생하는 걱정
04	this anxiety can be s_____ed	● 이러한 걱정이 억제될 수 있다.
05	d_____ attention	● 주의를 다른 데로 돌리다.
06	the task a____	● 당면한 일
07	ask her p_____s a question	● 그녀의 제자들에게 질문을 하다.
08	a_____ her attention	● 그녀의 관심을 끌다.
09	Finally r_____d, S+V	● 마침내 인지되어지자, S는 V 한다.
10	s_____ his head	● 머리를 긁적이다.
11	focus on b_____ing his classmates	● 자신의 급우들을 이기는 데 집중하다.
12	Competition h_____s performance.	● 경쟁이 일의 수행을 방해한다.

C. 빈칸을 우리말로(빈칸에 해당하는 왼쪽 영어에 동그라미 하면서 빈칸 채우기)

01	interfere with achievement	● (일의)성취 _____.
02	primarily because competition is stressful	● 경쟁은 _____ 스트레스를 유발하기 때문에
03	The anxiety that arises from~	● ~_____ 걱정
04	this anxiety can be suppressed	● 이러한 걱정이 _____ 수 있다.
05	distract attention	● 주의를 _____.
06	the task at hand	● _____ 일
07	ask her pupils a question	● 그녀의 _____들에게 질문을 하다.
08	attract her attention	● 그녀의 관심을 _____.
09	Finally recognized, S+V	● 마침내 _____, S는 V 한다.
10	scratch his head	● 머리를 _____.
11	focus on beating his classmates	● 자신의 급우들을 _____ 데 집중하다.
12	Competition hinders performance.	● 경쟁이 일의 수행을 _____.

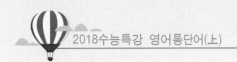

A. 문맥 속 영단어 정성껏 읽어보기(오른쪽 파란색 우리말에 해당하는 왼쪽 영어 떠올려 보기)

01	prospects전망 of job opportunities	●	일자리 기회의 전망
02	especially large city editions(출간되는 책·신문 등을 가리키는)판	●	특히 대도시판
03	face a number of trying힘든,괴로운 factors요인,요소	●	여러 가지 힘든 요인들에 직면해 있다.
04	declining줄어드는 readership	●	줄어드는 독자 수 [readership(특정 신문·잡지 등의) 독자 수(중)]
05	poor advertising revenues수입(종액)	●	변변치 않은 광고 수입
06	stiff심한,힘든 competition with other forms of media	●	다른 형태의 매체와의 심한 경쟁
07	offer online editions of their publications출판물	●	출판물을 온라인판으로 제공하고 있다.
08	the job outlook전망 for newspaper reporters	●	신문 기자의 직업 전망
09	the bottom line핵심,요점 with newspapers	●	신문에서 핵심
10	dependent on~에 달려있는 the health번영,건강 of the economy	●	경제의 번영에 달려 있는
11	reduce줄이다 their spending on advertising	●	광고에 대한 지출을 줄이다.

B. 빈칸을 영어로(빈칸에 해당하는 **오른쪽 우리말에 동그라미** 하면서 빈칸 채우기)

01	p　　　　s of job opportunities	●	일자리 기회의 전망
02	especially large city e　　　　s	●	특히 대도시판
03	face a number of t　　　f　　　s	●	여러 가지 힘든 요인들에 직면해 있다.
04	d　　　　readership	●	줄어드는 독자 수
05	poor advertising r　　　s	●	변변치 않은 광고 수입
06	s　　　　competition with other forms of media	●	다른 형태의 매체와의 심한 경쟁
07	offer online editions of their p　　　　s	●	출판물을 온라인판으로 제공하고 있다.
08	the job o　　　　for newspaper reporters	●	신문 기자의 직업 전망
09	the b　　　　with newspapers	●	신문에서 핵심
10	d　　　　the h　　　　of the economy	●	경제의 번영에 달려 있는
11	r　　　　their spending on advertising	●	광고에 대한 지출을 줄이다.

C. 빈칸을 우리말로(빈칸에 해당하는 **왼쪽 영어에 동그라미** 하면서 빈칸 채우기)

01	prospects of job opportunities	●	일자리 기회의
02	especially large city editions	●	특히 대도시
03	face a number of trying factors	●	여러 가지 　　　들에 직면해 있다.
04	declining readership	●	독자 수
05	poor advertising revenues	●	변변치 않은 광고
06	stiff competition with other forms of media	●	다른 형태의 매체와의 　　　경쟁
07	offer online editions of their publications	●	을 온라인판으로 제공하고 있다.
08	the job outlook for newspaper reporters	●	신문 기자의 직업
09	the bottom line with newspapers	●	신문에서
10	dependent on the health of the economy	●	경제의 　　　에
11	reduce their spending on advertising	●	광고에 대한 지출을 　　　.

A. 문맥 속 영단어 정성껏 읽어보기(오른쪽 파란색 우리말에 해당하는 왼쪽 영어 떠올려 보기)

01	severe recessions불경기,불황	•	심각한 불경기
02	among the first to go사라지다	•	사라져야 할 첫 번째 사이에(속한)
03	Competition for jobs will be fierce치열한.	•	일자리에 대한 경쟁은 치열할 것이다.
04	Experienced graduates졸업생 will fare well성공하다,잘되다.	•	경험이 있는 졸업생들이 성공할 것이다.
05	completed(임무를) 마친 internships인턴사원 근무	•	인턴사원 근무를 마친
06	writing opportunities for minorities소수(집단)들	•	소수(집단)들의 글 쓰는 기회
07	reflect the diverse다양한 communities	•	다양한 공동체를 반영하다.
08	the population인구 growth of the suburbs교외	•	교외의 인구 증가(교외 : 도시의 주변 지역)
09	meet충족시키다 the demand for local news	•	지역 뉴스에 대한 수요를 충족시키다.
10	prefer선호하다 working	•	일하는 것을 선호하다.

B. 빈칸을 영어로(빈칸에 해당하는 **오른쪽 우리말에 동그라미** 하면서 빈칸 채우기)

01	severe r_____s	•	심각한 불경기
02	among the first to g_____	•	사라져야 할 첫 번째 사이에(속한)
03	Competition for jobs will be f_____.	•	일자리에 대한 경쟁은 치열할 것이다.
04	Experienced g_____s will f_____.	•	경험이 있는 졸업생들이 성공할 것이다.
05	c_____ internships	•	인턴사원 근무를 마친
06	writing opportunities for m_____	•	소수(집단)들의 글 쓰는 기회
07	reflect the d_____ communities	•	다양한 공동체를 반영하다.
08	the p_____ growth of the s_____s	•	교외의 인구 증가
09	m_____ the demand for local news	•	지역 뉴스에 대한 수요를 충족시키다.
10	p_____ working	•	일하는 것을 선호하다.

C. 빈칸을 우리말로(빈칸에 해당하는 **왼쪽 영어에 동그라미** 하면서 빈칸 채우기)

01	severe recessions	•	심각한 _____
02	among the first to go	•	_____할 첫 번째에 사이에(속한)
03	Competition for jobs will be fierce.	•	일자리에 대한 경쟁은 _____할 것이다.
04	Experienced graduates will fare well.	•	경험이 있는 _____들이 _____ 것이다.
05	completed internships	•	인턴사원 근무를 _____
06	writing opportunities for minorities	•	_____의 글 쓰는 기회
07	reflect the diverse communities	•	_____ 공동체를 반영하다.
08	the population growth of the suburbs	•	_____의 _____ 증가
09	meet the demand for local news	•	지역 뉴스에 대한 수요를 _____.
10	prefer working	•	일하는 것을 _____.

13

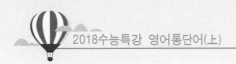

A. 문맥 속 영단어 정성껏 읽어보기(오른쪽 파란색 우리말에 해당하는 왼쪽 영어 떠올려 보기)

01	influence of context상황 upon colour preference선호	● 상황이 색 선호에 미치는 영향
02	in many circumstances상황	● 많은 상황에서
03	food colouring색소	● 식용색소
04	be opposed to~에 반대하다 blue	● 파랑에 반대하다.
05	less popular인기 있는 than other colours	● 다른 색보다 덜 인기 있는
06	unacceptable용납하기 어려운 political connotations함축,내포	● 용납하기 어려운 정치적인 함축
07	arrange배치하다,정리하다 the lighting	● 조명을 배치하다.
08	supermarket displays진열	● 슈퍼마켓 진열
09	enhance향상시키다 the desirability매력도,바람직함 of the products	● 상품의 매력도를 향상시키다.
10	deviate벗어나다 from the ideal	● 이상적인 상태에서 벗어나다.
11	be judged unappealing매력이 없는	● 매력이 없는 것으로 판정되다.
12	be liked in the abstract일반(주상)적으로	● 일반적으로 환영받다.

B. 빈칸을 영어로(빈칸에 해당하는 오른쪽 우리말에 동그라미 하면서 빈칸 채우기)

01	influence of c_____ upon colour p_____	● 상황이 색 선호에 미치는 영향
02	in many c_____s	● 많은 상황에서
03	food c_____	● 식용색소
04	b_____ blue	● 파랑에 반대하다.
05	less p_____ than other colours	● 다른 색보다 덜 인기 있는
06	u_____ political c_____s	● 용납하기 어려운 정치적인 함축
07	a_____ the lighting	● 조명을 배치하다.
08	supermarket d_____s	● 슈퍼마켓 진열
09	e_____ the d_____ of the products	● 상품의 매력도를 향상시키다.
10	d_____ from the ideal	● 이상적인 상태에서 벗어나다.
11	be judged u_____	● 매력이 없는 것으로 판정되다.
12	be liked i_____	● 일반적으로 환영받다.

C. 빈칸을 우리말로(빈칸에 해당하는 왼쪽 영어에 동그라미 하면서 빈칸 채우기)

01	influence of context upon colour preference	● _____이 색 _____에 미치는 영향
02	in many circumstances	● 많은 _____에서
03	food colouring	● 식용_____
04	be opposed to blue	● 파랑_____.
05	less popular than other colours	● 다른 색보다 덜 _____
06	unacceptable political connotations	● _____ 정치적인 _____
07	arrange the lighting	● 조명을 _____.
08	supermarket displays	● 슈퍼마켓 _____
09	enhance the desirability of the products	● 상품의 _____를 _____.
10	deviate from the ideal	● 이상적인 상태에서 _____.
11	be judged unappealing	● _____ 것으로 판정되다.
12	be liked in the abstract	● _____ 환영받다.

14

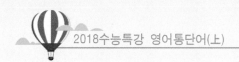
A. 문맥 속 영단어 정성껏 읽어보기(오른쪽 파란색 우리말에 해당하는 왼쪽 영어 떠올려 보기)

01	contemporary우리 시대의,현대의 reading and writing practices일,관행	● 우리 시대의 읽고 쓰는 일(관행)
02	transform변화하다 before our eyes	● 우리 눈 앞에서 변화하다.
03	interactive상호 작용하는 reading and writing	● 상호작용하는 읽기와 쓰기
04	increasingly engage(주의, 관심을 끌다) us	● 점점 더 우리의 관심을 끌다.
05	read together with others remotely멀리서	● 멀리서 다른 사람들과 함께 읽다.
06	comment between the virtual가상의 lines	● 가상의 행간 사이에 의견을 달다.
07	comment in the margins여백	● 여백에 의견을 달다.
08	read each other's comments instantaneously즉각적으로	● 즉각적으로 서로의 의견을 읽다.
09	compose documents문서	● 문서를 작성하다.
10	add sentences문장	● 문장을 추가하다.
11	words composed by one's collaborators공저자,합작자	● 자신의 공저자에 의해 작성된 어휘들

B. 빈칸을 영어로(빈칸에 해당하는 오른쪽 우리말에 동그라미 하면서 빈칸 채우기)

01	c reading and writing p s	● 우리 시대의 읽고 쓰는 일(관행)
02	t before our eyes	● 우리 눈 앞에서 변화하다.
03	i reading and writing	● 상호작용하는 읽기와 쓰기
04	increasingly e us	● 점점 더 우리의 관심을 끌다.
05	read together with others r	● 멀리서 다른 사람들과 함께 읽다.
06	comment between the v lines	● 가상의 행간 사이에 의견을 달다.
07	comment in the m s	● 여백에 의견을 달다.
08	read each other's comments i	● 즉각적으로 서로의 의견을 읽다.
09	compose d s	● 문서를 작성하다.
10	add s s	● 문장을 추가하다.
11	words composed by one's c s	● 자신의 공저자에 의해 작성된 어휘들

C. 빈칸을 우리말로(빈칸에 해당하는 왼쪽 영어에 동그라미 하면서 빈칸 채우기)

01	contemporary reading and writing practices	● 읽고 쓰는
02	transform before our eyes	● 우리 눈 앞에서 .
03	interactive reading and writing	● 읽기와 쓰기
04	increasingly engage us	● 점점 더 우리의 .
05	read together with others remotely	● 다른 사람들과 함께 읽다.
06	comment between the virtual lines	● 행간 사이에 의견을 달다.
07	comment in the margins	● 에 의견을 달다.
08	read each other's comments instantaneously	● 서로의 의견을 읽다.
09	compose documents	● 를 작성하다.
10	add sentences	● 을 추가하다.
11	words composed by one's collaborators	● 자신의 에 의해 작성된 어휘들

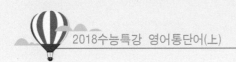

A. 문맥 속 영단어 정성껏 읽어보기(오른쪽 파란색 우리말에 해당하는 왼쪽 영어 떠올려 보기)

01	The lines between A and B become blurred모호하게 하다	●	A와 B 사이의 경계는 모호해지다.
02	let alone~은 물론이고 the lines between whole sentences	●	전체의 문장들 간의 경계는 물론이고
03	read robustly활발하게 across texts	●	활발하게 지문을 넘나들며 읽다.
04	discrete별개의(구별되는) texts	●	별개의 지문
05	interweave혼합하다 insights식견,이해 and lines of referencing	●	식견(학식과 견문)과 참고한 행을 혼합하다.
06	how texts relate연관되다	●	지문들이 어떻게 연관되는지
07	as a consequence결과	●	결과로서
08	become dramatically magnified확대된,중요한	●	현저하게 중요해지다.
09	what hitherto지금까지 has been hidden	●	지금까지 숨겨져 왔던 것
10	hidden largely주로 from view	●	주로 시야로부터 숨겨진

B. 빈칸을 영어로(빈칸에 해당하는 **오른쪽 우리말에 동그라미** 하면서 빈칸 채우기)

01	The lines between A and B become b____red.	●	A와 B 사이의 경계는 모호해지다.
02	l____ the lines between whole sentences	●	전체의 문장들 간의 경계는 물론이고
03	read r____ across texts	●	활발하게 지문을 넘나들며 읽다.
04	d____ texts	●	별개의 지문
05	i____ i____s and lines of referencing	●	식견과 참고한 행을 혼합하다.
06	how texts r____	●	지문들이 어떻게 연관되는지
07	as a c____	●	결과로서
08	become dramatically m____	●	현저하게 중요해지다.
09	what h____ has been hidden	●	지금까지 숨겨져 왔던 것
10	hidden l____ from view	●	주로 시야로부터 숨겨진

C. 빈칸을 우리말로(빈칸에 해당하는 **왼쪽 영어에 동그라미** 하면서 빈칸 채우기)

01	The lines between A and B become blurred.	●	A와 B 사이의 경계는 ____지다.
02	let alone the lines between whole sentences	●	전체의 문장들 간의 경계는 ____
03	read robustly across texts	●	____ 지문을 넘나들며 읽다.
04	discrete texts	●	____ 지문
05	interweave insights and lines of referencing	●	____과 참고한 행을 ____.
06	how texts relate	●	지문들이 어떻게 ____
07	as a consequence	●	____로서
08	become dramatically magnified	●	현저하게 ____지다.
09	what hitherto has been hidden	●	____ 숨겨져 왔던 것
10	hidden largely from view	●	____ 시야로부터 숨겨진

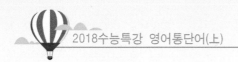
A. 문맥 속 영단어 정성껏 읽어보기(오른쪽 파란색 우리말에 해당하는 왼쪽 영어 떠올려 보기)

01	our biases편견 in Western culture	● 서양 문화에 대한 우리의 편견들
02	presume추정하다 that +S+V	● S가 V 한다고 추정하다.
03	an antecedent선행하는 cause	● 선행하는 원인
04	a random무작위의,되는 대로의 world	● 무작위의 세상(무작위의 : 일부러 꾸며낸 것이 아닌)
05	our primary objective목표	● 우리의 주된 목표
06	establish확립하다 that relationship	● 그 관계를 확립하다.
07	social사회적인 sciences	● 사회과학
08	It is difficult to be value-free주관을 개입하지 않는	● 주관을 개입하지 않는 것이 어렵다.
09	a great deal of상당히 많은 cultural bias	● 상당히 많은 문화적 편견
10	misinterpret잘못 이해하다 facts	● 사실을 잘못 이해하다.
11	unknowingly manipulate조작하다 facts	● 자신도 모르는 채 사실을 조작하다.

B. 빈칸을 영어로(빈칸에 해당하는 **오른쪽 우리말에 동그라미** 하면서 빈칸 채우기)

01	our b_____s in Western culture	● 서양 문화에 대한 우리의 편견들
02	p_____ that +S+V	● S가 V 한다고 추정하다.
03	an a_____ cause	● 선행하는 원인
04	a r_____ world	● 무작위의 세상
05	our primary o_____	● 우리의 주된 목표
06	e_____ that relationship	● 그 관계를 확립하다.
07	s_____ sciences	● 사회과학
08	It is difficult to be v_____.	● 주관을 개입하지 않는 것이 어렵다.
09	a_____ cultural bias	● 상당히 많은 문화적 편견
10	m_____ facts	● 사실을 잘못 이해하다.
11	unknowingly m_____ facts	● 자신도 모르는 채 사실을 조작하다.

C. 빈칸을 우리말로(빈칸에 해당하는 **왼쪽 영어에 동그라미** 하면서 빈칸 채우기)

01	our biases in Western culture	● 서양 문화에 대한 우리의 _____들
02	presume that +S+V	● S가 V 한다고 _____.
03	an antecedent cause	● _____ 원인
04	a random world	● _____ 세상
05	our primary objective	● 우리의 주된 _____
06	establish that relationship	● 그 관계를 _____.
07	social sciences	● _____과학
08	It is difficult to be value-free.	● _____ 것이 어렵다.
09	a great deal of cultural bias	● _____ 문화적 편견
10	misinterpret facts	● 사실을 _____.
11	unknowingly manipulate facts	● 자신도 모르는 채 사실을 _____.

A. 문맥 속 영단어 정성껏 읽어보기(오른쪽 파란색 우리말에 해당하는 왼쪽 영어 떠올려 보기)

01	have the luxury호사,사치	•	호사(호화롭게 사치함)를 누리다.
02	chemical화학적 interactions	•	화학적 상호작용
03	unpredictable예측 불가능한 human behavior	•	예측 불가능한 인간의 행동
04	Subjects실험 대상자 have free will.	•	실험 대상자는 자유 의지를 가지고 있다.
05	applicable적용 가능한 in various situations	•	다양한 상황에 적용 가능한
06	the nuclear핵(무기)의,원자력의 family	•	핵가족
07	spouses배우자 and children	•	배우자와 아이들
08	more accurate정확한 than the universal보편적인 model	•	보편적인 모델보다 더 정확한
09	when it comes to~에 관한 한 understanding family relationships	•	가족 관계의 이해에 관한 한
10	composition구성 in many societies	•	여러 사회에서의 구성

B. 빈칸을 영어로(빈칸에 해당하는 **오른쪽 우리말에 동그라미** 하면서 빈칸 채우기)

01	have the l_____	•	호사를 누리다.
02	c_____ interactions	•	화학적 상호작용
03	u_____ human behavior	•	예측 불가능한 인간의 행동
04	S_____s have free w_____.	•	실험 대상자는 자유 의지를 가지고 있다.
05	a_____ in various situations	•	다양한 상황에 적용 가능한
06	the n_____ family	•	핵가족
07	s_____s and children	•	배우자와 아이들
08	more a_____ than the u_____ model	•	보편적인 모델보다 정확한
09	w_____ understanding family relationships	•	가족 관계의 이해에 관한 한
10	c_____ in many societies	•	여러 사회에서의 구성

C. 빈칸을 우리말로(빈칸에 해당하는 **왼쪽 영어에 동그라미** 하면서 빈칸 채우기)

01	have the luxury	•	_____를 누리다.
02	chemical interactions	•	_____ 상호작용
03	unpredictable human behavior	•	_____ 인간의 행동
04	Subjects have free will.	•	_____는 자유 _____를 가지고 있다.
05	applicable in various situations	•	다양한 상황에 _____
06	the nuclear family	•	_____가족
07	spouses and children	•	_____와 아이들
08	more accurate than the universal model	•	_____ 모델보다 더 _____
09	when it comes to understanding family relationships	•	가족 관계의 이해_____
10	composition in many societies	•	여러 사회에서의 _____

A. 문맥 속 영단어 정성껏 읽어보기(오른쪽 파란색 우리말에 해당하는 왼쪽 영어 떠올려 보기)

01	a target audience목표 시청자 consisting of~로 구성되는 those consumers	그러한 소비자로 구성되는 목표 시청자(광고대상자)
02	consumers likely to be influenced favorably우호적으로	우호적으로 영향을 받을 것 같은 소비자들
03	extremely극도로 effective	극도로(매우) 효과적인
04	relatively undifferentiated획일적인,구분되지 않는 audiences	비교적 획일적인 시청자
05	useful vehicles수단,차량 for advertisers	광고주에게 있어 유용한 수단
06	retail소매 services that every household might use	모든 가정이 사용할 수 있는 소매 서비스
07	Broadcast television is inefficient비효율적인.	텔레비전 방송은 비효율적이다.
08	specialized특화된 target audiences	특화된 목표 시청자(광고 대상자)
09	potential잠재적인 buyers of expensive antiques골동품	값비싼 골동품의 잠재적 구매자
10	geographically지리적으로 concentrated near the dealer's location	지리적으로 그 상인의 위치 가까이에 집중된
11	suitable in terms of~면에서 income and taste	소득과 기호 면에서 적합한
12	periodicals정기 간행물, local newspapers, flyers전단,삐라	정기 간행물, 지역 신문, 전단

B. 빈칸을 영어로(빈칸에 해당하는 **오른쪽 우리말에 동그라미** 하면서 빈칸 채우기)

01	a t_____ c_____ those consumers	그러한 소비자로 구성되는 목표 시청자(광고대상자)
02	consumers likely to be influenced f_____	우호적으로 영향을 받을 것 같은 소비자들
03	e_____ effective	극도로(매우) 효과적인
04	relatively u_____ audiences	비교적 획일적인 시청자
05	useful v_____s for advertisers	광고주에게 있어 유용한 수단
06	r_____ services that every household might use	모든 가정이 사용할 수 있는 소매 서비스
07	Broadcast television is i_____.	텔레비전 방송은 비효율적이다.
08	s_____ target audiences	특화된 목표 시청자(광고 대상자)
09	p_____ buyers of expensive a_____s	값비싼 골동품의 잠재적 구매자
10	g_____ concentrated near the dealer's location	지리적으로 그 상인의 위치 가까이에 집중된
11	suitable i_____ income and taste	소득과 기호 면에서 적합한
12	p_____s, local newspapers, f_____s	정기 간행물, 지역 신문, 전단

C. 빈칸을 우리말로(빈칸에 해당하는 **왼쪽 영어에 동그라미** 하면서 빈칸 채우기)

01	a target audience consisting of those consumers	그러한 소비자로 _____ _____
02	consumers likely to be influenced favorably	_____ 영향을 받을 것 같은 소비자들
03	extremely effective	_____ 효과적인
04	relatively undifferentiated audiences	비교적 _____ 시청자
05	useful vehicles for advertisers	광고주에게 있어 유용한 _____
06	retail services that every household might use	모든 가정이 사용할 수 있는 _____ 서비스
07	Broadcast television is inefficient.	텔레비전 방송은 _____이다.
08	specialized target audiences	_____ 목표 시청자(광고 대상자)
09	potential buyers of expensive antiques	값비싼 _____의 _____ 구매자
10	geographically concentrated near the dealer's location	_____ 그 상인의 위치 가까이에 집중된
11	suitable in terms of income and taste	소득과 기호 _____ 적합한
12	periodicals, local newspapers, flyers	_____, 지역 신문, _____

19

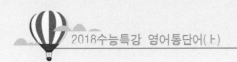

A. 문맥 속 영단어 정성껏 읽어보기(오른쪽 파란색 우리말에 해당하는 왼쪽 영어 떠올려 보기)

01	protected by existing현재의,현존하는 laws	●	현재법에 의해 보호받는
02	including legal법률의 experts	●	법률 전문가를 포함하여
03	define규정하다,정의하다 animals as property소유물,재산	●	동물을 소유물로 규정하다.
04	mere단순한,~에 불과한 resources or things for human use	●	인간의 사용을 위한 단순한 자원이나 물건
05	get meaningful legal protection보호	●	의미 있는 법적 보호를 받다.
06	Human and animal interests are pitted겨루게 하다 against each other.	●	인간과 동물의 이익이 서로 겨루게 되다.
07	permit허용하다 something to happen	●	어떤 일이 일어나도록 허용하다.
08	challenge이의를 제기하다,도전하다 these laws	●	이 법들에 이의를 제기하다.
09	as a result of open discussions공개 토론	●	공개 토론의 결과로
10	privately own great apes유인원	●	개인적으로 유인원을 소유하다. [great ape : (고등) 유인원(침팬지,고릴라,오랑우탄)]
11	loopholes(법률-)허점 in existing laws	●	현재법의 허점

B. 빈칸을 영어로(빈칸에 해당하는 오른쪽 우리말에 동그라미 하면서 빈칸 채우기)

01	protected by e_____ laws	●	현재법에 의해 보호받는
02	including l_____ experts	●	법률 전문가를 포함하여
03	d_____ animals as p_____	●	동물을 소유물로 규정하다.
04	m_____ resources or things for human use	●	인간의 사용을 위한 단순한 자원이나 물건
05	get meaningful legal p_____	●	의미 있는 법적 보호를 받다.
06	Human and animal interests are p_____ted against each other.	●	인간과 동물의 이익이 서로 겨루게 되다.
07	p_____ something to happen	●	어떤 일이 일어나도록 허용하다.
08	c_____ these laws	●	이 법들에 이의를 제기하다.
09	as a result of o_____s	●	공개 토론의 결과로
10	privately own g_____s	●	개인적으로 유인원을 소유하다.
11	l_____s in existing laws	●	현재법의 허점

C. 빈칸을 우리말로(빈칸에 해당하는 왼쪽 영어에 동그라미 하면서 빈칸 채우기)

01	protected by existing laws	●	_____법에 의해 보호받는
02	including legal experts	●	_____ 전문가를 포함하여
03	define animals as property	●	동물을 _____로 _____.
04	mere resources or things for human use	●	인간의 사용을 위한 _____ 자원이나 물건
05	get meaningful legal protection	●	의미 있는 법적 _____를 받다.
06	Human and animal interests are pitted against each other.	●	인간과 동물의 이익이 서로 _____되다.
07	permit something to happen	●	어떤 일이 일어나도록 _____.
08	challenge these laws	●	이 법들에 _____
09	as a result of open discussions	●	_____의 결과로
10	privately own great apes	●	개인적으로 _____을 소유하다.
11	loopholes in existing laws	●	현재법의 _____

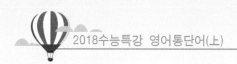
A. 문맥 속 영단어 정성껏 읽어보기(오른쪽 파란색 우리말에 해당하는 왼쪽 영어 떠올려 보기)

01	one of the best-known composers작곡가	•	가장 잘 알려진 작곡가들 중의 한 명
02	not smart enough to manage관리하다 his income수입	•	그의 수입을 관리하기에 충분히 총명하지 못한
03	most average보통(의) people	•	대부분의 보통 사람들
04	manage their finances재정 well	•	그들의 재정을 잘 관리하다.
05	a poor서투른 communicator	•	서투른 (의사)전달자
06	articulate분명히 표현하다 his thoughts	•	그의 생각을 분명히 표현하다.
07	despite his profoundly심대하게 superb뛰어난 intelligence	•	심대하게(심하게 크게) 뛰어난 지력에도 불구하고
08	an unusual흔치않은 amount of intelligence or talent	•	흔치 않을 정도의 지능이나 재능
09	be confined국한하다 to that particular field	•	그 특정 분야에 국한된다(국한: 어떤 부분에만 한정함)
10	enjoy가지고 있다,즐기다 talent in many different fields	•	많은 분야에서 재능을 가지고 있다.
11	very rare드문 exceptions to the rule	•	그 규칙(통칙)의 아주 드문 예외

B. 빈칸을 영어로(빈칸에 해당하는 오른쪽 우리말에 동그라미 하면서 빈칸 채우기)

01	one of the best-known c⎽⎽⎽⎽⎽⎽s	•	가장 잘 알려진 작곡가들 중의 한 명
02	not smart enough to m⎽⎽⎽⎽⎽ his i⎽⎽⎽⎽⎽	•	그의 수입을 관리하기에 충분히 총명하지 못한
03	most a⎽⎽⎽⎽ people	•	대부분의 보통 사람들
04	manage their f⎽⎽⎽⎽s well	•	그들의 재정을 잘 관리하다.
05	a p⎽⎽⎽ communicator	•	서투른 (의사)전달자
06	a⎽⎽⎽⎽⎽⎽ his thoughts	•	그의 생각을 분명히 표현하다.
07	despite his p⎽⎽⎽⎽⎽ s⎽⎽⎽⎽ intelligence	•	심대하게 뛰어난 지력에도 불구하고
08	an u⎽⎽⎽⎽⎽ amount of intelligence or talent	•	흔치 않을 정도의 지능이나 재능
09	be c⎽⎽⎽⎽d to that particular field	•	그 특정 분야에 국한된다.
10	e⎽⎽⎽⎽ talent in many different fields	•	많은 분야에서 재능을 가지고 있다.
11	very r⎽⎽⎽ exceptions to the rule	•	그 규칙(통칙)의 아주 드문 예외

C. 빈칸을 우리말로(빈칸에 해당하는 왼쪽 영어에 동그라미 하면서 빈칸 채우기)

01	one of the best-known composers	•	가장 잘 알려진 ⎽⎽⎽⎽⎽들 중의 한 명
02	not smart enough to manage his income	•	그의 ⎽⎽을 ⎽⎽⎽⎽ 충분히 총명하지 못한
03	most average people	•	대부분의 ⎽⎽⎽⎽ 사람들
04	manage their finances well	•	그들의 ⎽⎽⎽을 잘 관리하다.
05	a poor communicator	•	⎽⎽⎽ (의사)전달자
06	articulate his thoughts	•	그의 생각을 ⎽⎽⎽⎽⎽.
07	despite his profoundly superb intelligence	•	⎽⎽⎽⎽⎽ 지력에도 불구하고
08	an unusual amount of intelligence or talent	•	⎽⎽⎽⎽ 정도의 지능이나 재능
09	be confined to that particular field	•	그 특정 분야에 ⎽⎽⎽⎽.
10	enjoy talent in many different fields	•	많은 분야에서 재능을 ⎽⎽⎽⎽.
11	very rare exceptions to the rule	•	그 규칙(통칙)의 아주 ⎽⎽⎽ 예외

21

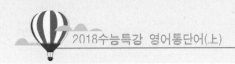
A. 문맥 속 영단어 정성껏 읽어보기(오른쪽 파란색 우리말에 해당하는 왼쪽 영어 떠올려 보기)

01	help athletes선수 improve	•	선수들이 향상되는 것을 돕다.
02	take여기다 good performance efforts for granted당연하게	•	좋은 경기력을 위한 노력을 당연하게 여긴다. (for granted 주어진 것으로 = 당연하게).
03	fail to acknowledge인정하다 athletes'effort	•	선수의 노력을 인정하지 않는다.
04	skill execution발휘,수행	•	기량(기술)의 발휘
05	identify파악하다 what athletes needed to do	•	선수가 무엇을 할 필요가 있는지를 파악하다.
06	fall into a trap함정	•	함정에 빠지다.
07	provide reinforcement강화(반응),강하게 함	•	강화 반응을 제공하다(강화반응 : 선수의 노력과 성과를 표현(칭찬)해주는 것).
08	Their work is noticed주목하다 and appreciated(진가를)인정하다	•	그들의 노력이 주목받고 인정받다.
09	communicate전달하다 a negative message	•	부정적인 메시지를 전달하다.
10	question의심하다,질문하다 whether~	•	~인지 아닌지를 의심하다.
11	Their effort is recognized인정하다.	•	그들의 노력이 인정받다.
12	Their improvement is valued소중히 여기다.	•	그들의 향상이 소중히 여겨지다.

B. 빈칸을 영어로(빈칸에 해당하는 **오른쪽 우리말에 동그라미** 하면서 빈칸 채우기)

01	help a_____s improve	•	선수들이 향상되는 것을 돕다.
02	t_____ good performance efforts f_____	•	좋은 경기력을 위한 노력을 당연하게 여긴다.
03	fail to a_____ athletes'effort	•	선수의 노력을 인정하지 않는다.
04	skill e_____	•	기량(기술)의 발휘
05	i_____ what athletes needed to do	•	선수가 무엇을 할 필요가 있는지를 파악하다.
06	fall into a t_____	•	함정에 빠지다.
07	provide r_____	•	강화 반응을 제공하다.
08	Their work is n_____d and a_____d.	•	그들의 노력이 주목받고 인정받다.
09	c_____ a negative message	•	부정적인 메시지를 전달하다.
10	q_____ whether~	•	~인지 아닌지를 의심하다.
11	Their effort is r_____d.	•	그들의 노력이 인정받다.
12	Their improvement is v_____d.	•	그들의 향상이 소중히 여겨지다.

C. 빈칸을 우리말로(빈칸에 해당하는 **왼쪽 영어에 동그라미** 하면서 빈칸 채우기)

01	help athletes improve	•	_____들이 향상되는 것을 돕다.
02	take good performance efforts for granted	•	좋은 경기력을 위한 노력을 _____.
03	fail to acknowledge athletes'effort	•	선수의 노력을 _____ 않는다.
04	skill execution	•	기량(기술)의 _____
05	identify what athletes need to do	•	선수가 무엇을 할 필요가 있는지를 _____
06	fall into a trap	•	_____에 빠지다.
07	provide reinforcement	•	_____을 제공하다.
08	Their work is noticed and appreciated.	•	그들의 노력이 _____고 _____다.
09	communicate a negative message	•	부정적인 메시지를 _____.
10	question whether~	•	~인지 아닌지를 _____.
11	Their effort is recognized.	•	그들의 노력이 _____.
12	Their improvement is valued.	•	그들의 향상이 _____.

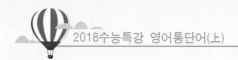

A. 문맥 속 영단어 정성껏 읽어보기(오른쪽 파란색 우리말에 해당하는 왼쪽 영어 떠올려 보기)

01	when it comes to~에 관한 한 dealing with	• ~을 처리하는 것에 관한 한
02	relational challenges어려움	• 관계의 어려움
03	self-awareness인식	• 자아 인식
04	an appreciation(올바른)인식,평가 of who you are	• 당신이 누구인지에 대한 (올바른) 인식
05	fraught with frustrations(욕구)불만,좌절	• 불만으로 가득 찬(fraught with~로 가득 찬)
06	understand hot buttons뜨거운 쟁점	• 뜨거운 쟁점(주요 문제)을 이해하다.
07	know your most characteristic특징적인 way	• 가장 특징적인 방법을 알다.
08	deal with all your life's issues문제	• 여러분의 삶의 모든 문제들을 다루다.
09	your personal orientation성향	• 여러분의 개인적인 성향
10	get along with~와 잘 어울리다 certain types of people	• 특정 유형의 사람들과 잘 어울리다.
11	drive몰고가다 you up the wall짜증난,미친,화난	• 당신을 짜증나게 하다. [막다른 벽(wall)으로 몰고 가니(drive) 짜증날만 하죠]
12	find others a delight기쁨을 주는 존재	• 다른 사람들을 기쁨을 주는 존재로 알다.

B. 빈칸을 영어로(빈칸에 해당하는 **오른쪽 우리말에 동그라미** 하면서 빈칸 채우기)

01	w dealing with	• ~을 처리하는 것에 관한 한
02	relational c s	• 관계의 어려움
03	self-a	• 자아 인식
04	an a of who you are	• 당신이 누구인지에 대한 (올바른) 인식
05	fraught with f s	• 불만으로 가득 찬
06	understand h s	• 뜨거운 쟁점(주요 문제)을 이해하다.
07	know your most c way	• 가장 특징적인 방법을 알다.
08	deal with all your life's i s	• 여러분의 삶의 모든 문제들을 다루다.
09	your personal o	• 여러분의 개인적인 성향
10	g certain types of people	• 특정 유형의 사람들과 잘 어울리다.
11	d you u	• 당신을 짜증나게 하다.
12	find others a d	• 다른 사람들을 기쁨을 주는 존재로 알다.

C. 빈칸을 우리말로(빈칸에 해당하는 **왼쪽 영어에 동그라미** 하면서 빈칸 채우기)

01	when it comes to dealing with	• ~을 처리하는 것
02	relational challenges	• 관계의
03	self-awareness	• 자아
04	an appreciation of who you are	• 당신이 누구인지에 대한
05	fraught with frustrations	• 으로 가득 찬
06	understand hot buttons	• 을 이해하다.
07	know your most characteristic way	• 가장 방법을 알다.
08	deal with all your life's issues	• 여러분의 삶의 모든 들을 다루다.
09	your personal orientation	• 여러분의 개인적인
10	get along with certain types of people	• 특정 유형의 사람들과 .
11	drive you up the wall	• 당신을 .
12	find others a delight	• 다른 사람들을 로 알다.

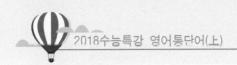
A. 문맥 속 영단어 정성껏 읽어보기(오른쪽 파란색 우리말에 해당하는 왼쪽 영어 떠올려 보기)

01	one approach접근법 to human-wildlife conflicts충돌	● 인간과 야생 동물 충돌에 대한 한 가지 접근법
02	create preserves사냥금지구역(=금렵구),(자연)보호구역	● 사냥금지구역(보호구역)을 만들다.
03	create wildlife refuges보호지구,피난처	● 야생 동물 보호 지구를 만들다.
04	Human impact영향 is minimized최소화하다.	● 인간의 영향이 최소화되다.
05	resolve해결하다 human-wildlife conflicts	● 인간과 야생 동물 간의 충돌을 해결하다.
06	societal사회의 demands for natural resources	● 천연자원에 대한 사회의 요구
07	Only a small fraction부분 is set aside확보하다,따로 떼어두다.	● 작은 부분만이 확보되어지다.
08	respect our boundary경계,한계선 lines	● 우리의 경계선을 존중하다(지키다).
09	the vast방대한,거대한 majority다수 of wildlife	● 대다수의 야생 동물
10	Wildlife populations개체군,개체수,인구 thrive번성하다 in~	● 야생 동물 개체군들은 ~에서 번성한다.
11	densely빽빽하게(밀집하여) settled cities	● 밀집하여 정착된(인구밀도가 높은) 도시
12	ways to coexist공존하다 harmoniously	● 조화롭게 공존하는 방법들
13	an adverse해로운,불리한,반대의 impact on~	● ~에 미치는 해로운 영향

B. 빈칸을 영어로(빈칸에 해당하는 **오른쪽 우리말에 동그라미** 하면서 빈칸 채우기)

01	one a＿＿＿ to human-wildlife c＿＿s	● 인간과 야생 동물 충돌에 대한 한 가지 접근법
02	create p＿＿s	● 사냥금지구역(보호구역)을 만들다.
03	create wildlife r＿＿s	● 야생 동물 보호 지구를 만들다.
04	Human i＿＿ is m＿＿d.	● 인간의 영향이 최소화되다.
05	r＿＿ human-wildlife conflicts	● 인간과 야생 동물 간의 충돌을 해결하다.
06	s＿＿ demands for natural resources	● 천연자원에 대한 사회의 요구
07	Only a small f＿＿ is s＿＿.	● 작은 부분만이 확보되어지다.
08	respect our b＿＿ lines	● 우리의 경계선을 존중하다(지키다).
09	the v＿＿ m＿＿ of wildlife	● 대다수의 야생 동물
10	Wildlife p＿＿s t＿＿ in~	● 야생 동물 개체군들은 ~에서 번성한다.
11	d＿＿ settled cities	● 밀집하여 정착된(인구밀도가 높은) 도시
12	ways to c＿＿ harmoniously	● 조화롭게 공존하는 방법들
13	an a＿＿ impact on~	● ~에 미치는 해로운 영향

C. 빈칸을 우리말로(빈칸에 해당하는 **왼쪽 영어에 동그라미** 하면서 빈칸 채우기)

01	one approach to human-wildlife conflicts	● 인간과 야생 동물 ＿＿에 대한 한 가지 ＿＿
02	create preserves	● ＿＿＿＿을 만들다.
03	create wildlife refuges	● 야생 동물 ＿＿를 만들다.
04	Human impact is minimized.	● 인간의 ＿＿이 ＿＿되다.
05	resolve human-wildlife conflicts	● 인간과 야생 동물 간의 충돌을 ＿＿.
06	societal demands for natural resources	● 천연자원에 대한 ＿＿ 요구
07	Only a small fraction is set aside.	● 작은 ＿＿만이 ＿＿.
08	respect our boundary lines	● 우리의 ＿＿선을 존중하다(지키다).
09	the vast majority of wildlife	● ＿＿의 야생 동물
10	Wildlife populations thrive in~	● 야생 동물 ＿＿들은 ~에서 ＿＿.
11	densely settled cities	● ＿＿ 정착된(인구밀도가 높은) 도시
12	ways to coexist harmoniously	● 조화롭게 ＿＿ 방법들
13	an adverse impact on~	● ~에 미치는 ＿＿ 영향

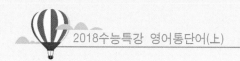
A. 문맥 속 영단어 정성껏 읽어보기(오른쪽 파란색 우리말에 해당하는 왼쪽 영어 떠올려 보기)

01	The most pressing긴급한,임박한 task	● 가장 긴급한 과제
02	the issue문제 of climate change	● 기후 변화 문제
03	Fossil화석 fuels run out.	● 화석 연료가 고갈되다.
04	face up to the consequences결과	● 결과를 직시하다.
05	global지구의 warming	● 지구 온난화
06	a much greater threat위협	● 훨씬 더 큰 위협
07	changes in the atmosphere대기,분위기	● 대기 변화
08	occur as rapidly빠르게 as ~	● ~만큼 빠르게 일어나다.
09	our current현재의,흐름 tools	● 우리의 현재 장비(도구)들
10	social structures구조	● 사회 구조
11	sufficiently충분히 effective	● 충분히 효과적인
12	manage관리하다 the climate	● 기후를 관리하다.

B. 빈칸을 영어로(빈칸에 해당하는 오른쪽 우리말에 동그라미 하면서 빈칸 채우기)

01	The most p_____ task	● 가장 긴급한 과제
02	the i_____ of climate change	● 기후 변화 문제
03	F_____ fuels run out.	● 화석 연료가 고갈되다.
04	face up to the c_____s	● 결과를 직시하다.
05	g_____ warming	● 지구 온난화
06	a much greater t_____	● 훨씬 더 큰 위협
07	changes in the a_____	● 대기 변화
08	occur as r_____ as ~	● ~만큼 빠르게 일어나다.
09	our c_____ tools	● 우리의 현재 장비(도구)들
10	social s_____s	● 사회 구조
11	s_____ effective	● 충분히 효과적인
12	m_____ the climate	● 기후를 관리하다.

C. 빈칸을 우리말로(빈칸에 해당하는 왼쪽 영어에 동그라미 하면서 빈칸 채우기)

01	The most pressing task	● 가장 _____ 과제
02	the issue of climate change	● 기후 변화 _____
03	Fossil fuels run out.	● _____ 연료가 고갈되다.
04	face up to the consequences	● _____를 직시하다.
05	global warming	● _____ 온난화
06	a much greater threat	● 훨씬 더 큰 _____
07	changes in the atmosphere	● _____ 변화
08	occur as rapidly as ~	● ~만큼 _____ 일어나다.
09	our current tools	● 우리의 _____ 장비(도구)들
10	social structures	● 사회 _____
11	sufficiently effective	● _____ 효과적인
12	manage the climate	● 기후를 _____.

A. 문맥 속 영단어 정성껏 읽어보기(오른쪽 파란색 우리말에 해당하는 왼쪽 영어 떠올려 보기)

01	prosper번영하다 in hostile적합하지 않은,적대적인 surroundings	●	적합하지 않은 환경에서 번영하다.
02	change the climate in our favor우리에게 유리하게	●	기후를 우리에게 유리하게 바꾸다.
03	develop개발하다 technologies	●	기술을 개발하다.
04	survive in different environments환경	●	다른 환경에서 생존하다.
05	Both are clearly lacking부족하다,없다 today	●	현재 이 두 가지 모두 분명히 부족하다.
06	in these areas분야	●	이러한 분야에서
07	should be given the highest priority우선순위	●	최우선 순위가 주어져야 한다.
08	manage to(힘든일을)간신히 해내다 solve these problems	●	이러한 문제들을 간신히 해결해 내다.
09	in the decades10년간 ahead	●	향후(앞으로) 수십 년 안에
10	grounds(주로 복수로)근거 for hoping	●	희망의 근거
11	Our descendants후손 will survive.	●	우리의 후손들이 살아남을 것이다.
12	into the distant먼,떨어진 future	●	먼 미래까지

B. 빈칸을 영어로(빈칸에 해당하는 **오른쪽 우리말에 동그라미** 하면서 빈칸 채우기)

01	p in h surroundings	●	적합하지 않은 환경에서 번영하다.
02	change the climate i	●	기후를 우리에게 유리하게 바꾸다.
03	d technologies	●	기술을 개발하다.
04	survive in different e s	●	다른 환경에서 생존하다.
05	Both are clearly l ing today	●	현재 이 두 가지 모두 분명히 부족하다.
06	in these a s	●	이러한 분야에서
07	should be given the highest p	●	최우선 순위가 주어져야 한다.
08	m solve these problems	●	이러한 문제들을 간신히 해결해 내다.
09	in the d s ahead	●	향후(앞으로) 수십 년 안에
10	g for hoping	●	희망의 근거
11	Our d s will survive.	●	우리의 후손들이 살아남을 것이다.
12	into the d future	●	먼 미래까지

C. 빈칸을 우리말로(빈칸에 해당하는 **왼쪽 영어에 동그라미** 하면서 빈칸 채우기)

01	prosper in hostile surroundings	●	환경에서 .
02	change the climate in our favor	●	기후를 바꾸다.
03	develop technologies	●	기술을 .
04	survive in different environments	●	다른 에서 생존하다.
05	Both are clearly lacking today	●	현재 이 두 가지 모두 분명히 하다.
06	in these areas	●	이러한 에서
07	should be given the highest priority	●	최 가 주어져야 한다.
08	manage to solve these problems	●	이러한 문제들을 .
09	in the decades ahead	●	향후(앞으로) 안에
10	grounds for hoping	●	희망의
11	Our descendants will survive.	●	우리의 들이 살아남을 것이다.
12	into the distant future	●	미래까지

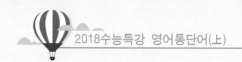

A. 문맥 속 영단어 정성껏 읽어보기(오른쪽 파란색 우리말에 해당하는 왼쪽 영어 떠올려 보기)

01	act like a sturdy강인한 oak	• 강인한 오크 나무처럼 행동하다.
02	suffer겪다 his own failures or disappointments실망	• 그 자신의 실패나 실망을 겪다.
03	physically신체적으로 strong	• 신체적으로 강인한
04	emotionally정서적으로 strong	• 정서적으로 강인한
05	strong for others to lean on~에 기대다	• 다른 사람들이 기댈 수 있도록 강한
06	pushed압박받는 to act like a man	• 남자답게 행동하라고 압박받는
07	the one who is confident and unflinching위축되지 않는	• 자신감 있고 위축되지 않는 사람
08	be called upon to be the tough강한 one	• 강한 사람이 되도록 요구되다.
09	hardened단단해진 in this way	• 이런 방식으로 단단해진
10	Talk to him about your own fears두려움.	• 당신 자신의 두려움에 관해 그에게 말하라.
11	He can be genuine진실한 with you.	• 그가 여러분에게 진실해질 수 있다.
12	be free to express his vulnerability취약점	• 그의 취약점을 자유롭게 표현하다.

B. 빈칸을 영어로(빈칸에 해당하는 **오른쪽 우리말에 동그라미** 하면서 빈칸 채우기)

01	act like a s　　　　oak	• 강인한 오크 나무처럼 행동하다.
02	s　　　　his own failures or d　　　s	• 그 자신의 실패나 실망을 겪다.
03	p　　　　strong	• 신체적으로 강인한
04	e　　　　strong	• 정서적으로 강인한
05	strong for others to l	• 다른 사람들이 기댈 수 있도록 강한
06	p　　　　to act like a man	• 남자답게 행동하라고 압박받는
07	the one who is confident and u	• 자신감 있고 위축되지 않는 사람
08	be called upon to be the t　　　one	• 강한 사람이 되도록 요구되다.
09	h　　　　in this way	• 이런 방식으로 단단해진
10	Talk to him about your own f　　　s.	• 당신 자신의 두려움에 관해 그에게 말하라.
11	He can be g　　　with you.	• 그가 여러분에게 진실해질 수 있다.
12	be free to express his v	• 그의 취약점을 자유롭게 표현하다.

C. 빈칸을 우리말로(빈칸에 해당하는 **왼쪽 영어에 동그라미** 하면서 빈칸 채우기)

01	act like a sturdy oak	• 　　　오크 나무처럼 행동하다.
02	suffer his own failures or disappointments	• 그 자신의 실패나 　　을 　　.
03	physically strong	• 　　　강인한
04	emotionally strong	• 　　　강인한
05	strong for others to lean on	• 다른 사람들이 　　 있도록 강한
06	pushed to act like a man	• 남자답게 행동하라고
07	the one who is confident and unflinching	• 자신감 있고 　　　사람
08	be called upon to be the tough one	• 　　　사람이 되도록 요구되다.
09	hardened in this way	• 이런 방식으로
10	Talk to him about your own fears.	• 당신 자신의 　　에 관해 그에게 말하라.
11	He can be genuine with you.	• 그가 여러분에게 　　 수 있다.
12	be free to express his vulnerability	• 그의 　　을 자유롭게 표현하다.

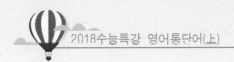

A. 문맥 속 영단어 정성껏 읽어보기(오른쪽 파란색 우리말에 해당하는 왼쪽 영어 떠올려 보기)

01	an attention관심 giver	• 관심을 (남에게) 기울이는 사람
02	raise키우다 a child	• 아이를 키우다.
03	attention getting is what matters중요하다	• (남의) 관심을 받는 것이 중요한 것이다.
04	become complicit공모(공동으로 모의)한 in~	• 하는데 공모하게 된다.
05	model모범을 보이다 attention giving to~	• ~에게 관심을 기울이는 모범을 보이다.
06	a more common흔한 outcome of their beneficence선행	• 그들의 선행의 더 흔한 결과
07	become an attention getter받는 사람 instead대신에	• 대신에 관심을 받으려는 사람이 된다.
08	They should hear us as well또한.	• 그들 또한 우리의 말을 들어야 한다.
09	continually interrupts가로막다,중단시키다 adults	• 끊임없이 어른의 말을 가로막다.
10	grow up with this priority우선 순위 in mind	• 이런 우선순위를 염두에 두고 성장하다.
11	be spoiled버릇없게 만들다,망치다 for later relationships	• 나중의 (인간) 관계에서 버릇없게 된다.

B. 빈칸을 영어로(빈칸에 해당하는 **오른쪽 우리말에 동그라미** 하면서 빈칸 채우기)

01	an a_____ giver	• 관심을 (남에게) 기울이는 사람
02	r_____ a child	• 아이를 키우다.
03	attention getting is what m_____s	• (남의) 관심을 받는 것이 중요한 것이다.
04	become c_____ in~	• 하는데 공모하게 된다.
05	m_____ attention giving to~	• ~에게 관심을 기울이는 모범을 보이다.
06	a more c_____ outcome of their b_____	• 그들의 선행의 더 흔한 결과
07	become an attention g_____ i_____	• 대신에 관심을 받으려는 사람이 된다.
08	They should hear us a_____.	• 그들 또한 우리의 말을 들어야 한다.
09	continually i_____s adults	• 끊임없이 어른의 말을 가로막다.
10	grow up with this p_____ in mind	• 이런 우선순위를 염두에 두고 성장하다.
11	be s_____ed for later relationships	• 나중의 (인간) 관계에서 버릇없게 된다.

C. 빈칸을 우리말로(빈칸에 해당하는 **왼쪽 영어에 동그라미** 하면서 빈칸 채우기)

01	an attention giver	• _____을 (남에게) 기울이는 사람
02	raise a child	• 아이를 _____.
03	attention getting is what matters	• (남의) 관심을 받는 것이 _____ 것이다.
04	become complicit in~	• 하는데 _____ 된다.
05	model attention giving to~	• ~에게 관심을 기울이는 _____.
06	a more common outcome of their beneficence	• 그들의 _____의 더 _____ 결과
07	become an attention getter instead	• _____ 관심을 _____이 된다.
08	They should hear us as well.	• 그들 _____ 우리의 말을 들어야 한다.
09	continually interrupts adults	• 끊임없이 어른의 말을 _____.
10	grow up with this priority in mind	• 이런 _____를 염두에 두고 성장하다.
11	be spoiled for later relationships	• 나중의 (인간) 관계에서 _____ 된다.

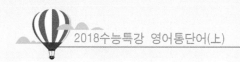

A. 문맥 속 영단어 정성껏 읽어보기(오른쪽 파란색 우리말에 해당하는 왼쪽 영어 떠올려 보기)

01	self-driving vehicles차량	•	자율주행 차량
02	the potential가능성 to completely완전하게 change the way	•	방식을 완전하게 바꿀 가능성
03	particularly특히 in a city environment	•	특히 도시 환경 내에서
04	autonomous자율적인 taxi	•	자율적인 (주행)택시
05	summon호출하다 one using your mobile phone	•	휴대전화를 사용하여 한 대를 호출하다.
06	by the time~할 때쯤에 you had walked out	•	당신이 걸어 나왔을 때쯤에
07	take you to your destination목적지	•	당신을 목적지로 데려다주다.
08	drive off(자동차가) 떠나다 for its next customer	•	다음 손님을 위해 떠나다.
09	be used to collect데리러 오다,모으다 children from school	•	어린이들을 학교에서 데리러 오는 데 쓰이다.
10	take elderly people노인 to shops	•	노인들을 상점에 데려다주다.
11	carry out수행하다 all the usual, everyday journeys여정	•	모든 평범한 일상 여정을 수행하다.
12	small percentage of the cost비용	•	비용의 작은 비율

B. 빈칸을 영어로(빈칸에 해당하는 **오른쪽 우리말에 동그라미** 하면서 빈칸 채우기)

01	self-driving v s	•	자율주행 차량
02	the p to c change the way	•	방식을 완전하게 바꿀 가능성
03	p in a city environment	•	특히 도시 환경 내에서
04	a taxi	•	자율적인 (주행)택시
05	s one using your mobile phone	•	휴대전화를 사용하여 한 대를 호출하다.
06	b you had walked out	•	당신이 걸어 나왔을 때쯤에
07	take you to your d	•	당신을 목적지로 데려다주다.
08	d for its next customer	•	다음 손님을 위해 떠나다.
09	be used to c children from school	•	어린이들을 학교에서 데리러 오는 데 쓰이다.
10	take e to shops	•	노인들을 상점에 데려다주다.
11	c all the usual, everyday j s	•	모든 평범한 일상 여정을 수행하다.
12	small percentage of the c	•	비용의 작은 비율

C. 빈칸을 우리말로(빈칸에 해당하는 **왼쪽 영어에 동그라미** 하면서 빈칸 채우기)

01	self-driving vehicles	•	자율주행
02	the potential to completely change the way	•	방식을 바꿀
03	particularly in a city environment	•	도시 환경 내에서
04	autonomous taxi	•	(주행)택시
05	summon one using your mobile phone	•	휴대전화를 사용하여 한 대를 .
06	by the time you had walked out	•	당신이 걸어 나왔을
07	take you to your destination	•	당신을 로 데려다주다.
08	drive off for its next customer	•	다음 손님을 위해 .
09	be used to collect children from school	•	어린이들을 학교에서 쓰이다.
10	take elderly people to shops	•	을 상점에 데려다주다.
11	carry out all the usual, everyday journeys	•	모든 평범한 일상 을
12	small percentage of the cost	•	의 작은 비율

29

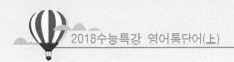
A. 문맥 속 영단어 정성껏 읽어보기(오른쪽 파란색 우리말에 해당하는 왼쪽 영어 떠올려 보기)

01	the vast방대한 library of data	● 방대한 데이터 라이브러리
02	be being supplemented보충하다 all the time	● 항상 보충되고 있다.
03	Advance진전,발전 was made possible.	● 진전(발전)이 가능해졌다.
04	capture포착하다 and store all of this data	● 이런 모든 데이터를 포착하고 저장하다.
05	data-storage capacity용량	● 데이터 저장 용량
06	increase your vulnerability취약성	● 당신의 취약성을 증대시키다.
07	value가치 of information	● 정보의 가치
08	stored electronically전자적으로	● 전자적으로 저장된
09	reside있다,존재하다 in searchable databases	● 검색이 가능한 데이터베이스 안에 있다.
10	advance ticket예매권 purchasers	● 예매권(사전 티켓) 구매자들 [사전에(advance) 예매한 ticket : 예매권]
11	process처리하다 this list by zip code우편번호	● 우편번호를 추가해 목록을 처리하다.
12	the class부류,종류 of person you seek찾다	● 당신이 찾는 부류의 사람

B. 빈칸을 영어로(빈칸에 해당하는 **오른쪽 우리말에 동그라미** 하면서 빈칸 채우기)

01	the v library of data	● 방대한 데이터 라이브러리
02	be being s ed all the time	● 항상 보충되고 있다.
03	A was made possible.	● 진전(발전)이 가능해졌다.
04	c and store all of this data	● 이런 모든 데이터를 포착하고 저장하다.
05	data-storage c	● 데이터 저장 용량
06	increase your v	● 당신의 취약성을 증대시키다.
07	v of information	● 정보의 가치
08	stored e	● 전자적으로 저장된
09	r in searchable databases	● 검색이 가능한 데이터베이스 안에 있다.
10	a ticket purchasers	● 예매권(사전 티켓) 구매자들
11	p this list by z	● 우편번호를 추가해 목록을 처리하다.
12	the c of person you s	● 당신이 찾는 부류의 사람

C. 빈칸을 우리말로(빈칸에 해당하는 **왼쪽 영어에 동그라미** 하면서 빈칸 채우기)

01	the vast library of data	● 데이터 라이브러리
02	be being supplemented all the time	● 항상 되고 있다.
03	Advance was made possible.	● 이 가능해졌다.
04	capture and store all of this data	● 이런 모든 데이터를 하고 저장하다.
05	data-storage capacity	● 데이터 저장
06	increase your vulnerability	● 당신의 을 증대시키다.
07	value of information	● 정보의
08	stored electronically	● 저장된
09	reside in searchable databases	● 검색이 가능한 데이터베이스 안에 .
10	advance ticket purchasers	● 구매자들
11	process this list by zip code	● 를 추가해 목록을 .
12	the class of person you seek	● 당신이 의 사람

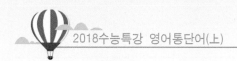
A. 문맥 속 영단어 정성껏 읽어보기(오른쪽 파란색 우리말에 해당하는 왼쪽 영어 떠올려 보기)

01	modern현대의 American society	•	현대 미국 사회
02	differ from~와 다르다 traditional societies	•	전통적인 사회와 다르다.
03	source제조자,원천 of toys	•	장난감의 제조자
04	American toy manufacturers제조사	•	미국의 장난감 제조사들
05	promote판매를 촉진하다 educational toys	•	교육용 완구의 판매를 촉진하다.
06	toys that do exist존재하다	•	정말로 존재하는 장난감
07	spent his childhood in rural시골의 Kenya	•	케냐의 시골 지역에서 어린 시절을 보냈다.
08	His friends were very inventive창의적인.	•	그의 친구들은 매우 창의적이다.
09	use sticks and string끈	•	막대기와 끈을 사용하다.
10	their cars with wheels and axles차축(들)	•	바퀴와 차축이 있는 그들의 차
11	plastic ready-made만들어져 나오는 toys	•	다 만들어져 나오는 플라스틱 장난감
12	gained the impression인상	•	인상을 받았다.

B. 빈칸을 영어로(빈칸에 해당하는 **오른쪽 우리말에 동그라미** 하면서 빈칸 채우기)

01	m_____ American society	•	현대 미국 사회
02	d_____ traditional societies	•	전통적인 사회와 다르다.
03	s____ of toys	•	장난감의 제조자
04	American toy m_____s	•	미국의 장난감 제조사들
05	p_____ educational toys	•	교육용 완구의 판매를 촉진하다.
06	toys that do e_____	•	정말로 존재하는 장난감
07	spent his childhood in r_____ Kenya	•	케냐의 시골 지역에서 어린 시절을 보냈다.
08	His friends were very i_____.	•	그의 친구들은 매우 창의적이다.
09	use sticks and s_____	•	막대기와 끈을 사용하다.
10	their cars with wheels and a_____s	•	바퀴와 차축이 있는 그들의 차
11	plastic r_____ toys	•	다 만들어져 나오는 플라스틱 장난감
12	gained the i_____	•	인상을 받았다.

C. 빈칸을 우리말로(빈칸에 해당하는 **왼쪽 영어에 동그라미** 하면서 빈칸 채우기)

01	modern American society	•	_____ 미국 사회
02	differ from traditional societies	•	전통적인 사회_____.
03	source of toys	•	장난감의 _____
04	American toy manufacturers	•	미국의 장난감 _____들
05	promote educational toys	•	교육용 완구의 _____.
06	toys that do exist	•	정말로 _____ 장난감
07	spent his childhood in rural Kenya	•	케냐의 _____ 지역에서 어린 시절을 보냈다.
08	His friends were very inventive.	•	그의 친구들은 매우 _____이다.
09	use sticks and string	•	막대기와 _____을 사용하다.
10	their cars with wheels and axles	•	바퀴와 _____이 있는 그들의 차
11	plastic ready-made toys	•	_____ 플라스틱 장난감
12	gained the impression	•	_____을 받았다.

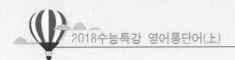

A. 문맥 속 영단어 정성껏 읽어보기(오른쪽 파란색 우리말에 해당하는 왼쪽 영어 떠올려 보기)

01	Most of us are embarrassed.거북한,당황한	●	우리의 대부분은 거북해 한다.
02	an appeal호소 to our emotions	●	우리 감정에의 호소
03	take pride in our rationality이성	●	이성에 자부심을 느끼다.
04	the emotions apt to~하는 경향이 있는 be wrong	●	잘못될 경향이 있는 감정
05	where emotions dominate지배하다	●	감정이 지배하는 곳
06	somewhat alien생소한,외국의 to us	●	우리에게 약간 생소한
07	cultural prejudice편견	●	문화적 편견
08	faculty기능 of reason	●	이성의 기능
09	nothing abnormal비정상적인	●	비정상적일 것이 아무것도 없음
10	based purely전적으로 on reason	●	전적으로 이성에 근거한
11	an important emotional component요소	●	중요한 감정적 요소
12	many emotionally motivated자극받은 decisions	●	감정에 자극받은 많은 결정들

B. 빈칸을 영어로(빈칸에 해당하는 **오른쪽 우리말에 동그라미** 하면서 빈칸 채우기)

01	Most of us are e_____.	●	우리의 대부분은 거북해 한다.
02	an a_____ to our emotions	●	우리 감정에의 호소
03	take pride in our r_____	●	이성에 자부심을 느끼다.
04	the emotions a_____ be wrong	●	잘못될 경향이 있는 감정
05	where emotions d_____	●	감정이 지배하는 곳
06	somewhat a_____ to us	●	우리에게 약간 생소한
07	cultural p_____	●	문화적 편견
08	f_____ of reason	●	이성의 기능
09	nothing a_____	●	비정상적일 것이 아무것도 없음
10	based p_____ on reason	●	전적으로 이성에 근거한
11	an important emotional c_____	●	중요한 감정적 요소
12	many emotionally m_____ decisions	●	감정에 자극받은 많은 결정들

C. 빈칸을 우리말로(빈칸에 해당하는 **왼쪽 영어에 동그라미** 하면서 빈칸 채우기)

01	Most of us are embarrassed.	●	우리의 대부분은 _____ 한다.
02	an appeal to our emotions	●	우리 감정에의 _____
03	take pride in our rationality	●	_____에 자부심을 느끼다.
04	the emotions apt to be wrong	●	잘못될 _____ 감정
05	where emotions dominate	●	감정이 _____하는 곳
06	somewhat alien to us	●	우리에게 약간 _____
07	cultural prejudice	●	문화적 _____
08	faculty of reason	●	이성의 _____
09	nothing abnormal	●	_____일 것이 아무것도 없음
10	based purely on reason	●	_____ 이성에 근거한
11	an important emotional component	●	중요한 감정적 _____
12	many emotionally motivated decisions	●	감정에 _____ 많은 결정들

A. 문맥 속 영단어 정성껏 읽어보기(오른쪽 파란색 우리말에 해당하는 왼쪽 영어 떠올려 보기)

01	the arrival of the phonograph축음기	•	축음기의 출현
02	Recorded music privatized사유화 하다~.	•	녹음된 음악은 ~을 사유화했다.
03	transform into~으로 바뀌다 wall paper	•	벽지[단순한 배경음악]로 바뀌다.
04	Performers연주자 were no longer seen.	•	연주자는 더 이상 보이지 않았다.
05	be integrated통합하다 into everyday life	•	일상생활 속에 통합되다.
06	kind of aural청각의 background	•	일종의 청각 배경
07	enhance고양하다,향상하다 a mood	•	분위기를 고양하다.
08	decorate꾸미다 some setting	•	어떤 환경을 꾸미다.
09	a focused object대상 of attention	•	관심이 집중된 대상
10	fret걱정하다 that S+V	•	~할 것을 걱정하다.
11	with no hint of irony비꼼	•	비꼼의 기색도 전혀 없이
12	call for~을 요청하다 listening to recorded music	•	녹음된 음악을 들어보라고 요청하다.

B. 빈칸을 영어로(빈칸에 해당하는 **오른쪽 우리말에 동그라미** 하면서 빈칸 채우기)

01	the arrival of the p	•	축음기의 출현
02	Recorded music p d ~.	•	녹음된 음악은 ~을 사유화했다.
03	t wall paper	•	벽지[단순한 배경음악]로 바뀌다.
04	P s were no longer seen.	•	연주자는 더 이상 보이지 않았다.
05	be i d into everyday life	•	일상생활 속에 통합되다.
06	kind of a background	•	일종의 청각 배경
07	e a mood	•	분위기를 고양하다.
08	d some setting	•	어떤 환경을 꾸미다.
09	a focused o of attention	•	관심이 집중된 대상
10	f that S+V	•	~할 것을 걱정하다.
11	with no hint of i	•	비꼼의 기색도 전혀 없이
12	c listening to recorded music	•	녹음된 음악을 들어보라고 요청하다.

C. 빈칸을 우리말로(빈칸에 해당하는 **왼쪽 영어에 동그라미** 하면서 빈칸 채우기)

01	the arrival of the phonograph	•	____의 출현
02	Recorded music privatized ~.	•	녹음된 음악은 ~을 ____했다.
03	transform into wall paper	•	벽지[단순한 배경음악]____.
04	Performers were no longer seen.	•	____는 더 이상 보이지 않았다.
05	be integrated into everyday life	•	일상생활 속에 ____.
06	kind of aural background	•	일종의 ____ 배경
07	enhance a mood	•	분위기를 ____.
08	decorate some setting	•	어떤 환경을 ____.
09	a focused object of attention	•	관심이 집중된 ____
10	fret that S+V	•	~할 것을 ____.
11	with no hint of irony	•	____ 기색도 전혀 없이
12	call for listening to recorded music	•	녹음된 음악을 들어보라고 ____.

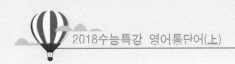
A. 문맥 속 영단어 정성껏 읽어보기(오른쪽 파란색 우리말에 해당하는 왼쪽 영어 떠올려 보기)

01	Humans are creatures존재,생물 of story.	인간은 이야기의 존재이다.
02	nearly every aspect측면 of our lives	우리 삶의 거의 모든 측면
03	Archaeologists고고학자 dig up clues.	고고학자들은 단서들을 발굴한다.
04	piece clues together~을 짜 맞추다	단서들을 짜 맞춘다.
05	some argue주장하다 that S+V	어떤 사람들은 ~라고 주장한다.
06	the accounts이야기,설명 in school textbooks	학교 교과서 속의 이야기
07	the standard표준의,널리 알려진 story	널리 알려진 이야기
08	full of distortions왜곡 and omissions생략	왜곡과 생략으로 가득 찬
09	closer to myth신화 than history	역사보다는 신화에 더 가까운
10	business executives간부	기업체 간부들
11	spin(이야기 따위를)만들어 내다 narratives	이야기를 만들어 내다.
12	compelling매우 흥미로운,강제하는 narratives	매우 흥미로운 이야기

B. 빈칸을 영어로(빈칸에 해당하는 **오른쪽 우리말에 동그라미** 하면서 빈칸 채우기)

01	Humans are c_____s of story.	인간은 이야기의 존재이다.
02	nearly every a_____ of our lives	우리 삶의 거의 모든 측면
03	A_____s dig up clues.	고고학자들은 단서들을 발굴한다.
04	p_____ clues t_____	단서들을 짜 맞춘다.
05	some a_____ that S+V	어떤 사람들은 ~라고 주장한다.
06	the a_____s in school textbooks	학교 교과서 속의 이야기
07	the s_____ story	널리 알려진 이야기
08	full of d_____s and o_____s	왜곡과 생략으로 가득 찬
09	closer to m_____ than history	역사보다는 신화에 더 가까운
10	business e_____s	기업체 간부들
11	s_____ narratives	이야기를 만들어 내다.
12	c_____ narratives	매우 흥미로운 이야기

C. 빈칸을 우리말로(빈칸에 해당하는 **왼쪽 영어에 동그라미** 하면서 빈칸 채우기)

01	Humans are creatures of story.	인간은 이야기의 _____이다.
02	nearly every aspect of our lives	우리 삶의 거의 모든 _____
03	Archaeologists dig up clues.	_____들은 단서들을 발굴한다.
04	piece clues together	단서들을 _____.
05	some argue that S+V	어떤 사람들은 ~라고 _____.
06	the accounts in school textbooks	학교 교과서 속의 _____
07	the standard story	_____ 이야기
08	full of distortions and omissions	_____과 _____으로 가득 찬
09	closer to myth than history	역사보다는 _____에 더 가까운
10	business executives	기업체 _____들
11	spin narratives	이야기를 _____.
12	compelling narratives	_____ 이야기

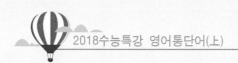

A. 문맥 속 영단어 정성껏 읽어보기(오른쪽 파란색 우리말에 해당하는 왼쪽 영어 떠올려 보기)

01	emotionally transport관심을 끌다,수송하다 consumers	• 정서적으로 소비자들의 관심을 끌다.
02	political analysts분석가	• 정치 분석가
03	presidential election선거	• 대통령 선거
04	influential유력한,영향력 있는 politicians	• 유력한 정치인들
05	a competition between conflicting상반되는,충돌하는 stories	• 상반되는 이야기 간의 경쟁
06	legal법의 scholars	• 법학자
07	regard a trial재판 as a story contest	• 재판을 이야기 견주기(경쟁)로 간주한다.
08	opposing counsels변호인단	• 대립하는 변호인단
09	narratives of guilt유죄 and innocence무죄	• 유죄와 무죄의 이야기
10	construct구성하다,세우다 narratives	• 이야기를 구성하다.
11	who is the real protagonist(소설·이야기 따위의) 주인공	• 누가 진짜 주인공인지

B. 빈칸을 영어로(빈칸에 해당하는 **오른쪽 우리말에 동그라미** 하면서 빈칸 채우기)

01	emotionally t consumers	• 정서적으로 소비자들의 관심을 끌다.
02	political a s	• 정치 분석가
03	presidential e	• 대통령 선거
04	i politicians	• 유력한 정치인들
05	a competition between c stories	• 상반되는 이야기 간의 경쟁
06	l scholars	• 법학자
07	regard a t as a story contest	• 재판을 이야기 견주기로 간주한다.
08	opposing c s	• 대립하는 변호인단
09	narratives of g and i	• 유죄와 무죄의 이야기
10	c narratives	• 이야기를 구성하다.
11	who is the real p	• 누가 진짜 주인공인지

C. 빈칸을 우리말로(빈칸에 해당하는 **왼쪽 영어에 동그라미** 하면서 빈칸 채우기)

01	emotionally transport consumers	• 정서적으로 소비자들의 .
02	political analysts	• 정치
03	presidential election	• 대통령
04	influential politicians	• 정치인들
05	a competition between conflicting stories	• 이야기 간의 경쟁
06	legal scholars	• 학자
07	regard a trial as a story contest	• 을 이야기 견주기로 간주한다.
08	opposing counsels	• 대립하는
09	narratives of guilt and innocence	• 와 의 이야기
10	construct narratives	• 이야기를 .
11	who is the real protagonist	• 누가 진짜 인지

A. 문맥 속 영단어 정성껏 읽어보기(오른쪽 파란색 우리말에 해당하는 왼쪽 영어 떠올려 보기)

01	danced rituals의식(들)	• 춤을 추는 의식
02	prehistoric선사시대의 peoples	• 선사 시대 종족들 [a people 종족,국민 / peoples 종족(국민)들]
03	fashion만들다,유행 masks and costumes의상	• 가면과 의상을 만들다.
04	joyfully burned태우다,소모하다 calories	• 즐겁게 칼로리를 소모했다.
05	in the execution실행,수행 of the dance	• 그 춤을 수행하는 데(추는 데)
06	prefer선호하다 to record these scenes	• 이 장면들을 기록하는 것을 선호하다.
07	anthropologist인류학자 Victor Turner	• 인류학자 Victor Turner
08	occasional가끔의,가끔 일어나는 status	• 가끔 일어나는 지위
09	marginal지엽적인,주변적인 status	• 지엽적인 지위
10	unjustified정당하지 않은 in the prehistoric case	• 선사 시대의 경우에는 정당하지 않은

B. 빈칸을 영어로(빈칸에 해당하는 **오른쪽 우리말에 동그라미** 하면서 빈칸 채우기)

01	danced r s	• 춤을 추는 의식
02	p peoples	• 선사 시대 종족들
03	f masks and c s	• 가면과 의상을 만들다.
04	joyfully b ed calories	• 즐겁게 칼로리를 소모했다.
05	in the e of the dance	• 그 춤을 수행하는 데(추는 데)
06	p to record these scenes	• 이 장면들을 기록하는 것을 선호하다.
07	a Victor Turner	• 인류학자 Victor Turner
08	o status	• 가끔 일어나는 지위
09	m status	• 지엽적인 지위
10	u in the prehistoric case	• 선사 시대의 경우에는 정당하지 않은

C. 빈칸을 우리말로(빈칸에 해당하는 **왼쪽 영어에 동그라미** 하면서 빈칸 채우기)

01	danced rituals	• 춤을 추는
02	prehistoric peoples	• 종족들
03	fashion masks and costumes	• 가면과 을 .
04	joyfully burned calories	• 즐겁게 칼로리를 했다.
05	in the execution of the dance	• 그 춤을 하는 데
06	prefer to record these scenes	• 이 장면들을 기록하는 것을 .
07	anthropologist Victor Turner	• Victor Turner
08	occasional status	• 지위
09	marginal status	• 지위
10	unjustified in the prehistoric case	• 선사 시대의 경우에는

A. 문맥 속 영단어 정성껏 읽어보기(오른쪽 파란색 우리말에 해당하는 왼쪽 영어 떠올려 보기)

01	representative대표하는,나타내는 of the production-oriented mentality사고방식	● 생산 지향적인 사고방식을 대표하는(잘 나타내는)
02	industrial산업의 age	● 산업 시대
03	prehistoric priorities우선 사항들	● 선사 시대의 우선 사항들
04	People knew hardship고난.	● 사람들은 고난을 알고 있었다.
05	threatened위협받는 by food shortages부족	● 식량 부족에 의해 위협받는
06	ritual of ecstatic황홀한 nature	● 황홀한 성질(본성)을 가진 의식
07	central중요한,중심의 to their lives	● 그들의 삶에 중요한
08	constrained제약받는 by the imperative의무,명령 to work	● 일을 해야 하는 의무에 의해서 제약받는
09	wonder의아해하다 why	● 왜 그런지 의아해하다.

B. 빈칸을 영어로(빈칸에 해당하는 오른쪽 우리말에 동그라미 하면서 빈칸 채우기)

01	r_____ of the production-oriented m_____	● 생산 지향적인 사고방식을 대표하는(잘 나타내는)
02	i_____ age	● 산업 시대
03	prehistoric p_____	● 선사 시대의 우선 사항들
04	People knew h_____.	● 사람들은 고난을 알고 있었다.
05	t_____ by food s_____s	● 식량 부족에 의해 위협받는
06	ritual of e_____ nature	● 황홀한 성질(본성)을 가진 의식
07	c_____ to their lives	● 그들의 삶에 중요한
08	c_____ by the i_____ to work	● 일을 해야 하는 의무에 의해서 제약받는
09	w_____ why	● 왜 그런지 의아해하다.

C. 빈칸을 우리말로(빈칸에 해당하는 왼쪽 영어에 동그라미 하면서 빈칸 채우기)

01	representative of the production-oriented mentality	● 생산 지향적인 _____을 _____
02	industrial age	● _____ 시대
03	prehistoric priorities	● 선사 시대의 _____
04	People knew hardship.	● 사람들은 _____을 알고 있었다.
05	threatened by food shortages	● 식량 _____에 의해 _____
06	ritual of ecstatic nature	● _____ 성질(본성)을 가진 의식
07	central to their lives	● 그들의 삶에 _____
08	constrained by the imperative to work	● 일을 해야 하는 _____에 의해서 _____
09	wonder why	● 왜 그런지 _____.

37

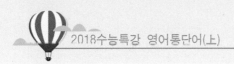
A. 문맥 속 영단어 정성껏 읽어보기(오른쪽 파란색 우리말에 해당하는 왼쪽 영어 떠올려 보기)

01	in the first minutes of its existence존재	● 그것이 존재하는(생겨난) 처음 순간에
02	manufacture만들다 elements	● 원소를 만들다.
03	more complex than hydrogen수소	● 수소보다 더 복잡한
04	chaos혼돈,혼란 of the early universe	● 초기 우주의 혼돈
05	a chemical화학적 point of view	● 화학적 관점
06	the living organisms that inhabit~에 살다 it	● 거기에 사는 생물체
07	galaxies은하계들 were constructed	● 은하계들은 만들어졌다.
08	a sign징후 of our universe's astonishing놀라운 capacity	● 우리 우주의 놀라운 능력의 징후
09	build complex objects from simple building blocks구성 요소들	● 단순한 구성 요소들로 복잡한 물체를 만들다.
10	lay the foundations기초	● 기초를 세우다.
11	even more complex entities(entity독립체)	● 훨씬 더 복잡한 독립체
12	fiery cores핵,중심	● 불타는 핵

B. 빈칸을 영어로(빈칸에 해당하는 **오른쪽 우리말에 동그라미** 하면서 빈칸 채우기)

01	in the first minutes of its e	● 그것이 존재하는(생겨난) 처음 순간에
02	m　　　 elements	● 원소를 만들다.
03	more complex than h	● 수소보다 더 복잡한
04	c　　　 of the early universe	● 초기 우주의 혼돈
05	a c　　　 point of view	● 화학적 관점
06	the living organisms that i　　　 it	● 거기에 사는 생물체
07	g　　　 were constructed	● 은하계들은 만들어졌다.
08	a s　　　 of our universe's a　　　 capacity	● 우리 우주의 놀라운 능력의 징후
09	build complex objects from simple b	● 단순한 구성 요소들로 복잡한 물체를 만들다.
10	lay the f　　　s	● 기초를 세우다.
11	even more complex e	● 훨씬 더 복잡한 독립체
12	fiery c　　　s	● 불타는 핵

C. 빈칸을 우리말로(빈칸에 해당하는 **왼쪽 영어에 동그라미** 하면서 빈칸 채우기)

01	in the first minutes of its existence	● 그것이 　　　 처음 순간에
02	manufacture elements	● 원소를 　　　.
03	more complex than hydrogen	● 　　　보다 더 복잡한
04	chaos of the early universe	● 초기 우주의
05	a chemical point of view	● 　　　 관점
06	the living organisms that inhabit it	● 거기에 　　　 생물체
07	galaxies were constructed	● 　　　은 만들어졌다.
08	a sign of our universe's astonishing capacity	● 우리 우주의 　　　 능력의
09	build complex objects from simple building blocks	● 단순한 　　　로 복잡한 물체를 만들다.
10	lay the foundations	● 　　　를 세우다.
11	even more complex entities	● 훨씬 더 복잡한
12	fiery cores	● 불타는

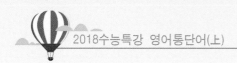

A. 문맥 속 영단어 정성껏 읽어보기(오른쪽 파란색 우리말에 해당하는 왼쪽 영어 떠올려 보기)

01	the whole~내내,전체의 day long	하루 종일
02	They were very merry즐거운.	그들은 매우 즐거웠다.
03	The water was so sparkling반짝거리는.	물은 매우 반짝였다.
04	the falling drops물방울	떨어지는 물방울
05	fresh scents냄새,향기	상쾌한 냄새
06	When it blew(blow-blew-blown:불다)	바람이 불었을 때
07	delightful즐거운 to listen to the wind	바람 소리를 듣는 일이 즐거운
08	look up at the white flakes눈송이	흰 눈송이들을 올려다 보다.
09	down(새의)부드러운 솜털 from the breasts of millions of white birds	수백만 마리의 하얀 새들의 가슴털
10	how smooth and deep the drift표류,(표류되어 밀려와)쌓인 눈 was	눈 더미가 얼마나 부드럽고 깊었는지
11	the hush고요함,침묵,쉿 upon the paths작은길,오솔길 and roads	오솔길과 차도 위의 고요함

B. 빈칸을 영어로(빈칸에 해당하는 **오른쪽 우리말에 동그라미** 하면서 빈칸 채우기)

01	the w　　　　 day long	하루 종일
02	They were very m　　　.	그들은 매우 즐거웠다.
03	The water was so s　　　.	물은 매우 반짝였다.
04	the falling d　　　s	떨어지는 물방울
05	fresh s　　　s	상쾌한 냄새
06	When it b	바람이 불었을 때
07	d　　　 to listen to the wind	바람 소리를 듣는 일이 즐거운
08	look up at the white f　　　s	흰 눈송이들을 올려다 보다.
09	d　　　 from the breasts of millions of white birds	수백만 마리의 하얀 새들의 가슴털
10	how smooth and deep the d　　　 was	눈 더미가 얼마나 부드럽고 깊었는지
11	the h　　　 upon the p　　　s and roads	오솔길과 차도 위의 고요함

C. 빈칸을 우리말로(빈칸에 해당하는 **왼쪽 영어에 동그라미** 하면서 빈칸 채우기)

01	the whole day long	하루
02	they were very merry	그들은 매우 　　　.
03	the water was so sparkling	물은 매우 　　　.
04	the falling drops	떨어지는
05	fresh scents	상쾌한
06	When it blew	바람이 　　　 때
07	delightful to listen to the wind	바람 소리를 듣는 일이
08	look up at the white flakes	흰 　　　들을 올려다 보다.
09	down from the breasts of millions of white birds	수백만 마리의 하얀 새들의 가슴
10	how smooth and deep the drift was	가 얼마나 부드럽고 깊었는지
11	the hush upon the paths and roads	과 차도 위의

A. 문맥 속 영단어 정성껏 읽어보기(오른쪽 파란색 우리말에 해당하는 왼쪽 영어 떠올려 보기)

01	people crowding몰려있는 the floor	● 플로어에 몰려있는 사람들
02	spread out퍼지다,펼치다 across the vast거대한 room	● 거대한 방에 퍼져 있다.
03	The entry입구,들어감 hall	● 입구 쪽의 홀
04	a little above floor level높이,수준	● 플로어 높이보다 약간 위
05	the whole전체의,전부의,~내내 crowd	● 전체 군중
06	play on a stage무대	● 무대 위에서 연주하다.
07	others look on구경하다	● 다른 이들이 구경하다.
08	entertaining재밌는 games and amusements오락,즐거움	● 재미있는 게임과 오락
09	see the greyish회색[잿빛]을 띤 glow불빛,빛나다	● 회색을 띠는 불빛을 보다.
10	a sphere구(형) arena무대,공연장,경기장	● 구형 무대
11	suspended매달려 있는 in midair공중	● 공중에 매달려 있는

B. 빈칸을 영어로(빈칸에 해당하는 **오른쪽 우리말에 동그라미** 하면서 빈칸 채우기)

01	people c＿＿＿ the floor	● 플로어에 몰려있는 사람들
02	s＿＿＿ across the v＿＿＿ room	● 거대한 방에 퍼져 있다.
03	The e＿＿＿ hall	● 입구 쪽의 홀
04	a little above floor l＿＿＿	● 플로어 높이보다 약간 위
05	the w＿＿＿ crowd	● 전체 군중
06	play on a s＿＿＿	● 무대 위에서 연주하다.
07	others l＿＿＿	● 다른 이들이 구경하다.
08	e＿＿＿ games and a＿＿＿s	● 재미있는 게임과 오락
09	see the g＿＿＿ g＿＿＿	● 회색을 띠는 불빛을 보다.
10	a s＿＿＿ a＿＿＿	● 구형 무대
11	s＿＿＿ in m＿＿＿	● 공중에 매달려 있는

C. 빈칸을 우리말로(빈칸에 해당하는 **왼쪽 영어에 동그라미** 하면서 빈칸 채우기)

01	people crowding the floor	● 플로어에 ＿＿＿ 사람들
02	spread out across the vast room	● ＿＿＿ 방에 ＿＿＿.
03	The entry hall	● ＿＿＿ 쪽의 홀
04	a little above floor level	● 플로어 ＿＿＿보다 약간 위
05	the whole crowd	● ＿＿＿ 군중
06	play on a stage	● ＿＿＿ 위에서 연주하다.
07	others look on	● 다른 이들이 ＿＿＿.
08	entertaining games and amusements	● ＿＿＿ 게임과 ＿＿＿
09	see the greyish glow	● ＿＿＿을 보다.
10	a sphere arena	● ＿＿＿ ＿＿＿
11	suspended in midair	● ＿＿＿에 ＿＿＿

A. 문맥 속 영단어 정성껏 읽어보기(오른쪽 파란색 우리말에 해당하는 왼쪽 영어 떠올려 보기)

01	the hour of the broadcast방송(하다)	• 방송 시간
02	His favorite shows got put on the air방송하다.	• 그가 가장 좋아하는 쇼가 방송되었다.
03	along with all the other contestants대회참가자	• 다른 모든 (대회) 참가자들과 함께
04	direct안내하다 them towards the makeup area	• 그들을 분장하는 곳으로 안내하다.
05	the two Nelson siblings형제	• 두 명의 Nelson 형제
06	ahead of~앞에 them	• 그들 앞에
07	have themselves groomed몸 단장하다	• 그들 자신이 몸단장되게 하다.
08	to theatrical공연의,연극의 perfection	• 공연의 완벽함을 향해(완벽한 공연이 되게)
09	murmur소곤거리다 that S + V	• ~한다고 소곤거리다.
10	the judges심사위원 of the contest	• 대회의 심사위원
11	appreciate(진가를)인정하다 his song	• 그의 노래를 인정하다.
12	pick him as the clear-cut명백한 winner	• 그를 명백한 우승자로 뽑다.

B. 빈칸을 영어로(빈칸에 해당하는 **오른쪽 우리말에 동그라미** 하면서 빈칸 채우기)

01	the hour of the b⬚	• 방송 시간
02	His favorite shows got p⬚.	• 그가 가장 좋아하는 쇼가 방송되었다.
03	along with all the other c⬚s	• 다른 모든 (대회) 참가자들과 함께
04	d⬚ them towards the makeup area	• 그들을 분장하는 곳으로 안내하다.
05	the two Nelson s⬚s	• 두 명의 Nelson 형제
06	a⬚ them	• 그들 앞에
07	have themselves g⬚ed	• 그들 자신이 몸단장되게 하다.
08	to t⬚ perfection	• 공연의 완벽함을 향해(완벽한 공연이 되게)
09	m⬚ that S+V	• ~한다고 소곤거리다.
10	the j⬚s of the contest	• 대회의 심사위원
11	a⬚ his song	• 그의 노래를 인정하다.
12	pick him as the c⬚ winner	• 그를 명백한 우승자로 뽑다.

C. 빈칸을 우리말로(빈칸에 해당하는 **왼쪽 영어에 동그라미** 하면서 빈칸 채우기)

01	the hour of the broadcast	• ⬚ 시간
02	His favorite shows got put on the air.	• 그가 가장 좋아하는 쇼가 ⬚되었다.
03	along with all the other contestants	• 다른 모든 ⬚들과 함께
04	direct them towards the makeup area	• 그들을 분장하는 곳으로 ⬚.
05	the two Nelson siblings	• 두 명의 Nelson ⬚
06	ahead of them	• 그들 ⬚
07	have themselves groomed	• 그들 자신이 ⬚ 하다.
08	to theatrical perfection	• ⬚ 완벽함을 향해
09	murmur that S+V	• ~한다고 ⬚.
10	the judges of the contest	• 대회의 ⬚
11	appreciate his song	• 그의 노래를 ⬚.
12	pick him as the clear-cut winner	• 그를 ⬚ 우승자로 뽑다.

2018수능특강 영어통단어(上)

5강 4번(1)

A. 문맥 속 영단어 정성껏 읽어보기(오른쪽 파란색 우리말에 해당하는 왼쪽 영어 떠올려 보기)

01	competitive경쟁적인 global marketplace	● 경쟁적인 세계 시장
02	no longer더 이상~아닌 survive	● 더 이상 생존할 수 없다.
03	let alone thrive번창하다,번영하다	● 번창하는 것은 고사하고
04	a workforce인력,노동력 of average performers	● 업무 수행 능력이 보통인 인력
05	convince확신시키다 employers that S + V	● 고용주들에게 ~라는 것을 확신시키다.
06	desperate간절히 바라는 to find	● 찾기를 간절히 바라는
07	excel탁월하다,뛰어나다 in their jobs	● 업무에서 탁월하다.
08	the elusive찾기 어려운,알기 어려운 persons of talent	● 찾기 어려운 재능을 갖춘 사람들
09	advances진보 in technology	● 기술의 진보
10	the job search찾기,탐색,조사	● 직업 찾기

B. 빈칸을 영어로(빈칸에 해당하는 오른쪽 우리말에 동그라미 하면서 빈칸 채우기)

01	c　　　　 global marketplace	● 경쟁적인 세계 시장
02	n　　　　 survive	● 더 이상 생존할 수 없다.
03	let alone t	● 번창하는 것은 고사하고
04	a w　　　　 of average performers	● 업무 수행 능력이 보통인 인력
05	c　　　　 employers that S + V	● 고용주들에게 ~라는 것을 확신시키다.
06	d　　　　 to find	● 찾기를 간절히 바라는
07	e　　　　 in their jobs	● 업무에서 탁월하다.
08	the e　　　　 persons of talent	● 찾기 어려운 재능을 갖춘 사람들
09	a　　　s in technology	● 기술의 진보
10	the job s	● 직업 찾기

C. 빈칸을 우리말로(빈칸에 해당하는 왼쪽 영어에 동그라미 하면서 빈칸 채우기)

01	competitive global marketplace	●　　　　 세계 시장
02	no longer survive	●　　　　 생존할　　　.
03	let alone thrive	●　　　　 것은 고사하고
04	a workforce of average performers	● 업무 수행 능력이 보통인
05	convince employers that S + V	● 고용주들에게 ~라는 것을　　　.
06	desperate to find	● 찾기를
07	excel in their jobs	● 업무에서　　　.
08	the elusive persons of talent	●　　　　 재능을 갖춘 사람들
09	advances in technology	● 기술의
10	the job search	● 직업

42

A. 문맥 속 영단어 정성껏 읽어보기(오른쪽 파란색 우리말에 해당하는 왼쪽 영어 떠올려 보기)

01	efficient효율적인 process	• 효율적인 과정
02	impersonal비인간적인 process	• 비인간적인 과정
03	our personality is overshadowed가리다ed	• 우리의 개성이 가려지다.
04	reduce to our resume이력서	• 우리의 이력서로 축소하다.
05	be rejected불합격시키다, 거절하다 with just one click	• 단 한 번의 클릭으로 불합격 처리되다.
06	face increasing pressure압력	• 점점 더 많은 압력에 직면하다.
07	pursue찾다, 추구하다 a career	• 직업을 찾다(추구하다).
08	be passionate about...에 열정을 가지다 career	• 직업에 열정을 가지다.
09	search for utopia유토피아(이상 사회)	• 유토피아(이상적인 사회)를 찾다.
10	feel empty and unfulfilled충족되지 않은	• 공허하고 충족되지 않게 느끼다.

B. 빈칸을 영어로(빈칸에 해당하는 **오른쪽 우리말에 동그라미** 하면서 빈칸 채우기)

01	e_____ process	• 효율적인 과정
02	i_____ process	• 비인간적인 과정
03	our personality is o_____ed	• 우리의 개성이 가려지다.
04	reduce to our r_____	• 우리의 이력서로 축소하다.
05	be r_____ed with just one click	• 단 한 번의 클릭으로 불합격 처리되다.
06	face increasing p_____	• 점점 더 많은 압력에 직면하다.
07	p_____ a career	• 직업을 찾다(추구하다).
08	b_____ career	• 직업에 열정을 가지다.
09	search for u_____	• 유토피아(이상적인 사회)를 찾다.
10	feel empty and u_____	• 공허하고 충족되지 않게 느끼다.

C. 빈칸을 우리말로(빈칸에 해당하는 **왼쪽 영어에 동그라미** 하면서 빈칸 채우기)

01	efficient process	• _____ 과정
02	impersonal process	• _____ 과정
03	our personality is overshadowed	• 우리의 개성이 _____.
04	reduce to our resume	• 우리의 _____로 축소하다.
05	be rejected with just one click	• 단 한 번의 클릭으로 _____.
06	face increasing pressure	• 점점 더 많은 _____에 직면하다.
07	pursue a career	• 직업을 _____.
08	be passionate about career	• 직업에 _____.
09	search for utopia	• _____를 찾다.
10	feel empty and unfulfilled	• 공허하고 _____ 느끼다.

A. 문맥 속 영단어 정성껏 읽어보기(오른쪽 파란색 우리말에 해당하는 왼쪽 영어 떠올려 보기)

01	a billboard광고판 advertisement	•	광고판의 광고
02	invade침투하다 your mental workspace	•	당신의 정신적인 작업 공간에 침투하다.
03	forget these directions안내 사항	•	이러한 안내사항을 잊다.
04	an unrelated관련 없는 thought	•	관련 없는 생각
05	Information fades away.사라지다	•	정보가 사라지다.
06	unless it is refreshed새롭게 하다,되살리다	•	되살려지지(새롭게 되지) 않는 한
07	maintain유지하다 information	•	정보를 유지하다.
08	short-term단기간 memory	•	단기 기억
09	task-relevant업무와 관련된 information	•	업무와 관련된 정보
10	ignore distractions(주의)집중을 방해하는 것	•	방해 요인을 무시하다.
11	irrelevant무관한 thoughts	•	무관한 생각
12	lead to information overload과부하	•	정보 과부하(용량의 초과)를 일으키다.

B. 빈칸을 영어로(빈칸에 해당하는 **오른쪽 우리말에 동그라미** 하면서 빈칸 채우기)

01	a b＿＿＿ advertisement	•	광고판의 광고
02	i＿＿＿ your mental workspace	•	당신의 정신적인 작업 공간에 침투하다.
03	forget these d＿＿＿s	•	이러한 안내사항을 잊다.
04	an u＿＿＿ thought	•	관련 없는 생각
05	Information f＿＿＿s ＿＿＿.	•	정보가 사라지다.
06	unless it is r＿＿＿ed	•	되살려지지(새롭게 되지) 않는 한
07	m＿＿＿ information	•	정보를 유지하다.
08	s＿＿＿ memory	•	단기 기억
09	t＿＿＿ information	•	업무와 관련된 정보
10	ignore d＿＿＿s	•	방해 요인을 무시하다.
11	i＿＿＿ thoughts	•	무관한 생각
12	lead to information o＿＿＿	•	정보 과부하를 일으키다.

C. 빈칸을 우리말로(빈칸에 해당하는 **왼쪽 영어에 동그라미** 하면서 빈칸 채우기)

01	a billboard advertisement	•	＿＿＿의 광고
02	invade your mental workspace	•	당신의 정신적인 작업공간에 ＿＿＿.
03	forget these directions	•	이러한 ＿＿＿을 잊다.
04	an unrelated thought	•	＿＿＿ 생각
05	Information fades away.	•	정보가 ＿＿＿
06	unless it is refreshed	•	＿＿＿ 않는 한
07	maintain information	•	정보를 ＿＿＿.
08	short-term memory	•	＿＿＿ 기억
09	task-relevant information	•	＿＿＿ 정보
10	ignore distractions	•	＿＿＿을 무시하다.
11	irrelevant thoughts	•	＿＿＿ 생각
12	lead to information overload	•	정보 ＿＿＿를 일으키다.

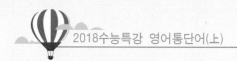

A. 문맥 속 영단어 정성껏 읽어보기(오른쪽 파란색 우리말에 해당하는 왼쪽 영어 떠올려 보기)

01	laughter resulting from~에서 나오는(기인하는) humor	●	유머로부터 나오는 웃음
02	an unfavorable종지 않은,불리한 situation	●	좋지 않은 상황
03	the detection감지,간파 of incongruent elements	●	일치하지 않는 요소의 감지
04	the release방출,해방 of energies	●	에너지의 방출
05	associated관련된,연관된 with negative feelings	●	부정적인 감정과 관련된
06	in the specific특정한 situation	●	특정한 상황에서
07	thanks to the change of perspective관점,시각	●	관점의 변화 덕분에
08	be expressed as laughter of relief안도,안심	●	안도의 웃음으로 표현되다.
09	represent a defense mechanism방어기제 [힘든 상황으로부터 방어(defense)하기 위한 심리적인 대처방법(mechanism)]	●	방어기제를 나타내다.
10	the funny and positive긍정적인 side	●	재미있고 긍정적인 측면
11	in the same circumstances상황	●	똑같은 상황에서
12	react반응하다 showing negative feelings	●	부정적인 감정을 드러내며 반응하다.

B. 빈칸을 영어로(빈칸에 해당하는 **오른쪽 우리말에 동그라미** 하면서 빈칸 채우기)

01	laughter r_____ humor	●	유머로부터 나오는 웃음
02	an u_____ situation	●	좋지 않은 상황
03	the d_____ of incongruent elements	●	일치하지 않는 요소의 감지
04	the r_____ of energies	●	에너지의 방출
05	a_____ with negative feelings	●	부정적인 감정과 관련된
06	in the s_____ situation	●	특정한 상황에서
07	thanks to the change of p_____	●	관점의 변화 덕분에
08	be expressed as laughter of r_____	●	안도의 웃음으로 표현되다.
09	represent a d_____	●	방어기제를 나타내다.
10	the funny and p_____ side	●	재미있고 긍정적인 측면
11	in the same c_____	●	똑같은 상황에서
12	r_____ showing negative feelings	●	부정적인 감정을 드러내며 반응하다.

C. 빈칸을 우리말로(빈칸에 해당하는 **왼쪽 영어에 동그라미** 하면서 빈칸 채우기)

01	laughter resulting from humor	●	유머_____ 웃음
02	an unfavorable situation	●	_____ 상황
03	the detection of incongruent elements	●	일치하지 않는 요소의 _____
04	the release of energies	●	에너지의 _____
05	associated with negative feelings	●	부정적인 감정과 _____
06	in the specific situation	●	_____ 상황에서
07	thanks to the change of perspective	●	_____의 변화 덕분에
08	be expressed as laughter of relief	●	_____의 웃음으로 표현되다.
09	represent a defense mechanism	●	_____를 나타내다.
10	the funny and positive side	●	재미있고 _____ 측면
11	in the same circumstances	●	똑같은 _____에서
12	react showing negative feelings	●	부정적인 감정을 드러내며 _____.

A. 문맥 속 영단어 정성껏 읽어보기(오른쪽 파란색 우리말에 해당하는 왼쪽 영어 떠올려 보기)

01	given all the drawbacks단점	• 모든 단점을 고려할 때
02	electronic documents문서	• 전자 문서
03	stick with~을 유지하다,계속 가지고 있다 paper	• 종이를 계속 유지(사용)하다.
04	A writing medium도구,매체 was replaced.	• 필기 도구가 교체되었다.
05	accustomed to~에 익숙한 writing on clay	• 점토에 쓰는 것에 익숙한
06	vulnerable취약한 to fire and water	• 불과 물에 취약한
07	inscribed쓰다,새기다 marks	• 쓰인(새겨진) 자국
08	Paper prevailed보편화되다,유행하다.	• 종이는 보편화 되었다.
09	economic incentives유인 자극,유인책	• 경제적인 유인 자극들
10	too powerful to be ignored무시하다	• 무시되기에 너무 강력한
11	transport옮기다,수송하다 information	• 정보를 옮기다.
12	a transition전환 to paperless, electronic writing	• 종이 없는 전자적 필기로의 전환

B. 빈칸을 영어로(빈칸에 해당하는 **오른쪽 우리말에 동그라미** 하면서 빈칸 채우기)

01	given all the d_____s	• 모든 단점을 고려할 때
02	electronic d_____s	• 전자 문서
03	s_____ paper	• 종이를 계속 유지(사용)하다.
04	A writing m_____ was replaced.	• 필기 도구가 교체되었다.
05	a_____ writing on clay	• 점토에 쓰는 것에 익숙한
06	v_____ to fire and water	• 불과 물에 취약한
07	i_____d marks	• 쓰인(새겨진) 자국
08	Paper p_____ed.	• 종이는 보편화 되었다.
09	economic i_____s	• 경제적인 유인 자극들
10	too powerful to be i_____ed	• 무시되기에 너무 강력한
11	t_____ information	• 정보를 옮기다.
12	a t_____ to paperless, electronic writing	• 종이 없는 전자적 필기로의 전환

C. 빈칸을 우리말로(빈칸에 해당하는 **왼쪽 영어에 동그라미** 하면서 빈칸 채우기)

01	given all the drawbacks	• 모든 _____을 고려할 때
02	electronic documents	• 전자 _____
03	stick with paper	• 종이를 _____.
04	A writing medium was replaced.	• 필기 _____가 교체되었다.
05	accustomed to writing on clay	• 점토에 쓰는 것에 _____
06	vulnerable to fire and water	• 불과 물에 _____
07	inscribed marks	• _____ 자국
08	Paper prevailed.	• 종이는 _____.
09	economic incentives	• 경제적인 _____들
10	too powerful to be ignored	• _____에 너무 강력한
11	transport information	• 정보를 _____.
12	a transition to paperless, electronic writing	• 종이 없는 전자석 필기로의 _____

46

A. 문맥 속 영단어 정성껏 읽어보기(오른쪽 파란색 우리말에 해당하는 왼쪽 영어 떠올려 보기)

01	government policy정책	• 정부의 정책
02	rely on~에 의존하다 others	• 다른 이들에게 의존하다.
03	financial재정적인,경제적인 support	• 재정적 지원
04	fair share몫	• 공정한 몫
05	household's resources재원,자원	• 가정의 재원(자원)
06	contribution기여,공헌 to the household's income	• 가정 수입에 대한 기여
07	lead to poverty빈곤,가난	• 빈곤으로 이어지다.
08	risk위험 of experiencing poverty	• 빈곤을 겪게 될 위험
09	withdraw철회하다 support	• 지원을 철회하다.
10	an adequate적절한,적당한 income	• 적당한 수입
11	the social security안전,안전보장 system	• 사회보장 제도
12	the most vulnerable취약한 young women	• 가장 취약한 젊은 여성

B. 빈칸을 영어로(빈칸에 해당하는 **오른쪽 우리말에 동그라미** 하면서 빈칸 채우기)

01	government p	• 정부의 정책
02	r others	• 다른 이들에게 의존하다.
03	f support	• 재정적 지원
04	fair s	• 공정한 몫
05	household's r s	• 가정의 재원(자원)
06	c to the household's income	• 가정 수입에 대한 기여
07	lead to p	• 빈곤으로 이어지다.
08	r of experiencing poverty	• 빈곤을 겪게 될 위험
09	w support	• 지원을 철회하다.
10	an a income	• 적당한 수입
11	the social s system	• 사회보장 제도
12	the most v young women	• 가장 취약한 젊은 여성

C. 빈칸을 우리말로(빈칸에 해당하는 **왼쪽 영어에 동그라미** 하면서 빈칸 채우기)

01	government policy	• 정부의
02	rely on others	• 다른 이들 .
03	financial support	• 지원
04	fair share	• 공정한
05	household's resources	• 가정의
06	contribution to the household's income	• 가정 수입에 대한
07	lead to poverty	• 으로 이어지다.
08	risk of experiencing poverty	• 빈곤을 겪게 될
09	withdraw support	• 지원을 .
10	an adequate income	• 수입
11	the social security system	• 사회 제도
12	the most vulnerable young women	• 가장 젊은 여성

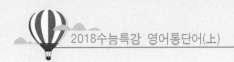
A. 문맥 속 영단어 정성껏 읽어보기(오른쪽 파란색 우리말에 해당하는 왼쪽 영어 떠올려 보기)

01	conform to~을 준수하다,따르다 labor regulations	•	노동 규정을 준수하다.
02	an otherwise identical동일한 shoe	•	그 외에 동일한 신발
03	material물질의,물질적인 needs	•	물질적 필요들
04	a conscious의식있는 consumer	•	의식 있는 소비자
05	make a case정당함을 입증하다 for the mandatory의무적인 provision	•	의무적인 제공에 정당함을 입증하다.
06	the relevant관련된 process information	•	관련된 과정 정보
07	the characteristics특성 of a good's production process	•	상품 생산 과정의 특성들
08	procedural절차상의 preferences	•	절차상의 선호
09	purchase구매하다 according to preferences	•	선호도에 따라서 구매하다.
10	substitute for~을 대체하다 uniform regulations	•	획일적인 규정을 대체하다.
11	the resulting결과로서 나오다 political consumption choice	•	결과로서 나오는 정치적 소비 선택
12	regulations enacted(법을)제정하다 in the political process	•	정치적 과정에서 제정되는 규정들

B. 빈칸을 영어로(빈칸에 해당하는 **오른쪽 우리말에 동그라미** 하면서 빈칸 채우기)

01	c⎵⎵⎵⎵⎵ labor regulations	•	노동 규정을 준수하다.
02	an otherwise i⎵⎵⎵⎵⎵ shoe	•	그 외에 동일한 신발
03	m⎵⎵⎵⎵⎵ needs	•	물질적 필요들
04	a c⎵⎵⎵⎵⎵ consumer	•	의식 있는 소비자
05	m⎵⎵⎵⎵⎵ for the m⎵⎵⎵⎵⎵ provision	•	의무적인 제공에 정당함을 입증하다.
06	the r⎵⎵⎵⎵⎵ process information	•	관련된 과정 정보
07	the c⎵⎵⎵⎵⎵s of a good's production process	•	상품 생산 과정의 특성들
08	p⎵⎵⎵⎵⎵ preferences	•	절차상의 선호
09	p⎵⎵⎵⎵⎵ according to preferences	•	선호도에 따라서 구매하다.
10	s⎵⎵⎵⎵⎵ uniform regulations	•	획일적인 규정을 대체하다.
11	the r⎵⎵⎵⎵⎵ political consumption choice	•	결과로서 나오는 정치적 소비 선택
12	regulations e⎵⎵⎵⎵⎵ed in the political process	•	정치적 과정에서 제정되는 규정들

C. 빈칸을 우리말로(빈칸에 해당하는 **왼쪽 영어에 동그라미** 하면서 빈칸 채우기)

01	conform to labor regulations	•	노동 규정 ⎵⎵⎵⎵⎵.
02	an otherwise identical shoe	•	그 외에 ⎵⎵⎵⎵⎵ 신발
03	material needs	•	⎵⎵⎵⎵⎵ 필요들
04	a conscious consumer	•	⎵⎵⎵⎵⎵ 소비자
05	make a case for the mandatory provision	•	⎵⎵⎵⎵⎵ 제공에 ⎵⎵⎵⎵⎵.
06	the relevant process information	•	⎵⎵⎵⎵⎵ 과정 정보
07	the characteristics of a good's production process	•	상품 생산 과정의 ⎵⎵⎵⎵⎵
08	procedural preferences	•	⎵⎵⎵⎵⎵ 선호
09	purchase according to preferences	•	선호도에 따라서 ⎵⎵⎵⎵⎵.
10	substitute for uniform regulations	•	획일적인 규정 ⎵⎵⎵⎵⎵.
11	the resulting political consumption choice	•	⎵⎵⎵⎵⎵ 정치적 소비 선택
12	regulations enacted in the political process	•	정치적 과성에서 ⎵⎵⎵⎵⎵ 되는 규정들

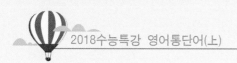

A. 문맥 속 영단어 정성껏 읽어보기(오른쪽 파란색 우리말에 해당하는 왼쪽 영어 떠올려 보기)

01	fundamental근본적인 principle	•	근본적인 원리
02	maintain a condition of stability안정(성)	•	안정의 상태를 유지하다.
03	preserve유지하다,지속하다,보존하다 a balance	•	균형을 유지하다.
04	This balance exists존재하다.	•	이러한 균형이 존재하다.
05	The equilibrium평형상태 may be disturbed방해하다.	•	평형 상태는 방해받을 수 있다.
06	result in~의 결과를 초래하다 one part's appearing in excess과도하게	•	한 부분이 과도하게 나타나는 결과를 초래하다.
07	the function기능,역할 of the physician	•	의사의 기능(역할)
08	restore회복하다 the state of equilibrium	•	평형 상태를 회복하다.
09	a distinctive독특한 natural course	•	독특한 자연적인 과정
10	familiar with~에 정통한 the disease	•	질병에 정통한(질병을 잘 아는)
11	predict the sequence순서 of events	•	증상들(사건들)의 순서를 예측하다.
12	when to intervene개입하다 with treatment	•	치료로써 언제 개입해야 할지

B. 빈칸을 영어로(빈칸에 해당하는 **오른쪽 우리말에 동그라미** 하면서 빈칸 채우기)

01	f principle	•	근본적인 원리
02	maintain a condition of s	•	안정의 상태를 유지하다.
03	p a balance	•	균형을 유지하다.
04	This balance e s.	•	이러한 균형이 존재하다.
05	The e may be d ed.	•	평형 상태는 방해받을 수 있다.
06	r one part's appearing i	•	한 부분이 과도하게 나타나는 결과를 초래하다.
07	the f of the physician	•	의사의 기능(역할)
08	r the state of equilibrium	•	평형 상태를 회복하다.
09	a d natural course	•	독특한 자연적인 과정
10	f the disease	•	질병에 정통한
11	predict the s of events	•	증상들(사건들)의 순서를 예측하다.
12	when to i with treatment	•	치료로써 언제 개입해야 할지

C. 빈칸을 우리말로(빈칸에 해당하는 **왼쪽 영어에 동그라미** 하면서 빈칸 채우기)

01	fundamental principle	•	원리
02	maintain a condition of stability	•	의 상태를 유지하다.
03	preserve a balance	•	균형을 .
04	This balance exists.	•	이러한 균형이 .
05	The equilibrium may be disturbed.	•	는 수 있다.
06	result in one part's appearing in excess	•	한 부분이 나타나는 .
07	the function of the physician	•	의사의
08	restore the state of equilibrium	•	평형 상태를 .
09	a distinctive natural course	•	자연적인 과정
10	familiar with the disease	•	질병
11	predict the sequence of events	•	증상들(사건들)의 를 예측하다.
12	when to intervene with treatment	•	치료로써 언제 할지

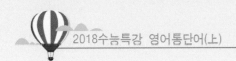
A. 문맥 속 영단어 정성껏 읽어보기(오른쪽 파란색 우리말에 해당하는 왼쪽 영어 떠올려 보기)

01	achieve sustainable지속 가능한 tourism	•	지속 가능한 관광을 달성하다.
02	compromise손상하다 the ability of future generations	•	미래 세대의 능력을 손상하다.
03	compel강요하다 us to face tomorrow's challenge	•	우리가 미래의 난제에 직면하도록 강요하다.
04	the diversity다양성 and complexity of tourism	•	관광의 다양성과 복잡성
05	perfect or easy formula공식	•	완벽하거나 쉬운 공식
06	foster촉진하다 sharing experiences	•	경험의 공유를 촉진하다.
07	the planning and implementation실행,이행 of tourism	•	관광의 계획과 실행
08	ongoing research and analysis분석	•	지속인 연구와 분석
09	Such collaborations are integral필수적인 to the goal.	•	그러한 공동 작업은 목표에 필수적이다.
10	continuing innovation혁신 and monitoring	•	지속인 혁신과 감시
11	a dynamic역동적인 and ever-changing industry	•	역동적이고 늘 변화하는 산업
12	face and conquer정복하다 a challenging goal	•	어려운 목표를 맞서서 정복하다.

B. 빈칸을 영어로(빈칸에 해당하는 오른쪽 우리말에 동그라미 하면서 빈칸 채우기)

01	achieve s_____ tourism	•	지속 가능한 관광을 달성하다.
02	c_____ the ability of future generations	•	미래 세대의 능력을 손상하다.
03	c_____ us to face tomorrow's challenge	•	우리가 미래의 난제에 직면하도록 강요하다.
04	the d_____ and complexity of tourism	•	관광의 다양성과 복잡성
05	perfect or easy f_____	•	완벽하거나 쉬운 공식
06	f_____ sharing experiences	•	경험의 공유를 촉진하다.
07	the planning and i_____ of tourism	•	관광의 계획과 실행
08	ongoing research and a_____	•	지속적인 연구와 분석
09	Such collaborations are i_____ to the goal.	•	그러한 공동 작업은 목표에 필수적이다.
10	continuing i_____ and monitoring	•	지속적인 혁신과 감시
11	a d_____ and ever-changing industry	•	역동적이고 늘 변화하는 산업
12	face and c_____ a challenging goal	•	어려운 목표를 맞서서 정복하다.

C. 빈칸을 우리말로(빈칸에 해당하는 왼쪽 영어에 동그라미 하면서 빈칸 채우기)

01	achieve sustainable tourism	•	_____ 관광을 달성하다.
02	compromise the ability of future generations	•	미래 세대의 능력을 _____.
03	compel us to face tomorrow's challenge	•	우리가 미래의 난제에 직면하도록 _____.
04	the diversity and complexity of tourism	•	관광의 _____과 복잡성
05	perfect or easy formula	•	완벽하거나 쉬운 _____
06	foster sharing experiences	•	경험의 공유를 _____.
07	the planning and implementation of tourism	•	관광의 계획과 _____
08	ongoing research and analysis	•	지속적인 연구와 _____
09	Such collaborations are integral to the goal.	•	그러한 공동 작업은 목표에 _____이다.
10	continuing innovation and monitoring	•	지속적인 _____과 감시
11	a dynamic and ever-changing industry	•	_____고 늘 변화하는 산업
12	face and conquer a challenging goal	•	어려운 목표를 맞서서 _____.

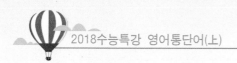
A. 문맥 속 영단어 정성껏 읽어보기(오른쪽 파란색 우리말에 해당하는 왼쪽 영어 떠올려 보기)

01	contain germs of일말의,약간의 truth	• 일말의(약간의) 진실을 담다.
02	Some proverbs are indeed profound심오한,깊은	• 어떤 속담들은 정말로 심오하다.
03	reliable믿을만한 sources of knowledge	• 믿을 만한 지식의 원천
04	Proverbs can be misleading오해를 불러일으키는	• 속담은 오해를 불러일으킬 수 있다.
05	be true of-에 적용되다 all human beings	• 모든 사람에게 적용된다.
06	make radical대단한,훌륭한 leaps도약 in their ability	• 능력 면에서 대단한 도약을 하다.
07	deny the effects of ageing노화	• 노화의 영향력을 부인하다.
08	what is roughly대략적으로 true	• 대략적으로 맞는 것(내용)
09	true for everyone in every respect(측)면,점	• 모든 면에서 모든 사람에게 다 적용되는
10	capture포착하다 the idea	• 생각을 포착하다.
11	a hasty generalization일반화	• 성급한 일반화
12	fairly obviously분명하게 false	• 아주 분명하게 틀린

B. 빈칸을 영어로(빈칸에 해당하는 **오른쪽 우리말에 동그라미** 하면서 빈칸 채우기)

01	contain g truth	• 일말의(약간의) 진실을 담다.
02	Some proverbs are indeed p .	• 어떤 속담들은 정말로 심오하다.
03	r sources of knowledge	• 믿을 만한 지식의 원천
04	Proverbs can be m .	• 속담은 오해를 불러일으킬 수 있다.
05	b all human beings	• 모든 사람에게 적용된다.
06	make r l s in their ability	• 능력 면에서 대단한 도약을 하다.
07	deny the effects of a	• 노화의 영향력을 부인하다.
08	what is r true	• 대략적으로 맞는 것(내용)
09	true for everyone in every r	• 모든 면에서 모든 사람에게 다 적용되는
10	c the idea	• 생각을 포착하다.
11	a hasty g	• 성급한 일반화
12	fairly o false	• 아주 분명하게 틀린

C. 빈칸을 우리말로(빈칸에 해당하는 **왼쪽 영어에 동그라미** 하면서 빈칸 채우기)

01	contain germs of truth	• 진실을 담다.
02	Some proverbs are indeed profound.	• 어떤 속담들은 정말로 .
03	reliable sources of knowledge	• 지식의 원천
04	Proverbs can be misleading.	• 속담은 있다.
05	be true of all human beings	• 모든 사람에게 .
06	make radical leaps in their ability	• 능력 면에서 을 하다.
07	deny the effects of ageing	• 의 영향력을 부인하다.
08	what is roughly true	• 맞는 것(내용)
09	true for everyone in every respect	• 모든 에서 모든 사람에게 다 적용되는
10	capture the idea	• 생각을 .
11	a hasty generalization	• 성급한
12	fairly obviously false	• 아주 틀린

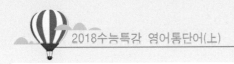

A. 문맥 속 영단어 정성껏 읽어보기(오른쪽 파란색 우리말에 해당하는 왼쪽 영어 떠올려 보기)

01	A tree is a huge biomass생물자원(생물의 총량).	•	나무는 거대한 생물자원이다.
02	affect영향을 미치다 everything	•	모든 것에 영향을 미치다.
03	by its sheer(크기,정도,양이)순전한 size	•	그것의 순전한 크기만으로도
04	provide homes for many creatures생물 and insects	•	많은 생물과 곤충들에게 집을 제공한다.
05	distribute퍼뜨리다(분포시키다) the seeds of the tree	•	나무의 씨앗을 퍼뜨린다.
06	fungi that benefit이롭게 하다 the soil	•	토양을 이롭게 하는 균류
07	Trunks나무의 몸통 provide shelter대피처 from the wind.	•	나무의 몸통은 바람으로부터의 대피처를 제공한다.
08	change the temperature기온 and climate	•	기온과 기후를 바꾼다.
09	release방출하다 through evaporation증발 water	•	증발을 통해 물을 방출하다.
10	critical극히 중요한 for the earth's water cycle	•	지구의 물 순환에 극히 중요한
11	the structures구조 of the tree	•	나무의 구조
12	store water in the bark나무 껍질	•	나무껍질에 물을 저장하다.

B. 빈칸을 영어로(빈칸에 해당하는 오른쪽 우리말에 동그라미 하면서 빈칸 채우기)

01	A tree is a huge b＿＿＿.	•	나무는 거대한 생물자원이다.
02	a＿＿＿ everything	•	모든 것에 영향을 미치다.
03	by its s＿＿＿ size	•	그것의 순전한 크기만으로도
04	provide homes for many c＿＿＿s and insects	•	많은 생물과 곤충들에게 집을 제공한다.
05	d＿＿＿ the seeds of the tree	•	나무의 씨앗을 퍼뜨린다.
06	fungi that b＿＿＿ the soil	•	토양을 이롭게 하는 균류
07	T＿＿＿s provide s＿＿＿ from the wind.	•	나무의 몸통은 바람으로부터의 대피처를 제공한다.
08	change the t＿＿＿ and climate	•	기온과 기후를 바꾼다.
09	r＿＿＿ through e＿＿＿ water	•	증발을 통해 물을 방출하다.
10	c＿＿＿ for the earth's water cycle	•	지구의 물 순환에 극히 중요한
11	the s＿＿＿s of the tree	•	나무의 구조
12	store water in the b＿＿＿	•	나무껍질에 물을 저장하다.

C. 빈칸을 우리말로(빈칸에 해당하는 왼쪽 영어에 동그라미 하면서 빈칸 채우기)

01	A tree is a huge biomass.	•	나무는 거대한 ＿＿＿이다.
02	affect everything	•	모든 것에 ＿＿＿.
03	by its sheer size	•	그것의 ＿＿＿ 크기만으로도
04	provide homes for many creatures and insects	•	많은 ＿＿＿과 곤충들에게 집을 제공한다.
05	distribute the seeds of the tree	•	나무의 씨앗을 ＿＿＿.
06	fungi that benefit the soil	•	토양을 ＿＿＿ 균류
07	Trunks provide shelter from the wind.	•	＿＿＿은 바람으로부터의 ＿＿＿를 제공한다.
08	change the temperature and climate	•	＿＿＿과 기후를 바꾼다.
09	release through evaporation water	•	＿＿＿을 통해 물을 ＿＿＿.
10	critical for the earth's water cycle	•	지구의 물 순환에 ＿＿＿
11	the structures of the tree	•	나무의 ＿＿＿
12	store water in the bark	•	＿＿＿에 물을 저장하다.

52

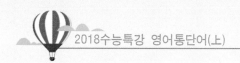
A. 문맥 속 영단어 정성껏 읽어보기(오른쪽 파란색 우리말에 해당하는 왼쪽 영어 떠올려 보기)

01	show our flaws결점 first	● 먼저 우리의 결점을 보여주다.
02	the use of this tactic전략	● 이 전략의 사용
03	hit on~을 (우연히) 생각해 내다 one effective way	● 한 가지 효과적인 방법을 생각해 내다.
04	argue against~에 반론을 제기하다 their own interests	● 그들의 이익에 반론을 제기하다.
05	mention a minor사소한 weakness	● 사소한 약점을 언급하다.
06	drawback결점 of their product	● 그들 제품의 결점
07	the ads promoting홍보하다 their product	● 그들의 제품을 홍보하는 광고
08	create a perception인식 of honesty	● 정직하다는 인식을 만들다.
09	the strengths장점,힘 of the product	● 제품의 장점
10	a persuasive설득력 있는 tactic	● 한 설득력 있는 전략
11	steal one's thunder천둥(=남의 아이디어) (천둥소리 내는 장치를 가로채 연극에서 성공한 데서 유래)	● ~에게 선수를 치다. ~의 생각(관심, 성공)을 가로채다.

B. 빈칸을 영어로(빈칸에 해당하는 **오른쪽 우리말에 동그라미** 하면서 빈칸 채우기)

01	show our f____s first	● 먼저 우리의 결점을 보여주다.
02	the use of this t____	● 이 전략의 사용
03	h____ one effective way	● 한 가지 효과적인 방법을 생각해 내다.
04	a____ their own interests	● 그들의 이익에 반론을 제기하다.
05	mention a m____ weakness	● 사소한 약점을 언급하다.
06	d____ of their product	● 그들 제품의 결점
07	the ads p____ing their product	● 그들의 제품을 홍보하는 광고
08	create a p____ of honesty	● 정직하다는 인식을 만들다.
09	the s____s of the product	● 제품의 장점
10	a p____ tactic	● 한 설득력 있는 전략
11	steal one's t____	● ~에게 선수를 치다. ~의 생각(관심, 성공)을 가로채다.

C. 빈칸을 우리말로(빈칸에 해당하는 **왼쪽 영어에 동그라미** 하면서 빈칸 채우기)

01	show our flaws first	● 먼저 우리의 ____을 보여주다.
02	the use of this tactic	● 이 ____의 사용
03	hit on one effective way	● 한 가지 효과적인 방법을 ____.
04	argue against their own interests	● 그들의 이익에 ____
05	mention a minor weakness	● ____ 약점을 언급하다.
06	drawback of their product	● 그들 제품의 ____
07	the ads promoting their product	● 그들의 제품을 ____ 광고
08	create a perception of honesty	● 정직하다는 ____을 만들다.
09	the strengths of the product	● 제품의 ____
10	a persuasive tactic	● 한 ____ 전략
11	steal one's thunder	● ~에게 ____를 치다. ~의 ____을 가로채다.

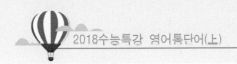
A. 문맥 속 영단어 정성껏 읽어보기(오른쪽 파란색 우리말에 해당하는 왼쪽 영어 떠올려 보기)

01	Attorneys변호사 are taught to steal the opponent's상대 thunder.	• 변호사들은 상대에게 선수를 치도록 배운다.
02	the opposing상대방의,서로 대립하는 lawyer	• 상대측 변호사
03	establish a perception인식	• 인식을 세우다(만들다).
04	in the eyes of jury배심원단 members	• 배심원단 멤버들의 눈에는
05	Experiments demonstrate입증하다 ~	• 실험은 ~을 입증한다.
06	This tactic works효과 있다.	• 이 전략이 효과가 있다.
07	bring up~을 제기하다 a weakness in his own case소송(사건),경우	• 그자신의 소송 사건에서 약점을 제기하다.
08	Jurors배심원 assign부여하다,할당하다 him more honesty.	• 배심원들이 그에게 더 많은 정직성을 부여한다.
09	more favorable우호적인 to his overall전체의 case	• 그의 소송사건 전체에 대해 더 우호적인
10	in their final verdicts평결(평의하여 결정함),판단	• 그들의 마지막 평결에서

B. 빈칸을 영어로(빈칸에 해당하는 **오른쪽 우리말에 동그라미** 하면서 빈칸 채우기)

01	A_____s are taught to steal the o_____'s thunder.	• 변호사들은 상대에게 선수를 치도록 배운다.
02	the o_____ lawyer	• 상대측 변호사
03	establish a p_____	• 인식을 세우다(만들다).
04	in the eyes of j_____ members	• 배심원단 멤버들의 눈에는
05	Experiments d_____ ~	• 실험은 ~을 입증한다.
06	This tactic w_____s.	• 이 전략이 효과가 있다.
07	b_____ a weakness in his own c_____	• 그자신의 소송 사건에서 약점을 제기하다.
08	J_____s a_____ him more honesty.	• 배심원들이 그에게 더 많은 정직성을 부여한다.
09	more f_____ to his o_____ case	• 그의 소송사건 전체에 대해 더 우호적인
10	in their final v_____s	• 그들의 마지막 평결에서

C. 빈칸을 우리말로(빈칸에 해당하는 **왼쪽 영어에 동그라미** 하면서 빈칸 채우기)

01	Attorneys are taught to steal the opponent's thunder.	• _____들은 _____에게 선수를 치도록 배운다.
02	the opposing lawyer	• _____ 변호사
03	establish a perception	• _____을 세우다(만들다).
04	in the eyes of jury members	• _____ 멤버들의 눈에는
05	Experiments demonstrate ~	• 실험은 ~을 _____.
06	This tactic works.	• 이 전략이 _____
07	bring up a weakness in his own case	• 그자신의 _____에서 약점을 _____.
08	Jurors assign him more honesty.	• _____이 그에게 더 많은 정직성을 _____.
09	more favorable to his overall case	• 그의 소송사건 _____ 대해 더 _____
10	in their final verdicts	• 그들의 마지막 _____에서

54

A. 문맥 속 영단어 정성껏 읽어보기(오른쪽 파란색 우리말에 해당하는 왼쪽 영어 떠올려 보기)

01	advances of food preservation보존 methods	•	음식 보존 방법의 진보
02	technological advances진보	•	과학 기술상의 진보
03	exposure직접 체험,노출,폭로 to new food choices	•	새로운 식료품에 대한 직접 체험
04	be distributed유통하다,분배하다 from one continent to another	•	한 대륙에서 또 다른 대륙으로 유통되다.
05	reduce the risk of spoilage부패	•	부패의 위험을 줄이다.
06	reduce the risk of contamination오염	•	오염의 위험을 줄이다.
07	methods available이용 가능한	•	이용 가능한 방법
08	preserve보존하다 meat	•	고기를 보존하다.
09	entirely practical실용적인 methods	•	완전히 실용적인 방법들
10	The canning process(가공)처리,과정 was developed.	•	통조림 가공이 개발되다.
11	large quantities of대량의 food	•	대량의 식품
12	heat-sterilized살균 처리된 food	•	가열 살균 처리된 식품

B. 빈칸을 영어로(빈칸에 해당하는 **오른쪽 우리말에 동그라미** 하면서 빈칸 채우기)

01	advances of food p____ methods	•	음식 보존 방법의 진보
02	technological a____s	•	과학 기술상의 진보
03	e____ to new food choices	•	새로운 식료품에 대한 직접 체험
04	be d____d from one continent to another	•	한 대륙에서 또 다른 대륙으로 유통되다.
05	reduce the risk of s____	•	부패의 위험을 줄이다.
06	reduce the risk of c____	•	오염의 위험을 줄이다.
07	methods a____	•	이용 가능한 방법
08	p____ meat	•	고기를 보존하다.
09	entirely p____ methods	•	완전히 실용적인 방법들
10	The canning p____ was developed.	•	통조림 가공이 개발되다.
11	l____ food	•	대량의 식품
12	heat-s____ food	•	가열 살균 처리된 식품

C. 빈칸을 우리말로(빈칸에 해당하는 **왼쪽 영어에 동그라미** 하면서 빈칸 채우기)

01	advances of food preservation methods	•	음식 ____ 방법의 진보
02	technological advances	•	과학 기술상의 ____
03	exposure to new food choices	•	새로운 식료품에 대한 ____
04	be distributed from one continent to another	•	한 대륙에서 또 다른 대륙으로 ____.
05	reduce the risk of spoilage	•	____의 위험을 줄이다.
06	reduce the risk of contamination	•	____의 위험을 줄이다.
07	methods available	•	____ 방법
08	preserve meat	•	고기를 ____.
09	entirely practical methods	•	완전히 ____ 방법들
10	The canning process was developed.	•	통조림 ____이 개발되다.
11	large quantities of food	•	____ 식품
12	heat-sterilized food	•	가열 ____ 식품

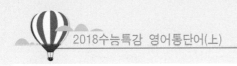
A. 문맥 속 영단어 정성껏 읽어보기(오른쪽 파란색 우리말에 해당하는 왼쪽 영어 떠올려 보기)

01	be stored for longer periods기간	• 오랜 기간 동안 저장되다.
02	be stored without spoiling상하다	• 상하지 않고 저장되다.
03	further추가의,그 이상의 methods of processing	• 추가 가공법
04	treat with ultrahigh초고의(매우 높은) temperatures온도	• 초고의(매우 높은) 온도로 처리하다.
05	increase shelf life저장 수명,유통 기한 of food products	• 식료품의 저장 수명(유통기한)을 증대시키다.
06	increase convenience편리성 of food products	• 식료품의 편리성을 증대시키다.
07	increase variety다양성 of food products	• 식료품의 다양성을 증대시키다.
08	vacuum진공,공백 packing	• 진공 포장
09	fast freezing냉동	• 급속 냉동
10	ensure보장하다 that+S+V	• S가 V 하는 것을 보장하다.
11	available year-round연중 내내	• 연중 내내 이용 가능한
12	economically경제적으로 developed societies	• 경제적으로 발달한 사회

B. 빈칸을 영어로(빈칸에 해당하는 **오른쪽 우리말에 동그라미** 하면서 빈칸 채우기)

01	be stored for longer p____s	• 오랜 기간 동안 저장되다.
02	be stored without s____ing	• 상하지 않고 저장되다.
03	f____ methods of processing	• 추가 가공법
04	treat with u____ t____s	• 초고의(매우 높은) 온도로 처리하다
05	increase s____ of food products	• 식료품의 저장 수명(유통기한)을 증대시키다.
06	increase c____ of food products	• 식료품의 편리성을 증대시키다.
07	increase v____ of food products	• 식료품의 다양성을 증대시키다.
08	v____ packing	• 진공 포장
09	fast f____	• 급속 냉동
10	e____ that S + V	• S가 V 하는 것을 보장하다.
11	available y____	• 연중 내내 이용 가능한
12	e____ developed societies	• 경제적으로 발달한 사회

C. 빈칸을 우리말로(빈칸에 해당하는 **왼쪽 영어에 동그라미** 하면서 빈칸 채우기)

01	be stored for longer periods	• 오랜 ____ 동안 저장되다.
02	be stored without spoiling	• ____ 않고 저장되다.
03	further methods of processing	• ____ 가공법
04	treat with ultrahigh temperatures	• ____으로 처리하다.
05	increase shelf life of food products	• 식료품의 ____을 증대시키다.
06	increase convenience of food products	• 식료품의 ____을 증대시키다.
07	increase variety of food products	• 식료품의 ____을 증대시키다.
08	vacuum packing	• ____ 포장
09	fast freezing	• 급속 ____
10	ensure that S + V	• S가 V 하는 것을 ____.
11	available year-round	• ____ 이용 가능한
12	economically developed societies	• ____ 발달한 사회

A. 문맥 속 영단어 정성껏 읽어보기(오른쪽 파란색 우리말에 해당하는 왼쪽 영어 떠올려 보기)

01	trust their own judgments판단	• 자기 자신의 판단을 믿다.
02	look to기대하다,의존하다 others for evidence	• 다른 사람들이 증거를 줄 것이라고 기대하다.
03	choose correctly올바르게	• 올바르게 선택하다.
04	This self-doubt may come about일어나다,발생하다.	• 이러한 자기 의심이 발생할 수도 있다.
05	ambiguous모호한 situation	• 모호한 상황
06	a classic고전적인 series of experiments	• 고전적인 일련의 실험들
07	experiments conducted행하다 by ~	• ~에 의해 행해진 실험들
08	project비추다,투사하다 a dot of light on the wall	• 벽에 한 점의 빛을 비추다.
09	ask subjects실험 대상자 to indicate말하다,가리키다	• 실험 대상자들에게 말해 달라고 부탁하다.
10	an optical시각의 illusion착각,환영	• 시각의 착각(=착시)
11	shift움직이다 constantly about	• 계속 이리저리 움직이다.
12	announce their movement estimates추정치,추정하다	• 그들의 움직임에 대한 추정치를 발표하다.
13	objectively객관적으로 correct response	• 객관적으로 정확한 답

B. 빈칸을 영어로(빈칸에 해당하는 **오른쪽 우리말에 동그라미** 하면서 빈칸 채우기)

01	trust their own j_____s	• 자기 자신의 판단을 믿다.
02	l_____ others for evidence	• 다른 사람들이 증거를 줄 것이라고 기대하다.
03	choose c_____	• 올바르게 선택하다.
04	This self-doubt may c_____.	• 이러한 자기 의심이 발생할 수도 있다.
05	a_____ situation	• 모호한 상황
06	a c_____ series of experiments	• 고전적인 일련의 실험들
07	experiments c_____ed by ~	• ~에 의해 행해진 실험들
08	p_____ a dot of light on the wall	• 벽에 한 점의 빛을 비추다.
09	ask s_____ to i_____	• 실험 대상자들에게 말해 달라고 부탁하다.
10	an o_____ i_____	• 시각의 착각(=착시)
11	s_____ constantly about	• 계속 이리저리 움직이다.
12	announce their movement e_____s	• 그들의 움직임에 대한 추정치를 발표하다.
13	o_____ correct response	• 객관적으로 정확한 답

C. 빈칸을 우리말로(빈칸에 해당하는 **왼쪽 영어에 동그라미** 하면서 빈칸 채우기)

01	trust their own judgments	• 자기 자신의 _____을 믿다.
02	look to others for evidence	• 다른 사람들이 증거를 줄 것이라고 _____.
03	choose correctly	• _____ 선택하다.
04	This self-doubt may come about.	• 이러한 자기 의심이 _____ 있다.
05	ambiguous situation	• _____ 상황
06	a classic series of experiments	• _____ 일련의 실험
07	experiments conducted by ~	• ~에 의해 _____ 실험
08	project a dot of light on the wall	• 벽에 한 점의 빛을 _____
09	ask subjects to indicate	• _____들에게 _____고 부탁하다.
10	an optical illusion	• _____
11	shift constantly about	• 계속 이리저리 _____.
12	announce their movement estimates	• 그들의 움직임에 대한 _____를 발표하다.
13	objectively correct response	• _____ 정확한 답

57

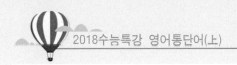
A. 문맥 속 영단어 정성껏 읽어보기(오른쪽 파란색 우리말에 해당하는 왼쪽 영어 떠올려 보기)

01	offer minimal최소의,아주 적은 training to~	●	~에게 최소의 훈련을 제공하다.
02	musicians with performance degrees학위,정도	●	연주 학위를 갖춘 연주자들
03	in an attempt시도 to make	●	만들려는 시도로
04	make them instant즉석의,인스턴트의 teachers	●	그들을 즉석(으로 양성된) 교사로 만들다.
05	do not adequately적절히 prepare those performers	●	그 연주자들을 적절히 준비시키지 못하다.
06	a professional전문적인 educator	●	전문적인 교사(교육자)
07	Expertise전문적 지식 is narrowly defined한정(규정)하다.	●	전문적 지식이 좁게 한정되어 있다.
08	lack없다,부족하다 any concept	●	어떠한 개념도 없다.
09	inspire고무(격려)하다 young musicians	●	어린 연주자들을 고무(격려)하다.
10	interact상호 작용하다 with young musicians	●	어린 연주자들과 상호작용하다.
11	justify정당화 하다 the challenges they experience	●	그들이 겪는 어려움을 정당화하다.

B. 빈칸을 영어로(빈칸에 해당하는 **오른쪽 우리말에 동그라미** 하면서 빈칸 채우기)

01	offer m　　　 training to~	●	~에게 최소의 훈련을 제공하다.
02	musicians with performance d　　　s	●	연주 학위를 갖춘 연주자들
03	in an a　　　 to make	●	만들려는 시도로
04	make them i　　　 teachers	●	그들을 즉석(으로 양성된) 교사로 만들다.
05	do not a　　　 prepare those performers	●	그 연주자들을 적절히 준비시키지 못하다.
06	a p　　　 educator	●	전문적인 교사(교육자)
07	E　　　 is narrowly d　　　d.	●	전문적 지식이 좁게 한정되어 있다.
08	l　　　 any concept	●	어떠한 개념도 없다.
09	i　　　 young musicians	●	어린 연주자들을 고무(격려)하다.
10	i　　　 with young musicians	●	어린 연주자들과 상호작용하다.
11	j　　　 the challenges they experience	●	그들이 겪는 어려움을 정당화하다.

C. 빈칸을 우리말로(빈칸에 해당하는 **왼쪽 영어에 동그라미** 하면서 빈칸 채우기)

01	offer minimal training to~	●	~에게 　　　 훈련을 제공하다.
02	musicians with performance degrees	●	연주 　　　를 갖춘 연주자들
03	in an attempt to make	●	만들려는 　　　로
04	make them instant teachers	●	그들을 　　　 교사로 만들다.
05	do not adequately prepare those performers	●	그 연주자들을 　　　 준비시키지 못하다.
06	a professional educator	●	교사(교육자)
07	Expertise is narrowly defined.	●	이 좁게 　　　 있다.
08	lack any concept	●	어떠한 개념도 　　　.
09	inspire young musicians	●	어린 연주자들을 　　　.
10	interact with young musicians	●	어린 연주자들과 　　　.
11	justify the challenges they experience	●	그들이 겪는 어려움을 　　　.

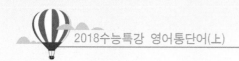
A. 문맥 속 영단어 정성껏 읽어보기(오른쪽 파란색 우리말에 해당하는 왼쪽 영어 떠올려 보기)

01	blame비난하다 students for~	•	~때문에 학생들을 비난하다.
02	understand the nature본질 and structure구조 of schools	•	학교의 본질과 구조를 이해하다.
03	further complicate복잡하게 하다 this scenario	•	이 시나리오를 더욱 복잡하게 하다.
04	Administrators관리자,관리 직원 typically일반적으로,전형적으로 lack the skill.	•	관리자들이 일반적으로 기술이 없다.
05	the knowledge required필요되어 지는 to ~	•	~하는데 필요되어지는 지식
06	properly supervise관리하다 music teaching and programs	•	음악 교육과 프로그램을 적절히 관리하다.
07	Excellence is usually easy to recognize인식하다.	•	탁월함은 대게 인식하기가 쉽다.
08	identify mediocre보통밖에 안 되는,종지못한 programs	•	보통밖에 안 되는 프로그램을 파악하다.
09	provide the necessary guidance도움,안내 and assistance	•	필수적인 지도와 도움을 제공하다.
10	bring about일으키다(초래하다) needed improvement	•	필요한 개선을 일으키다(초래하다).

B. 빈칸을 영어로(빈칸에 해당하는 **오른쪽 우리말에 동그라미** 하면서 빈칸 채우기)

01	b＿＿＿ students for~	•	~때문에 학생들을 비난하다.
02	understand the n＿＿＿ and s＿＿＿ of schools	•	학교의 본질과 구조를 이해하다.
03	further c＿＿＿ this scenario	•	이 시나리오를 더욱 복잡하게 하다.
04	A＿＿＿ s＿ t＿＿＿ lack the skill.	•	관리자들이 일반적으로 기술이 없다.
05	the knowledge r＿＿＿ to ~	•	~하는데 필요되어지는 지식
06	properly s＿＿＿ music teaching and programs	•	음악 교육과 프로그램을 적절히 관리하다.
07	Excellence is usually easy to r＿＿＿.	•	탁월함은 대게 인식하기가 쉽다.
08	identify m＿＿＿ programs	•	보통밖에 안 되는 프로그램을 파악하다.
09	provide the necessary g＿＿＿ and assistance	•	필수적인 지도와 도움을 제공하다.
10	b＿＿＿ needed improvement	•	필요한 개선을 일으키다(초래하다).

C. 빈칸을 우리말로(빈칸에 해당하는 **왼쪽 영어에 동그라미** 하면서 빈칸 채우기)

01	blame students for~	•	~때문에 학생들을 ＿＿＿.
02	understand the nature and structure of schools	•	학교의 ＿＿＿과 ＿＿＿를 이해하다.
03	further complicate this scenario	•	이 시나리오를 더욱 ＿＿＿.
04	Administrators typically lack the skill.	•	＿＿＿들이 ＿＿＿ 기술이 없다.
05	the knowledge required to ~	•	~하는데 ＿＿＿ 지식
06	properly supervise music teaching and programs	•	음악 교육과 프로그램을 적절히 ＿＿＿.
07	Excellence is usually easy to recognize.	•	탁월함은 대게 ＿＿＿가 쉽다.
08	identify mediocre programs	•	＿＿＿ 프로그램을 파악하다.
09	provide the necessary guidance and assistance	•	필수적인 지도와 ＿＿＿을 제공하다.
10	bring about needed improvement	•	필요한 개선을 ＿＿＿.

A. 문맥 속 영단어 정성껏 읽어보기(오른쪽 파란색 우리말에 해당하는 왼쪽 영어 떠올려 보기)

01	embrace수용하다 failure	• 실패를 수용하다.
02	improve a complex복잡한 system	• 복잡한 체계를 개선하다.
03	examine its limits한계	• 그것의 한계를 시험하다.
04	crash고장 내다, 충돌(하다) software	• 소프트웨어를 고장 내다.
05	systematically체계적으로 find ways	• 방법을 체계적으로 찾아내다.
06	troubleshoot(고장을)수리하다 a complicated device	• 복잡한 장치를 수리하다.
07	deliberately고의적으로 force negative results	• 고의적으로 부정적인 결과를 유발하다(강제하다).
08	temporary일시적인 breaks	• 일시적인 고장
09	multiple다양한 functions	• 다양한 기능들
10	locate the dysfunction기능 장애	• 기능 장애가 있는 위치를 찾아내다.
11	the most essential trick비결 to gaining success	• 성공을 얻는 가장 본질적인 비결
12	patience인내심 with failures	• 실패에 대한 인내심
13	puzzle어리둥절하게 하다 outsiders	• 외부인을 어리둥절하게 하다.

B. 빈칸을 영어로(빈칸에 해당하는 **오른쪽 우리말에 동그라미** 하면서 빈칸 채우기)

01	e_____ failure	• 실패를 수용하다.
02	improve a c_____ system	• 복잡한 체계를 개선하다.
03	examine its l_____s	• 그것의 한계를 시험하다.
04	c_____ software	• 소프트웨어를 고장 내다.
05	s_____ find ways	• 방법을 체계적으로 찾아내다.
06	t_____ a complicated device	• 복잡한 장치를 수리하다.
07	d_____ force negative results	• 고의적으로 부정적인 결과를 유발하다(강제하다).
08	t_____ breaks	• 일시적인 고장
09	m_____ functions	• 다양한 기능들
10	locate the d_____	• 기능 장애가 있는 위치를 찾아내다.
11	the most essential t_____ to gaining success	• 성공을 얻는 가장 본질적인 비결
12	p_____ with failures	• 실패에 대한 인내심
13	p_____ outsiders	• 외부인을 어리둥절하게 하다.

C. 빈칸을 우리말로(빈칸에 해당하는 **왼쪽 영어에 동그라미** 하면서 빈칸 채우기)

01	embrace failure	• 실패를 _____.
02	improve a complex system	• _____ 체계를 개선하다.
03	examine its limits	• 그것의 _____를 시험하다.
04	crash software	• 소프트웨어를 _____.
05	systematically find ways	• 방법을 _____ 찾아내다.
06	troubleshoot a complicated device	• 복잡한 장치를 _____.
07	deliberately force negative results	• _____ 부정적인 결과를 유발하다(강제하다).
08	temporary breaks	• _____ 고장
09	multiple functions	• _____ 기능들
10	locate the dysfunction	• _____가 있는 위치를 찾아내다.
11	the most essential trick to gaining success	• 성공을 얻는 가장 본질적인 _____
12	patience with failures	• 실패에 대한 _____
13	puzzle outsiders	• 외부인을 _____.

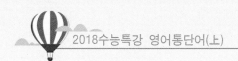
A. 문맥 속 영단어 정성껏 읽어보기(오른쪽 파란색 우리말에 해당하는 왼쪽 영어 떠올려 보기)

01	fantasy공상 role-playing	• 공상 역할 놀이
02	engaged사로잡힌,이끌리는 by the fantasy	• 공상 세계에 이끌리는
03	the fantasy world described묘사하다 to students	• 학생들에게 묘사된 공상 세계
04	the game cannot get off the ground순조롭게 출발하다 [로켓을 발사할 때 일단 땅(ground)에서 떨어져 올라가면 일단 출발은 순조로운 것]	• 그 게임은 순조롭게 출발할 수 없다.
05	exercise발휘(행사)하다,운동하다 their imagination and creativity	• 자신의 상상력과 창의력을 발휘하다.
06	in countless무수한 ways	• 무수한 방법으로
07	take on~을 (떠)맡다 the role	• 역할을 맡다.
08	the role of their assigned부과하다,할당하다 characters	• 그들에게 부과된 등장인물의 역할
09	interact with other creatures생명체	• 다른 생명체와 상호작용하다.
10	alien외계의 environments	• 외계의 환경
11	what is minimally called for~을 요구하다(필요로 하다)	• 최소한으로 요구되는 것

B. 빈칸을 영어로(빈칸에 해당하는 **오른쪽 우리말에 동그라미** 하면서 빈칸 채우기)

01	f____ role-playing	• 공상 역할 놀이
02	e____ by the fantasy	• 공상 세계에 이끌리는
03	the fantasy world d____d to students	• 학생들에게 묘사된 공상 세계
04	the game cannot g____	• 그 게임은 순조롭게 출발할 수 없다.
05	e____ their imagination and creativity	• 자신의 상상력과 창의력을 발휘하다.
06	in c____ ways	• 무수한 방법으로
07	t____ the role	• 역할을 맡다.
08	the role of their a____ed characters	• 그들에게 부과된 등장인물의 역할
09	interact with other c____s	• 다른 생명체와 상호작용하다.
10	a____ environments	• 외계의 환경
11	what is minimally c____ed ____	• 최소한으로 요구되는 것

C. 빈칸을 우리말로(빈칸에 해당하는 **왼쪽 영어에 동그라미** 하면서 빈칸 채우기)

01	fantasy role-playing	• ____ 역할 놀이
02	engaged by the fantasy	• 공상 세계에 ____
03	the fantasy world described to students	• 학생들에게 ____ 공상 세계
04	the game cannot get off the ground	• 그 게임은 ____ 없다.
05	exercise their imagination and creativity	• 자신의 상상력과 창의력을 ____.
06	in countless ways	• ____ 방법으로
07	take on the role	• 역할____.
08	the role of their assigned characters	• 그들에게 ____ 등장인물의 역할
09	interact with other creatures	• 다른 ____와 상호작용하다.
10	alien environments	• ____ 환경
11	what is minimally called for	• 최소한으로 ____ 것

A. 문맥 속 영단어 정성껏 읽어보기(오른쪽 파란색 우리말에 해당하는 왼쪽 영어 떠올려 보기)

01	imaginative flexibility유연성,융통성	●	상상력의 유연성
02	in order to react appropriately적절하게	●	적절하게 반응하기 위해
03	the multiple situations the students encounter접하다,맞닥뜨리다	●	학생들이 접하는 수많은 상황
04	the consequences결과 of various actions and decisions	●	다양한 행동과 결정의 결과
05	provide an ideal이상적인 environment	●	이상적인 환경을 제공하다.
06	cultivate함양(계발)하다,경작하다 the productive use of imagination	●	상상력의 생산적인 사용을 함양(계발)하다.
07	utilize이용하다 imagination	●	상상력을 이용하다.
08	enliven더 생동감 있게 하다 the fantasy narrative	●	공상적 이야기를 더 생동감 있게 하다.
09	envision상상하다 alternatives	●	대안을 상상하다.
10	empathize공감하다 with others	●	다른 사람들과 공감하다.

B. 빈칸을 영어로(빈칸에 해당하는 **오른쪽 우리말에 동그라미** 하면서 빈칸 채우기)

01	imaginative f_____	●	상상력의 유연성
02	in order to react a_____	●	적절하게 반응하기 위해
03	the multiple situations the students e_____	●	학생들이 접하는 수많은 상황
04	the c_____s of various actions and decisions	●	다양한 행동과 결정의 결과
05	provide an i_____ environment	●	이상적인 환경을 제공하다.
06	c_____ the productive use of imagination	●	상상력의 생산적인 사용을 함양(계발)하다.
07	u_____ imagination	●	상상력을 이용하다.
08	e_____ the fantasy narrative	●	공상적 이야기를 더 생동감 있게 하다.
09	e_____ alternatives	●	대안을 상상하다.
10	e_____ with others	●	다른 사람들과 공감하다.

C. 빈칸을 우리말로(빈칸에 해당하는 **왼쪽 영어에 동그라미** 하면서 빈칸 채우기)

01	imaginative flexibility	●	상상력의 _____
02	in order to react appropriately	●	_____ 반응하기 위해
03	the multiple situations the students encounter	●	학생들이 _____ 수많은 상황
04	the consequences of various actions and decisions	●	다양한 행동과 결정의 _____
05	provide an ideal environment	●	_____ 환경을 제공하다.
06	cultivate the productive use of imagination	●	상상력의 생산적인 사용을 _____.
07	utilize imagination	●	상상력을 _____.
08	enliven the fantasy narrative	●	공상적 이야기를 _____.
09	envision alternatives	●	대안을 _____.
10	empathize with others	●	다른 사람들과 _____.

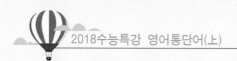

A. 문맥 속 영단어 정성껏 읽어보기(오른쪽 파란색 우리말에 해당하는 왼쪽 영어 떠올려 보기)

01	an underwater object물체	● 물속에 있는 물체
02	a distorted일그러뜨리다,왜곡하다 appearance	● 일그러진(왜곡된) 모습(외형)
03	change the direction방향 of the light rays광선	● 광선의 방향을 바꾸다.
04	the eyes of an observer관찰자	● 관찰자의 눈
05	Nerves신경 in the eyes send signals.	● 눈에 있는 신경이 신호를 보내다.
06	construct구성하다,세우다 a picture	● 그림을 구성하다.
07	account for~을 고려하다 the effects of refraction	● 굴절의 효과를 고려하다.
08	a straw빨대 in a glass of water	● 물이 담긴 유리잔에 들어 있는 빨대
09	refract굴절되다,굴절시키다 at the surfaces	● 표면에서 굴절되다.
10	The straw looks bent구부러진.	● 빨대가 구부러져 보인다.
11	be viewed보다 from underwater	● 물속으로부터 보여지다.

B. 빈칸을 영어로(빈칸에 해당하는 **오른쪽 우리말에 동그라미** 하면서 빈칸 채우기)

01	an underwater o	● 물속에 있는 물체
02	a d ed appearance	● 일그러진(왜곡된) 모습(외형)
03	change the d of the l s	● 광선의 방향을 바꾸다.
04	the eyes of an o	● 관찰자의 눈
05	N s in the eyes send signals.	● 눈에 있는 신경이 신호를 보내다.
06	c a picture	● 그림을 구성하다.
07	a the effects of refraction	● 굴절의 효과를 고려하다.
08	a s in a glass of water	● 물이 담긴 유리잔에 들어 있는 빨대
09	r at the surfaces	● 표면에서 굴절되다.
10	The straw looks b .	● 빨대가 구부러져 보인다.
11	be v ed from underwater	● 물속으로부터 보여지다.

C. 빈칸을 우리말로(빈칸에 해당하는 **왼쪽 영어에 동그라미** 하면서 빈칸 채우기)

01	an underwater object	● 물속에 있는
02	a distorted appearance	● 모습(외형)
03	change the direction of the light rays	● 의 을 바꾸다.
04	the eyes of an observer	● 의 눈
05	Nerves in the eyes send signals.	● 눈에 있는 이 신호를 보내다.
06	construct a picture	● 그림을 .
07	account for the effects of refraction	● 굴절의 효과를 .
08	a straw in a glass of water	● 물이 담긴 유리잔에 들어 있는
09	refract at the surfaces	● 표면에서 .
10	The straw looks bent.	● 빨대가 보인다.
11	be viewed from underwater	● 물속으로부터 .

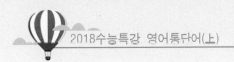

A. 문맥 속 영단어 정성껏 읽어보기(오른쪽 파란색 우리말에 해당하는 왼쪽 영어 떠올려 보기)

01	devoted헌신적인 father's care and protection	● 헌신적인 아버지의 보살핌과 보호
02	when he passed away돌아가시다,사망하다	● 그가 돌아가셨을 때
03	mourn슬퍼하다,애도하다 together	● 함께 슬퍼하다.
04	the bond between them had strengthened	● 그들 사이의 유대는 강해졌었다.
05	supported her through her sorrow슬픔	● 슬픔을 이겨내도록 그녀를 지탱해 주었다.
06	the person most dear소중한 to her	● 그녀에게 가장 소중한 사람
07	share her grief슬픔	● 그녀의 슬픔을 나누다.
08	felt isolated and abandoned버림받은,버려진	● 고립되고 버림받았다고 느꼈다.
09	a forlorn despair절망(감),절망하다	● 허망한(비참한) 절망감
10	overtake압도하다,능가하다 her sense of loss	● 그녀의 상실감을 압도하다(눌러 버리다).
11	completely완전히 alone	● 완전히 혼자인

B. 빈칸을 영어로(빈칸에 해당하는 **오른쪽 우리말에 동그라미** 하면서 빈칸 채우기)

01	d father's care and protection	● 헌신적인 아버지의 보살핌과 보호
02	when he p ed	● 그가 돌아가셨을 때
03	m together	● 함께 슬퍼하다.
04	the b between them had strengthened	● 그들 사이의 유대는 강해졌었다.
05	supported her through her s	● 슬픔을 이겨내도록 그녀를 지탱해 주었다.
06	the person most d to her	● 그녀에게 가장 소중한 사람
07	share her g	● 그녀의 슬픔을 나누다.
08	felt isolated and a	● 고립되고 버림받았다고 느꼈다.
09	a forlorn d	● 허망한(비참한) 절망감
10	o her sense of loss	● 그녀의 상실감을 압도하다(눌러 버리다).
11	c alone	● 완전히 혼자인

C. 빈칸을 우리말로(빈칸에 해당하는 **왼쪽 영어에 동그라미** 하면서 빈칸 채우기)

01	devoted father's care and protection	● 아버지의 보살핌과 보호
02	when he passed away	● 그가 때
03	mourn together	● 함께 .
04	the bond between them had strengthened	● 그들 사이의 는 강해졌었다.
05	supported her through her sorrow	● 을 이겨내도록 그녀를 지탱해 주었다.
06	the person most dear to her	● 그녀에게 가장 사람
07	share her grief	● 그녀의 을 나누다.
08	felt isolated and abandoned	● 고립되고 느꼈다.
09	a forlorn despair	● 허망한(비참한)
10	overtake her sense of loss	● 그녀의 상실감을 .
11	completely alone	● 혼자인

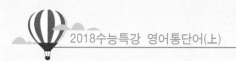
A. 문맥 속 영단어 정성껏 읽어보기(오른쪽 파란색 우리말에 해당하는 왼쪽 영어 떠올려 보기)

01	Counsellor상담 전문가 John picked up the piece of paper.	•	상담 전문가 John은 서류를 집어 들었다.
02	in a socially appropriate적절한 manner	•	사회적으로 적절한 방식으로
03	John's controlled behavior행동	•	John의 억제된 행동
04	subtly미묘하게 suggest that s+v	•	미묘하게 ~것을 암시하다.
05	respond반응하다 to an attempt	•	시도에 반응하다.
06	personal개인적인 contact	•	개인적인 접촉
07	the right to express an issue문제	•	문제를 표현할 권리
08	issues of social convention관습	•	사회적 관습의 문제들
09	express his anger and contempt경멸(업신여김)	•	그의 분노와 경멸을 표현하다.
10	a pleasant administrative관리상의,행정적인 task	•	유쾌한 관리상의 업무
11	He had been hired고용하다.	•	그가 고용되었다.

B. 빈칸을 영어로(빈칸에 해당하는 **오른쪽 우리말에 동그라미** 하면서 빈칸 채우기)

01	C_____ John picked up the piece of paper.	•	상담 전문가 John은 서류를 집어 들었다.
02	in a socially a_____ manner	•	사회적으로 적절한 방식으로
03	John's controlled b_____	•	John의 억제된 행동
04	s_____ suggest that s+v	•	미묘하게 ~것을 암시하다.
05	r_____ to an attempt	•	시도에 반응하다.
06	p_____ contact	•	개인적인 접촉
07	the right to express an i_____	•	문제를 표현할 권리
08	issues of social c_____	•	사회적 관습의 문제들
09	express his anger and c_____	•	그의 분노와 경멸을 표현하다.
10	a pleasant a_____ task	•	유쾌한 관리상의 업무
11	He had been h_____d.	•	그가 고용되었다.

C. 빈칸을 우리말로(빈칸에 해당하는 **왼쪽 영어에 동그라미** 하면서 빈칸 채우기)

01	Counsellor John picked up the piece of paper.	•	_____ John은 서류를 집어 들었다.
02	in a socially appropriate manner	•	사회적으로 _____ 방식으로
03	John's controlled behavior	•	John의 억제된 _____
04	subtly suggest that s+v	•	_____ ~것을 암시하다.
05	respond to an attempt	•	시도에 _____.
06	personal contact	•	_____ 접촉
07	the right to express an issue	•	_____를 표현할 권리
08	issues of social convention	•	사회적 _____의 문제들
09	express his anger and contempt	•	그의 분노와 _____을 표현하다.
10	a pleasant administrative task	•	유쾌한 _____ 업무
11	He had been hired.	•	그가 _____ 되었다.

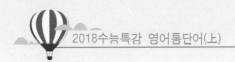
A. 문맥 속 영단어 정성껏 읽어보기(오른쪽 파란색 우리말에 해당하는 왼쪽 영어 떠올려 보기)

01	notice a slightly worried look표정	● 약간 걱정스러운 표정을 감지하다.
02	an expressionless무표정한 face	● 무표정한 얼굴
03	kept their gaze시선,응시 fixed upon~	● 그들의 시선이 ~에 고정되어 있었다.
04	a long pause멈춤 in his silence	● 침묵 속에서 오랜 멈춤
05	dare감히~하다 not disturb it	● 그것을 감히 방해하지 못하다.
06	except for two high-set cheekbones광대뼈	● 높이 튀어나온 두 개의 광대뼈를 제외한
07	The feather깃털 in his headband was weather-beaten햇볕[비바람]에 바랜[시달린].	● 그의 머리띠에 꽂혀 있는 깃털은 햇볕에 바래 있었다.
08	comb샅샅이 살피다,수색하다 the darkness thoroughly철저히 with his eyes	● 그의 두 눈으로 철저히 어둠 속을 샅샅이 살피다.
09	showed little fear두려움 of it	● 두려움을 거의 보이지 않았다.
10	spoke a few words in his native tongue모국어	● 그의 모국어로 몇 마디를 했다.

B. 빈칸을 영어로(빈칸에 해당하는 **오른쪽 우리말에 동그라미** 하면서 빈칸 채우기)

01	notice a slightly worried l⬚	● 약간 걱정스러운 표정을 감지하다.
02	an e⬚ face	● 무표정한 얼굴
03	kept their g⬚ fixed upon~	● 그들의 시선이 ~에 고정되어 있었다.
04	a long p⬚ in his silence	● 침묵 속에서 오랜 멈춤
05	d⬚ not disturb it	● 그것을 감히 방해하지 못하다.
06	except for two high-set c⬚	● 높이 튀어나온 두 개의 광대뼈를 제외한
07	The f⬚ in his headband was w⬚.	● 그의 머리띠에 꽂혀 있는 깃털은 햇볕에 바래 있었다.
08	c⬚ the darkness t⬚ with his eyes	● 그의 두 눈으로 철저히 어둠 속을 샅샅이 살피다.
09	showed little f⬚ of it	● 두려움을 거의 보이지 않았다.
10	spoke a few words in his n⬚	● 그의 모국어로 몇 마디를 했다.

C. 빈칸을 우리말로(빈칸에 해당하는 **왼쪽 영어에 동그라미** 하면서 빈칸 채우기)

01	notice a slightly worried look	● 약간 걱정스러운 ⬚을 감지하다.
02	an expressionless face	● ⬚ 얼굴
03	kept their gaze fixed upon~	● 그들의 ⬚이 ~에 고정되어 있었다.
04	a long pause in his silence	● 침묵 속에서 오랜 ⬚
05	dare not disturb it	● 그것을 ⬚ 방해 ⬚ 못하다.
06	except for two high-set cheekbones	● 높이 튀어나온 두 개의 ⬚를 제외한
07	The feather in his headband was weather-beaten.	● 그의 머리띠에 꽂혀 있는 ⬚은 ⬚ 있었다.
08	comb the darkness thoroughly with his eyes	● 그의 두 눈으로 ⬚ 어둠 속을 ⬚
09	showed little fear of it	● ⬚을 거의 보이지 않았다.
10	spoke a few words in his native tongue	● 그의 ⬚로 몇 마디를 했다.

66

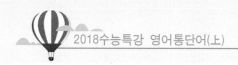
A. 문맥 속 영단어 정성껏 읽어보기(오른쪽 파란색 우리말에 해당하는 왼쪽 영어 떠올려 보기)

01	eclipse무색하게 하다,(중요성,명성 등을)가리다 his own ambitions	• 그 자신의 야망을 무색하게 하다.
02	determined to make his own mark그의 명성을 떨치다 [자신(own)이 만든 물건의 표시(mark)가 널리 퍼지면 성공을 거둔 걸로 평가]	• 그의 명성을 떨치고자 결심하게 된
03	these qualities coupled with~과 결합된 his intelligence	• 그의 지력과 결합된 이런 특성들
04	a man without precedent전례(선례) in Europe	• 유럽에서 전례(선례)가 없는 사람
05	extraordinarily대단히,엄청나게 energetic	• 대단히 활기가 넘친
06	exhibit보여주다 a unique personality	• 독특한 개성을 보여 주다.
07	his succession연속 of victories	• 그의 연속된 승리
08	unparalleled견줄(비할)데가 없는,유례가 없는 victories	• 견줄(비할)데 없는 승리
09	a folk민족(적),사람들,민속(전통)의 hero	• 민족적 영웅
10	a brave warrior전사	• 용감한 전사
11	battle-scarred상처 입은 veterans참전용사,노병,베테랑(경험많은 사람)	• 전쟁에서 상처 입은 참전용사(노병)
12	a man of singular뛰어난,비범한 distinction탁월(성),우수(성)	• 뛰어나게 탁월성을 지닌 사람
13	superior to~보다 우수한 his famous father	• 그의 유명한 아버지보다 더 우수한

B. 빈칸을 영어로(빈칸에 해당하는 **오른쪽 우리말에 동그라미** 하면서 빈칸 채우기)

01	e_____ his own ambitions	• 그 자신의 야망을 무색하게 하다.
02	determined to m_____	• 그의 명성을 떨치고자 결심하게 된
03	these qualities c_____ his intelligence	• 그의 지력과 결합된 이런 특성들
04	a man without p_____ in Europe	• 유럽에서 전례(선례)가 없는 사람
05	e_____ energetic	• 대단히 활기가 넘친
06	e_____ a unique personality	• 독특한 개성을 보여 주다.
07	his s_____ of victories	• 그의 연속된 승리
08	u_____ victories	• 견줄(비할)데 없는 승리
09	a f_____ hero	• 민족적 영웅
10	a brave w_____	• 용감한 전사
11	battle-s_____ v_____s	• 전쟁에서 상처 입은 참전용사(노병)
12	a man of s_____ d_____	• 뛰어나게 탁월성을 지닌 사람
13	s_____ his famous father	• 그의 유명한 아버지보다 더 우수한

C. 빈칸을 우리말로(빈칸에 해당하는 **왼쪽 영어에 동그라미** 하면서 빈칸 채우기)

01	eclipse his own ambitions	• 그 자신의 야망을 _____.
02	determined to make his own mark	• _____ 결심하게 된
03	these qualities coupled with his intelligence	• 그의 지력과 _____ 이런 특성들
04	a man without precedent in Europe	• 유럽에서 _____가 없는 사람
05	extraordinarily energetic	• _____ 활기가 넘친
06	exhibit a unique personality	• 독특한 개성을 _____.
07	his succession of victories	• 그의 _____된 승리
08	unparalleled victories	• _____ 승리
09	a folk hero	• _____ 영웅
10	a brave warrior	• 용감한 _____
11	battle-scarred veterans	• 전쟁에서 _____
12	a man of singular distinction	• _____게 _____을 지닌 사람
13	superior to his famous father	• 그의 유명한 아버지_____

67

A. 문맥 속 영단어 정성껏 읽어보기(오른쪽 파란색 우리말에 해당하는 왼쪽 영어 떠올려 보기)

01	be repeatedly reinforced보강하다,강화하다	•	되풀이하여 보강되다.
02	during its 670 years of existence존재	•	670년간 존재 해오는 동안
03	the escaping달아나는(퇴각하던) Nazis	•	달아나는(퇴각하던) 나치
04	In spite of~에도 불구하고 the high flood	•	대홍수에도 불구하고
05	stand firm굳건한,단단한	•	굳건히 서 있다.
06	its narrowest폭이 가장 좁은 point	•	그것의 폭이 가장 좁은 지점
07	Tourists crowd here with enthusiasm열정.	•	관광객들이 열정적으로 이곳에 운집하다.
08	traders who occupy the monument(역사적)기념물,기념비	•	그 역사적 기념물을 점유하고 있는 상인들
09	pay their property재산 taxes	•	재산세를 내다.
10	without complaining불평함	•	불평함이 없이
11	in the strictest가장 엄밀한 sense	•	가장 엄밀한 의미에서
12	a highly profitable이익이 되는,유리한 venture	•	매우 이익이 되는 모험적 사업

B. 빈칸을 영어로(빈칸에 해당하는 **오른쪽 우리말에 동그라미** 하면서 빈칸 채우기)

01	be repeatedly r_____d	•	되풀이하여 보강되다.
02	during its 670 years of e_____	•	670년간 존재 해오는 동안
03	the e_____ Nazis	•	달아나는(퇴각하던) 나치
04	I_____ the high flood	•	대홍수에도 불구하고
05	stand f_____	•	굳건히 서 있다.
06	its n_____ point	•	그것의 폭이 가장 좁은 지점
07	Tourists crowd here with e_____.	•	관광객들이 열정적으로 이곳에 운집하다.
08	traders who occupy the m_____	•	그 역사적 기념물을 점유하고 있는 상인들
09	pay their p_____ taxes	•	재산세를 내다.
10	without c_____	•	불평함이 없이
11	in the s_____ sense	•	가장 엄밀한 의미에서
12	a highly p_____ venture	•	매우 이익이 되는 모험적 사업

C. 빈칸을 우리말로(빈칸에 해당하는 **왼쪽 영어에 동그라미** 하면서 빈칸 채우기)

01	be repeatedly reinforced	•	되풀이하여 _____되다.
02	during its 670 years of existence	•	670년간 _____ 해오는 동안
03	the escaping Nazis	•	_____ 나치
04	In spite of the high flood	•	대홍수_____
05	stand firm	•	_____ 서 있다.
06	its narrowest point	•	그것의 _____ 지점
07	Tourists crowd here with enthusiasm.	•	관광객들이 _____적으로 이곳에 운집하다.
08	traders who occupy the monument	•	그 _____을 점유하고 있는 상인들
09	pay their property taxes	•	_____세를 내다.
10	without complaining	•	_____이 없이
11	in the strictest sense	•	_____ 의미에서
12	a highly profitable venture	•	매우 _____ 모험석 사업

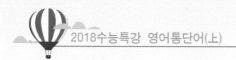
A. 문맥 속 영단어 정성껏 읽어보기(오른쪽 파란색 우리말에 해당하는 왼쪽 영어 떠올려 보기)

01	after the Great Depression공황,불경기	● 대공황 이후
02	assume(임무,책임을)떠맡다 the role of artistic director	● 예술 감독의 역할을 떠맡다.
03	formed his own troupe공연단	● 그 자신의 공연단을 만들었다.
04	one of the most successful성공적인 European tours	● 가장 성공적인 유럽 순회공연 중 하나
05	be held over연장되다 for six weeks	● 6주 동안 연장되다.
06	accommodate(요구등에)부응하다,들어주다 the demand for tickets	● 입장권에 대한 수요에 부응하다.
07	unprecedented전례가 없는 sixty-one curtain calls	● 전례가 없는 61회의 커튼콜 (커튼콜 : 배우를 무대 위로 다시 불러내기)
08	a German critic비평가,평론가	● 어떤 독일인 비평가
09	a triumph승리 of sweeping완전한,철저한, violent beauty	● 완전하고 강렬한 아름다움의 승리
10	a furious격렬한,매우 화난 spectacle	● 격렬한 장관(훌륭한 광경)
11	The stage vibrates진동하다,흔들리다.	● 무대가 진동하다.
12	American modern현대의 dance troupe	● 미국의 현대 무용단

B. 빈칸을 영어로(빈칸에 해당하는 **오른쪽 우리말에 동그라미** 하면서 빈칸 채우기)

01	after the Great D	● 대공황 이후
02	a the role of artistic director	● 예술 감독의 역할을 떠맡다.
03	formed his own t	● 그 자신의 공연단을 만들었다.
04	one of the most s European tours	● 가장 성공적인 유럽 순회공연 중 하나
05	b for six weeks	● 6주 동안 연장되다.
06	a the demand for tickets	● 입장권에 대한 수요에 부응하다.
07	u sixty-one curtain calls	● 전례가 없는 61회의 커튼콜
08	a German c	● 어떤 독일인 비평가
09	a t of s violent beauty	● 완전하고 강렬한 아름다움의 승리
10	a f spectacle	● 격렬한 장관(훌륭한 광경)
11	The stage v s.	● 무대가 진동하다.
12	American m dance troupe	● 미국의 현대 무용단

C. 빈칸을 우리말로(빈칸에 해당하는 **왼쪽 영어에 동그라미** 하면서 빈칸 채우기)

01	after the Great Depression	● 대 이후
02	assume the role of artistic director	● 예술 감독의 역할을 .
03	formed his own troupe	● 그 자신의 을 만들었다.
04	one of the most successful European tours	● 가장 유럽 순회공연 중 하나
05	be held over for six weeks	● 6주 동안 .
06	accommodate the demand for tickets	● 입장권에 대한 수요에 .
07	unprecedented sixty-one curtain calls	● 61회의 커튼콜
08	a German critic	● 어떤 독일인
09	a triumph of sweeping violent beauty	● 고 강렬한 아름다움의
10	a furious spectacle	● 장관(훌륭한 광경)
11	The stage vibrates.	● 무대가 .
12	American modern dance troupe	● 미국의 무용단

A. 문맥 속 영단어 정성껏 읽어보기(오른쪽 파란색 우리말에 해당하는 왼쪽 영어 떠올려 보기)

01	teach everyday first aid응급처치 skills	• 일상의 응급 처치 기술을 가르치다.
02	invaluable매우 유용한 when accidents happen	• 사고가 발생했을 때 매우 유용한
03	when you are out and about병후에 일상적인 생활을 하다 [아픈 후에 병원 밖에 나와서(out) 주위를(about) 돌아다니며 일상생활을 하다]	• 여러분이 병후에 일상적인 생활을 할 때
04	suitable for non-medical personnel종사자,직원	• 비의료 종사자에게 적합한
05	office staff직원	• 사무실 직원
06	airline crew승무원	• 비행기 승무원
07	security안전 guards	• 안전 요원
08	priorities우선(사항)들 of managing the scene	• 현장 처리(에 있어서)의 우선 사항들
09	minor경중(가벼운 증세)의,사소한 bleeding	• 경증(가벼운 증세의) 출혈
10	minor burns화상	• 경증 화상
11	treatment of fainting기절하다	• 기절에 대한 치료

B. 빈칸을 영어로(빈칸에 해당하는 **오른쪽 우리말에 동그라미** 하면서 빈칸 채우기)

01	teach everyday f_____ skills	• 일상의 응급 처치 기술을 가르치다.
02	i_____ when accidents happen	• 사고가 발생했을 때 매우 유용한
03	when you a_____	• 여러분이 병후에 일상적인 생활을 할 때
04	suitable for non-medical p_____	• 비의료 종사자에게 적합한
05	office s_____	• 사무실 직원
06	airline c_____	• 비행기 승무원
07	s_____ guards	• 안전 요원
08	p_____ of managing the scene	• 현장 처리(에 있어서)의 우선 사항들
09	m_____ bleeding	• 경증(가벼운 증세의) 출혈
10	minor b_____s	• 경증 화상
11	treatment of f_____ing	• 기절에 대한 치료

C. 빈칸을 우리말로(빈칸에 해당하는 **왼쪽 영어에 동그라미** 하면서 빈칸 채우기)

01	teach everyday first aid skills	• 일상의 _____ 기술을 가르치다.
02	invaluable when accidents happen	• 사고가 발생했을 때 _____
03	when you are out and about	• 여러분이 _____ 때
04	suitable for non-medical personnel	• 비의료 _____에게 적합한
05	office staff	• 사무실 _____
06	airline crew	• 비행기 _____
07	security guards	• _____ 요원
08	priorities of managing the scene	• 현장 처리(에 있어서)의 _____
09	minor bleeding	• _____ 출혈
10	minor burns	• 경증 _____
11	treatment of fainting	• _____에 대한 치료

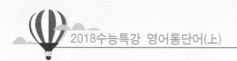

A. 문맥 속 영단어 정성껏 읽어보기(오른쪽 파란색 우리말에 해당하는 왼쪽 영어 떠올려 보기)

01	treatment of bites물림	●	물림에 대한 치료
02	treatment of stings쏘임	●	쏘임에 대한 치료
03	treatment of sprains접질림	●	접질림에 대한 치료
04	maximum최대(의) of 18 students	●	최대 18명의 학생
05	be accommodated수용하다 on this course	●	이 강좌에 수용된다.
06	must be a minimum최소한 of 16 years of age	●	최소한 16세는 되어야 합니다.
07	The fee요금,수강료 includes all the training materials자료.	●	수강료는 모든 훈련자료(교재)를 포함한다.
08	Assessment평가 is ongoing진행중인 by the instructor.	●	평가는 강사에 의해 진행된다.
09	a multiple다수의 choice question test	●	다수의(보기 중) 선택하는 시험(선다형 시험)
10	a certificate증명서 of qualification자격 will be issued발급하다	●	자격에 대한 증명서가 발급될 것입니다.
11	those who satisfy the criteria기준들	●	기준들을 충족시키는 사람들

B. 빈칸을 영어로(빈칸에 해당하는 **오른쪽 우리말에 동그라미** 하면서 빈칸 채우기)

01	treatment of b___s	●	물림에 대한 치료
02	treatment of s___s	●	쏘임에 대한 치료
03	treatment of s___s	●	접질림에 대한 치료
04	m___ of 18 students	●	최대 18명의 학생
05	be a___d on this course	●	이 강좌에 수용된다.
06	must be a m___ of 16 years of age	●	최소한 16세는 되어야 합니다.
07	The f___ includes all the training m___s.	●	수강료는 모든 훈련자료(교재)를 포함한다.
08	A___ is o___ by the instructor.	●	평가는 강사에 의해 진행된다.
09	a m___ choice question test	●	다수의(보기 중) 선택하는 시험(선다형 시험)
10	a c___ of q___ will be i___d	●	자격에 대한 증명서가 발급될 것입니다.
11	those who satisfy the c___	●	기준들을 충족시키는 사람들

C. 빈칸을 우리말로(빈칸에 해당하는 **왼쪽 영어에 동그라미** 하면서 빈칸 채우기)

01	treatment of bites	●	___에 대한 치료
02	treatment of stings	●	___에 대한 치료
03	treatment of sprains	●	___에 대한 치료
04	maximum of 18 students	●	___ 18명의 학생
05	be accommodated on this course	●	이 강좌에 ___.
06	must be a minimum of 16 years of age	●	___ 16세는 되어야 합니다.
07	The fee includes all the training materials.	●	___는 모든 훈련 ___를 포함한다.
08	Assessment is ongoing by the instructor.	●	___는 강사에 의해 ___된다.
09	a multiple choice question test	●	___(보기 중) 선택하는 시험
10	a certificate of qualification will be issued	●	___에 대한 ___가 ___될 것입니다.
11	those who satisfy the criteria	●	___을 충족시키는 사람들

71

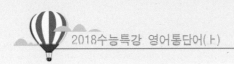

A. 문맥 속 영단어 정성껏 읽어보기(오른쪽 파란색 우리말에 해당하는 왼쪽 영어 떠올려 보기)

01	science fiction공상과학 소설 writers	공상과학 소설 작가들
02	win획득하다 cash prizes	상금을 획득하다.
03	gain recognition인정 for your work	여러분의 작품에 대해 인정받다.
04	deadline마감일: september 15, 2017	마감일: 2017년 9월 15일
05	contest guidelines(정책 등의)지침,가이드라인	대회 지침
06	only one entry참가,출품(작) per author	작가당 한 출품작만 (가능)
07	paste붙이다 your story in the body of an email	여러분의 이야기를 이메일 본문에 붙이다.
08	Attach첨부하다 it as .doc.	그것을 .doc 파일로 첨부하다.
09	All entries must be original독창적.	모든 출품작은 독창적(창작)이어야 한다.
10	be unpublished출간[출판]되지 않은 elsewhere	다른 곳에서 출간되지 않다.
11	all winning entries including shortlisted최종 후보자 명단에 오른 stories	최종 후보 명단에 오른 작품들을 포함한 모든 수상작
12	will be published in the December issue(잡지의)호,발행	12월호에 출판됩니다.

B. 빈칸을 영어로(빈칸에 해당하는 **오른쪽 우리말에 동그라미** 하면서 빈칸 채우기)

01	s　　　　　writers	공상과학 소설 작가들
02	w　　　cash prizes	상금을 획득하다.
03	gain r　　　for your work	여러분의 작품에 대해 인정받다.
04	d　　　: september 15, 2017	마감일: 2017년 9월 15일
05	contest g　　s	대회 지침
06	only one e　　　per author	작가당 한 출품작만 (가능)
07	p　　　your story in the body of an email	여러분의 이야기를 이메일 본문에 붙이다.
08	A　　　it as .doc.	그것을 .doc 파일로 첨부하다.
09	All entries must be o　　.	모든 출품작은 독창적(창작)이어야 한다.
10	be u　　　elsewhere	다른 곳에서 출간되지 않다.
11	all winning entries including s　　　stories	최종 후보 명단에 오른 작품들을 포함한 모든 수상작
12	will be published in the December i	12월호에 출판됩니다.

C. 빈칸을 우리말로(빈칸에 해당하는 **왼쪽 영어에 동그라미** 하면서 빈칸 채우기)

01	science fiction writers	작가들
02	win cash prizes	상금을 　　　.
03	gain recognition for your work	여러분의 작품에 대해 　　　받다.
04	deadline: september 15, 2017	: 2017년 9월 15일
05	contest guidelines	대회
06	only one entry per author	작가당 한 　　　만 (가능)
07	paste your story in the body of an email	여러분의 이야기를 이메일 본문에 　　　.
08	Attach it as .doc.	그것을 .doc 파일로 　　　.
09	All entries must be original.	모든 출품작은 　　　이어야 한다.
10	be unpublished elsewhere	다른 곳에서 　　　.
11	all winning entries including shortlisted stories	작품들을 포함한 모든 수상작
12	will be published in the December issue	12월　　에 출판됩니다.

A. 문맥 속 영단어 정성껏 읽어보기(오른쪽 파란색 우리말에 해당하는 왼쪽 영어 떠올려 보기)

01	explore the unique habitat서식지	• 독특한 서식지를 탐험하다.
02	witness목격하다 the variety of plants	• 다양한 식물을 목격하다.
03	wildlife thriving무성하게 자라는,번성하는 in~	• ~에서 무성하게 자라는 야생 생물
04	tract지역,넓은토지 of native thorn forest	• 토착 가시덤불 지역(지대)
05	remaining in the Sullivan metropolitan대도시의,수도권의 area	• Sullivan 대도시권에 남아 있는
06	board탑승하다 an air-conditioned bus	• 에어컨이 나오는 버스에 탑승하다.
07	with an interpretive설명을 위한,해석의 guide	• 설명을 위한(해설) 안내원과 함께
08	Tours take place일어나다,개최되다 on the following saturdays.	• 아래의 토요일에 투어가 개최된다.
09	depart출발하다 from QUINTA MAZATLAN	• Quinta Mazatlan에서 출발하다.
10	reservations required필수적인,요구되는	• 예약이 필수적(입니다).
11	reserve your spot자리	• 여러분의 자리를 예약하다.
12	during regular정규의,규직적인 business hours	• 정규 근무시간 동안에

B. 빈칸을 영어로(빈칸에 해당하는 **오른쪽 우리말에 동그라미** 하면서 빈칸 채우기)

01	explore the unique h	• 독특한 서식지를 탐험하다.
02	w the variety of plants	• 다양한 식물을 목격하다.
03	wildlife t in~	• ~에서 무성하게 자라는 야생 생물
04	t of native thorn forest	• 토착 가시덤불 지역(지대)
05	remaining in the Sullivan m area	• Sullivan 대도시권에 남아 있는
06	b an air-conditioned bus	• 에어컨이 나오는 버스에 탑승하다.
07	with an i guide	• 설명을 위한(해설) 안내원과 함께
08	Tours t on the following saturdays.	• 아래의 토요일에 투어가 개최된다.
09	d from QUINTA MAZATLAN	• Quinta Mazatlan에서 출발하다.
10	reservations r	• 예약이 필수적(입니다).
11	reserve your s	• 여러분의 자리를 예약하다.
12	during r business hours	• 정규 근무시간 동안에

C. 빈칸을 우리말로(빈칸에 해당하는 **왼쪽 영어에 동그라미** 하면서 빈칸 채우기)

01	explore the unique habitat	• 독특한 를 탐험하다.
02	witness the variety of plants	• 다양한 식물을 .
03	wildlife thriving in~	• ~에서 야생 생물
04	tract of native thorn forest	• 토착 가시덤불
05	remaining in the Sullivan metropolitan area	• Sullivan 권에 남아 있는
06	board an air-conditioned bus	• 에어컨이 나오는 버스에 .
07	with an interpretive guide	• 안내원과 함께
08	Tours take place on the following saturdays.	• 아래의 토요일에 투어가 .
09	depart from QUINTA MAZATLAN	• Quinta Mazatlan에서 .
10	reservations required	• 예약이 (입니다).
11	reserve your spot	• 여러분의 를 예약하다.
12	during regular business hours	• 근무시간 동안에

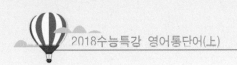

A. 문맥 속 영단어 정성껏 읽어보기(오른쪽 파란색 우리말에 해당하는 왼쪽 영어 떠올려 보기)

01	studied engineering공학	• 공학을 공부했다.
02	qualify자격(증)을 취득하다 as an engineer	• 엔지니어로서 자격을 취득하다.
03	worked as an assistant보조의,조수 engineer	• 보조 엔지니어로 근무했다.
04	prior to~전에 establishing his own practice	• 직접 개업하기 전에
05	be appointed consulting고문(자격)의,자문의 engineer	• 고문(자문) 엔지니어로 임명되다.
06	the design of several large exhibition전시(회) buildings	• 여러 개의 대형 전시회 건물 설계
07	a sports stadium for 125,000 spectators관중	• 125,000명의 관중들을 수용하는 경기장
08	extensive광범위한,폭넓은 use of reinforced보강된,강화된 concrete	• 철근 콘크리트의 광범위한 사용 (reinforced concrete = 철근 콘크리트 : 철근으로 강화된 것이므로)
09	be completed완성하다 in record기록적인 time	• 기록적인 시간에 완성되다.
10	be knighted기사 작위를 수여하다 in recognition of his achievements	• 그의 공적이 인정되어 기사 작위를 받게 된다.
11	He subsequently그 후에,나중에 became a registered공인된,등기된 architect.	• 그 이후에 그는 공인 건축사가 되다. (공인 : 공공기관에 의한 인정)
12	design a large new manufacturing제조 complex	• 대규모의 새로운 제조 단지를 설계하다.

B. 빈칸을 영어로(빈칸에 해당하는 **오른쪽 우리말에 동그라미** 하면서 빈칸 채우기)

01	studied e	• 공학을 공부했다.
02	q as an engineer	• 엔지니어로서 자격을 취득하다.
03	worked as an a engineer	• 보조 엔지니어로 근무했다.
04	p establishing his own practice	• 직접 개업하기 전에
05	be appointed c engineer	• 고문(자문) 엔지니어로 임명되다.
06	the design of several large e buildings	• 여러 개의 대형 전시회 건물 설계
07	a sports stadium for 125,000 s s	• 125,000명의 관중들을 수용하는 경기장
08	e use of r concrete	• 철근 콘크리트의 광범위한 사용
09	be c d in r time	• 기록적인 시간에 완성되다.
10	be k ed in recognition of his achievements	• 그의 공적이 인정되어 기사 작위를 받게 된다.
11	He s became a r architect.	• 그 이후에 그는 공인 건축사가 되다.
12	design a large new m complex	• 대규모의 새로운 제조 단지를 설계하다.

C. 빈칸을 우리말로(빈칸에 해당하는 **왼쪽 영어에 동그라미** 하면서 빈칸 채우기).

01	studied engineering	• 을 공부했다.
02	qualify as an engineer	• 엔지니어로서 .
03	worked as an assistant engineer	• 엔지니어로 근무했다.
04	prior to establishing his own practice	• 직접 개업하기
05	be appointed consulting engineer	• 엔지니어로 임명되다.
06	the design of several large exhibition buildings	• 여러 개의 대형 건물 설계
07	a sports stadium for 125,000 spectators	• 125,000명의 들을 수용하는 경기장
08	extensive use of reinforced concrete	• 콘크리트의 사용
09	be completed in record time	• 시간에 완성되다.
10	be knighted in recognition of his achievements	• 그의 공적이 인정되어 받게 된다.
11	He subsequently became a registered architect.	• 그는 건축사가 되다.
12	design a large new manufacturing complex	• 대규모의 새로운 단지를 설계하다.

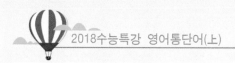

A. 문맥 속 영단어 정성껏 읽어보기(오른쪽 파란색 우리말에 해당하는 왼쪽 영어 떠올려 보기)

01	a pioneer개척자,선구자 in nursing education	• 간호 교육의 개척자
02	the emerging신흥의,최근에 생겨난 women's movement	• 신흥 여성 운동
03	Poverty contributed to~의 원인이 되다 poor health.	• 빈곤이 빈약한 건강의 원인이었다.
04	dedicate헌신하다,바치다 oneself to social reform개혁(하다)	• 사회 개혁에 헌신하다.
05	address대처하다,다루다 these problems	• 이러한 문제에 대처하다.
06	spent most of her career경력 as~	• 그녀의 경력 대부분을 ~로서 보냈다.
07	a dedicated advocate주창자,옹호자 of rights for women	• 여성 권리의 헌신적인 옹호자
08	lobby legislators입법자 at all levels	• 모든 직급의 입법자에게 로비(=영향력 행사)하다.
09	women's right to vote투표(하다)	• 여성 투표권
10	the diverse다양한 ways	• 다양한 방법
11	achieve higher-quality health care보건	• 더 높은 질의 보건(건강유지)을 달성하다. [보건 = 건강을 관리,주의(care)해서 지키는 것]
12	the most influential영향력 있는 leaders	• 가장 영향력 있는 지도자들

B. 빈칸을 영어로(빈칸에 해당하는 **오른쪽 우리말에 동그라미** 하면서 빈칸 채우기)

01	a p　　　 in nursing education	• 간호 교육의 개척자
02	the e　　　 women's movement	• 신흥 여성 운동
03	Poverty c　　d　　 poor health.	• 빈곤이 빈약한 건강의 원인이었다.
04	d　　　 oneself to social r	• 사회 개혁에 헌신하다.
05	a　　　 these problems	• 이러한 문제에 대처하다.
06	spent most of her c　　　 as~	• 그녀의 경력 대부분을 ~로서 보냈다.
07	a dedicated a　　　 of rights for women	• 여성 권리의 헌신적인 옹호자
08	lobby l　　　s at all levels	• 모든 직급의 입법자에게 로비하다.
09	women's right to v	• 여성 투표권
10	the d　　　 ways	• 다양한 방법
11	achieve higher-quality h	• 더 높은 질의 보건(건강유지)을 달성하다.
12	the most i　　　 leaders	• 가장 영향력 있는 지도자들

C. 빈칸을 우리말로(빈칸에 해당하는 **왼쪽 영어에 동그라미** 하면서 빈칸 채우기)

01	a pioneer in nursing education	• 간호 교육의
02	the emerging women's movement	• 　　 여성 운동
03	Poverty contributed to poor health.	• 빈곤이 빈약한 건강의 　　.
04	dedicate oneself to social reform	• 사회 　　에 　　.
05	address these problems	• 이러한 문제에 　　.
06	spent most of her career as~	• 그녀의 　　 대부분을 ~로서 보냈다.
07	a dedicated advocate of rights for women	• 여성 권리의 헌신적인
08	lobby legislators at all levels	• 모든 직급의 　　에게 로비하다.
09	women's right to vote	• 여성 　　권
10	the diverse ways	• 　　 방법
11	achieve higher-quality health care	• 더 높은 질의 　　을 달성하다.
12	the most influential leaders	• 가장 　　 지도자들

75

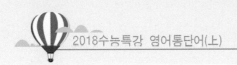
A. 문맥 속 영단어 정성껏 읽어보기(오른쪽 파란색 우리말에 해당하는 왼쪽 영어 떠올려 보기)

01	under the direction지도 of coach	●	코치의 지도 아래
02	The camp will be held개최되다(hold-held-held 개최하다).	●	캠프가 개최될 것이다.
03	the Maple Middle School gym체육관	●	Maple 중학교 체육관에서
04	boys and girls entering grades학년 1-4	●	1~4학년 남녀 아이들
05	will run운영되다 from 8:00 AM- 10:00 AM	●	오전 8시부터 10시까지 운영될 것이다.
06	the registration fee비용,요금	●	등록비(용)
07	Each participant참가자 will receive ~	●	참가자 각각은 ~을 받을 것이다.
08	Special prizes will be presented제공하다.	●	특별 상품이 제공될 것이다.
09	throughout(동안)내내 the week	●	그 주 내내
10	proper적당한,올바른 shooting form	●	적당한(올바른) 슛 자세
11	The camp covers다루다 one-on-one일대일의 moves.	●	캠프에서는 일대일 움직임을 다룬다.
12	further추가적인,더 이상의 information	●	추가적인 정보

B. 빈칸을 영어로(빈칸에 해당하는 **오른쪽 우리말에 동그라미** 하면서 빈칸 채우기)

01	under the d of coach	●	코치의 지도 아래
02	The camp will b .	●	캠프가 개최될 것이다.
03	the Maple Middle School g	●	Maple 중학교 체육관에서
04	boys and girls entering g s 1-4	●	1~4학년 남녀 아이들
05	will r from 8:00 AM- 10:00 AM	●	오전 8시부터 10시까지 운영될 것이다.
06	the registration f	●	등록비(용)
07	Each p will receive ~	●	참가자 각각은 ~을 받을 것이다.
08	Special prizes will be p ed.	●	특별 상품이 제공될 것이다.
09	t the week	●	그 주 내내
10	p shooting form	●	적당한(올바른) 슛 자세
11	The camp c s o moves.	●	캠프에서는 일대일 움직임을 다룬다.
12	f information	●	추가적인 정보

C. 빈칸을 우리말로(빈칸에 해당하는 **왼쪽 영어에 동그라미** 하면서 빈칸 채우기)

01	under the direction of coach	●	코치의 아래
02	The camp will be held.	●	캠프가 것이다.
03	the Maple Middle School gym	●	Maple 중학교 에서
04	boys and girls entering grades 1-4	●	1~4 남녀 아이들
05	will run from 8:00 AM- 10:00 AM	●	오전 8시부터 10시까지 될 것이다.
06	the registration fee	●	등록
07	Each participant will receive ~	●	각각은 ~을 받을 것이다.
08	Special prizes will be presented.	●	특별 상품이 될 것이다.
09	throughout the week	●	그 주
10	proper shooting form	●	슛 자세
11	The camp covers one-on-one moves.	●	캠프에서는 움직임을 .
12	further information	●	징보

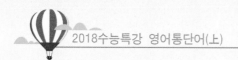

A. 문맥 속 영단어 정성껏 읽어보기(오른쪽 파란색 우리말에 해당하는 왼쪽 영어 떠올려 보기)

01	final performance공연 and pickup	•	마지막 공연과 태워가기
02	load싣다 your child's luggage짐	•	아이의 짐을 싣다.
03	stop by~에 잠시 들리다 our volunteer table	•	우리의 자원봉사 테이블에 잠시 들르다.
04	our sign-up등록,가입 table	•	우리의 등록 테이블
05	watch rehearsal리허설,(예행)연습	•	리허설을 보다
06	bring a lawn chair(야외용)접이식 의자		접이식 의자를 가져오다. [야외 잔디밭(lawn)에서 사용하는 접이식 의자]
07	debut데뷔,첫무대 performance	•	데뷔 공연
08	provide제공하다 them with a T-Shirt	•	그들에게 티셔츠를 제공하다.
09	take데려가다 the band to camp by school bus	•	악단을 학교 버스로 캠프장에 데려가다.
10	provide transportation교통편,수송 home	•	귀가 교통편을 제공하다.
11	depart출발하다 at 7:00 am	•	오전 7시에 출발하다.
12	please arrive by까지 6:30 am	•	오전 6시 30분까지 도착하세요.

B. 빈칸을 영어로(빈칸에 해당하는 **오른쪽 우리말에 동그라미** 하면서 빈칸 채우기)

01	final p____ and pickup	•	마지막 공연과 태워가기
02	l____ your child's l____	•	아이의 짐을 싣다.
03	s____ our volunteer table	•	우리의 자원봉사 테이블에 잠시 들르다.
04	our s____ table	•	우리의 등록 테이블
05	watch r____	•	리허설을 보다.
06	l____ chair	•	접이식 의자
07	d____ performance	•	데뷔 공연
08	p____ them with a T-Shirt	•	그들에게 티셔츠를 제공하다.
09	t____ the band to camp by school bus	•	악단을 학교 버스로 캠프장에 데려가다.
10	provide t____ home	•	귀가 교통편을 제공하다.
11	d____ at 7:00 am	•	오전 7시에 출발하다.
12	please arrive b____ 6:30 am	•	오전 6시 30분까지 도착하세요.

C. 빈칸을 우리말로(빈칸에 해당하는 **왼쪽 영어에 동그라미** 하면서 빈칸 채우기)

01	final performance and pickup	•	마지막 ____과 태워가기
02	load your child's luggage	•	아이의 ____을 ____.
03	stop by our volunteer table	•	우리의 자원봉사 테이블에 ____.
04	our sign-up table	•	우리의 ____ 테이블
05	watch rehearsal	•	____을 보다.
06	lawn chair	•	____ 의자
07	debut performance	•	____ 공연
08	provide them with a T-Shirt	•	그들에게 티셔츠를 ____.
09	take the band to camp by school bus	•	악단을 학교 버스로 캠프장에 ____.
10	provide transportation home	•	귀가 ____을 제공하다.
11	depart at 7:00 am	•	오전 7시에 ____.
12	please arrive by 6:30 am	•	오전 6시 30분 ____ 도착하세요.

A. 문맥 속 영단어 정성껏 읽어보기(오른쪽 파란색 우리말에 해당하는 왼쪽 영어 떠올려 보기)

01	all registered voters유권자,투표자	• 모든 등록된 유권자들
02	qualified자격이 있는 to vote	• 투표할 자격 있는
03	ask for authorization허가	• 허가를 요청하다.
04	fund expansions확장,확대,확충 at both high schools	• 두 고등학교의 (시설) 확충에 자금을 대다.
05	accommodate수용하다 an ever-expanding student enrollment등록(자수)	• 계속적으로 증가하는 학생 등록을 수용하다.
06	cast던지다 his vote	• 그의 표를 던지다(=투표하다).
07	go to the polls투표(소),여론조사	• 투표소에 가다.
08	find your polling site on election선거 day	• 선거날에 당신의 투표하는 장소를 찾다.
09	absentee부재자,결석자 voting	• 부재자(결석자) 투표 (선거일에 투표소에 갈 수 없는 사람을 위한 투표 제도)
10	apply for~을 신청하다 an absentee ballot투표	• 부재자 투표를 신청하다.
11	complete작성하다 an absentee ballot application신청(서)	• 부재자 투표 신청서를 작성하다.
12	a postage-paid우편 요금이 지급된 special return envelope봉투	• 우편요금이 지급된 특별 반환 봉투

B. 빈칸을 영어로(빈칸에 해당하는 **오른쪽 우리말에 동그라미** 하면서 빈칸 채우기)

01	all registered v_____s	• 모든 등록된 유권자들
02	q_____ to vote	• 투표할 자격 있는
03	ask for a_____	• 허가를 요청하다.
04	fund e_____s at both high schools	• 두 고등학교의 (시설) 확충에 자금을 대다.
05	a_____ an ever-expanding student e_____	• 계속적으로 증가하는 학생 등록을 수용하다.
06	c_____ his vote	• 그의 표를 던지다(=투표하다).
07	go to the p_____s	• 투표소에 가다.
08	find your polling site on e_____ day	• 선거날에 당신의 투표하는 장소를 찾다.
09	a_____ voting	• 부재자(결석자) 투표
10	a_____ an absentee b_____	• 부재자 투표를 신청하다.
11	c_____ an absentee ballot a_____	• 부재자 투표 신청서를 작성하다.
12	a p_____ special return e_____	• 우편요금이 지급된 특별 반환 봉투

C. 빈칸을 우리말로(빈칸에 해당하는 **왼쪽 영어에 동그라미** 하면서 빈칸 채우기)

01	all registered voters	• 모든 등록된 _____들
02	qualified to vote	• 투표할 _____
03	ask for authorization	• _____를 요청하다.
04	fund expansions at both high schools	• 두 고등학교의 (시설)_____에 자금을 대다.
05	accommodate an ever-expanding student enrollment	• 계속적으로 증가하는 학생 _____을 _____.
06	cast his vote	• 그의 표를 _____(=_____하다).
07	go to the polls	• _____에 가다.
08	find your polling site on election day	• _____날에 당신의 투표하는 장소를 찾다.
09	absentee voting	• _____ 투표
10	apply for an absentee ballot	• 부재자 _____를 _____
11	complete an absentee ballot application	• 부재자 투표 _____를 _____.
12	a postage-paid special return envelope	• _____ 특별 반환 _____

A. 문맥 속 영단어 정성껏 읽어보기(오른쪽 파란색 우리말에 해당하는 왼쪽 영어 떠올려 보기)

01	distribution분포 of water on earth	지구상의 물 분포
02	surface(지)표면,지상의 water	지표수
03	how water is distributed분포시키다,분배하다	어떻게 분포되어 있는지
04	the vast막대한,압도적인 majority of Earth's water	막대한(압도적인) 대부분의 지구의 물
05	locked up in ice caps빙원[얼음벌판] and glaciers빙하	빙원과 빙하에 갇혀 있는
06	make up구성하다 the smallest portion부분	가장 작은 부분을 구성하다.
07	fresh water termed명명하다,부르다 'other'	'다른 것'으로 명명된 담수량
08	from the bottom맨 아래 chart	맨 아래의 차트로부터
09	the small amount of surface fresh water담수,민물	작은 양의 지표 담수
10	Water from rivers is the second largest source수원,원천,근원.	강의 물은 두 번째로 큰 수원(水源)이다.
11	water from swamps늪	늪에서 나오는 물

B. 빈칸을 영어로(빈칸에 해당하는 오른쪽 우리말에 동그라미 하면서 빈칸 채우기)

01	d_____ of water on earth	지구상의 물 분포
02	s_____ water	지표수
03	how water is d_____d	어떻게 분포되어 있는지
04	the v_____ majority of Earth's water	막대한(압도적인) 대부분의 지구의 물
05	locked up in i_____ s and g_____ s	빙원과 빙하에 갇혀 있는
06	m_____ the smallest p_____	가장 작은 부분을 구성하다.
07	fresh water t_____ed'other'	'다른 것'으로 명명된 담수량
08	from the b_____ chart	맨 아래의 차트로부터
09	the small amount of surface f_____	작은 양의 지표 담수
10	Water from rivers is the second largest s_____	강의 물은 두 번째로 큰 수원(水源)이다.
11	water from s_____ s	늪에서 나오는 물

C. 빈칸을 우리말로(빈칸에 해당하는 왼쪽 영어에 동그라미 하면서 빈칸 채우기)

01	distribution of water on earth	지구상의 물 ____
02	surface water	____ 수
03	how water is distributed	어떻게 ____ 있는지
04	the vast majority of Earth's water	____ 대부분의 지구의 물
05	locked up in ice caps and glaciers	____ 과 ____ 에 갇혀 있는
06	make up the smallest portion	가장 작은 ____ 을 ____.
07	fresh water termed'other'	'다른 것' ____ 담수량
08	from the bottom chart	____ 의 차트로부터
09	the small amount of surface fresh water	작은 양의 지표 ____
10	Water from rivers is the second largest source.	강의 물은 두 번째로 큰 ____ 이다.
11	water from swamps	____ 에서 나오는 물

A. 문맥 속 영단어 정성껏 읽어보기(오른쪽 파란색 우리말에 해당하는 왼쪽 영어 떠올려 보기)

01	CO_2 emissions배출량,배출	• 이산화탄소 배출량
02	fuel연료 combustion	• 연료 연소(불이 붙어 탐)
03	the road transport sector부문	• 도로 운송 부문
04	the manufacturing, construction건설 and energy industry	• 제조, 건설, 에너지 산업
05	steadily꾸준히 grew	• 꾸준히 증가했다.
06	gradually점차로 decrease	• 점차로 감소하다.
07	account for~을 차지하다 a steady꾸준히 percentage	• 꾸준한 비율을 차지하다.
08	except for~을 제외하면 the 34%	• 34%를 제외하면
09	residential주거의 sector	• 주거 부문
10	consistently지속적으로 decrease	• 지속적으로 감소하다.

B. 빈칸을 영어로(빈칸에 해당하는 **오른쪽 우리말에 동그라미** 하면서 빈칸 채우기)

01	CO_2 e s	• 이산화탄소 배출량
02	f combustion	• 연료 연소(불이 붙어 탐)
03	the road transport s	• 도로 운송 부문
04	the manufacturing, c and energy industry	• 제조, 건설, 에너지 산업
05	s grew	• 꾸준히 증가했다.
06	g decrease	• 점차로 감소하다.
07	a a s percentage	• 꾸준한 비율을 차지하다.
08	e the 34%	• 34%를 제외하면
09	r sector	• 주거 부문
10	c decrease	• 지속적으로 감소하다.

C. 빈칸을 우리말로(빈칸에 해당하는 **왼쪽 영어에 동그라미** 하면서 빈칸 채우기)

01	CO_2 emissions	• 이산화탄소
02	fuel combustion	• 연소(불이 붙어 탐)
03	the road transport sector	• 도로 운송
04	the manufacturing, construction and energy industry	• 제조, , 에너지 산업
05	steadily grew	• 증가했다.
06	gradually decrease	• 감소하다.
07	account for a steady percentage	• 꾸준한 을 .
08	except for the 34%	• 34%
09	residential sector	• 부문
10	consistently decrease	• 감소하다.

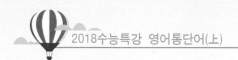

A. 문맥 속 영단어 정성껏 읽어보기(오른쪽 파란색 우리말에 해당하는 왼쪽 영어 떠올려 보기)

01	present나타내다 the distribution of home buyers	• 주택 구매자의 분포를 나타내다.
02	home buyers by generation세대별	• 세대별 주택 구매자
03	the percentages of home buyers they accounted for~의 비율을 차지하다	• 그들이 차지한 주택 구매자의 비율
04	three times as high as~보다 3배 더 높은 the percentage of home buyers	• 주택 구매자 비율보다 3배 더 높은
05	the silent침묵의 generation	• 침묵의 세대
06	reached~에 도달하다,이르다 31% in 2013	• 2013년에는 31%에 도달했다(이르렀다).
07	compared to~와 비교하여 that in 2013	• 2013년 그것과 비교해서
08	remained머무르다 the same at 16% in 2014 as in 2013	• 2014년에 2013년과 똑같이 16%에 머물렀다.
09	percentage point gap차이 of home buyers between generations	• 세대 간 주택 구매자들의 퍼센트 포인트 차이
10	,whereas반면에 the largest gap was found	• 반면에 가장 큰 차이가 발견된다.

B. 빈칸을 영어로(빈칸에 해당하는 **오른쪽 우리말에 동그라미** 하면서 빈칸 채우기)

01	p the distribution of home buyers	• 주택 구매자의 분포를 나타내다.
02	home buyers b	• 세대별 주택 구매자
03	the percentages of home buyers they a ed	• 그들이 차지한 주택 구매자의 비율
04	t the percentage of home buyers	• 주택 구매자 비율보다 3배 더 높은
05	the s generation	• 침묵의 세대
06	r ed 31% in 2013	• 2013년에는 31%에 도달했다(이르렀다).
07	c that in 2013	• 2013년 그것과 비교해서
08	r ed the same at 16% in 2014 as in 2013	• 2014년에 2013년과 똑같이 16%에 머물렀다.
09	percentage point g of home buyers between generations	• 세대 간 주택 구매자들의 퍼센트 포인트 차이
10	,w the largest gap was found	• 반면에 가장 큰 차이가 발견된다.

C. 빈칸을 우리말로(빈칸에 해당하는 **왼쪽 영어에 동그라미** 하면서 빈칸 채우기)

01	present the distribution of home buyers	• 주택 구매자의 분포를 .
02	home buyers by generation	• 주택 구매자
03	the percentages of home buyers they accounted for	• 그들이 주택 구매자의 비율
04	three times as high as the percentage of home buyers	• 주택 구매자 비율
05	the silent generation	• 세대
06	reached 31% in 2013	• 2013년에는 31%에 .
07	compared to that in 2013	• 2013년 그것
08	remained the same at 16% in 2014 as in 2013	• 2014년에 2013년과 똑같이 16%에 .
09	percentage point gap of home buyers between generations	• 세대 간 주택 구매자들의 퍼센트 포인트
10	,whereas the largest gap was found	• 가장 큰 차이가 발견된다.

81

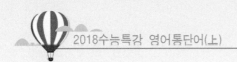
A. 문맥 속 영단어 정성껏 읽어보기(오른쪽 파란색 우리말에 해당하는 왼쪽 영어 떠올려 보기)

01	violent폭력적인 video games	● 폭력적인 비디오 게임
02	slight약간 majority	● 과반수를 약간 상회하는 수
03	disagree with that statement진술	● 그 진술에 동의하지 않는다.
04	violent video games are related to~_와 관련된	● 폭력적인 비디오 게임은 ~와 관련되어 있다.
05	violent behavior행동	● 폭력적인 행동
06	as for~에 관해서(말하자면) gender	● 성(별)에 관해서(말하자면)
07	a link관계,연결 between violent video games and violence	● 폭력적인 비디오 게임과 폭력 사이에 관계
08	along with men as opposed to~이 아니라,~와는 대조적으로 women	● 여성들이 아니라 남성들과 함께(마찬가지로)
09	are relatively상대적으로 more likely to agree	● 상대적으로 더 동의할 것 같다.
10	admit인정하다 a link between A and B	● A, B 사이의 관계를 인정하다.
11	When it comes to~에 관해서 race	● 인종에 관해서

B. 빈칸을 영어로(빈칸에 해당하는 **오른쪽 우리말에 동그라미** 하면서 빈칸 채우기)

01	v_____ video games	● 폭력적인 비디오 게임
02	s_____ majority	● 과반수를 약간 상회하는 수
03	disagree with that s_____	● 그 진술에 동의하지 않는다.
04	violent video games are r_____	● 폭력적인 비디오 게임은 ~와 관련되어 있다.
05	violent b_____	● 폭력적인 행동
06	a_____ gender	● 성(별)에 관해서(말하자면)
07	a l_____ between violent video games and violence	● 폭력적인 비디오 게임과 폭력 사이에 관계
08	along with men a_____ women	● 여성들이 아니라 남성들과 함께(마찬가지로)
09	are r_____ more likely to agree	● 상대적으로 더 동의할 것 같다.
10	a_____ a link between A and B	● A, B 사이의 관계를 인정하다.
11	W_____ race	● 인종에 관해서

C. 빈칸을 우리말로(빈칸에 해당하는 **왼쪽 영어에 동그라미** 하면서 빈칸 채우기)

01	violent video games	● _____ 비디오 게임
02	slight majority	● 과반수를 _____ 상회하는 수
03	disagree with that statement	● 그 _____에 동의하지 않는다.
04	violent video games are related to~	● 폭력적인 비디오 게임은 _____ 있다.
05	violent behavior	● 폭력적인 _____
06	as for gender	● 성(별)에 _____
07	a link between violent video games and violence	● 폭력적인 비디오 게임과 폭력 사이에 _____
08	along with men as opposed to women	● 여성들 _____ 남성들과 함께(마찬가지로)
09	are relatively more likely to agree	● _____ 더 동의할 것 같다.
10	admit a link between A and B	● A, B 사이의 관계를 _____.
11	When it comes to race	● 인종 _____

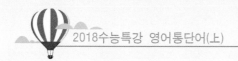

A. 문맥 속 영단어 정성껏 읽어보기(오른쪽 파란색 우리말에 해당하는 왼쪽 영어 떠올려 보기)

01	hungry for new findings(주로 복수로 조사,연구 등의)결과	• 새로운 (연구) 결과를 갈구하는
02	lack부족하다 a strong understanding	• 확실한 이해가 부족하다.
03	complex scientific principles원리	• 복잡한 과학 원리
04	leak유출하다 their findings to the press	• 그들의 연구 결과를 언론에 유출하다.
05	thorough철저한 review by the scientists'peers	• 동료 과학자들에 의한 철저한 검토
06	the public is often exposed to~에 노출된(~을 접하는) news stories	• 대중들은 흔히 뉴스 기사를 접한다.
07	late-breaking(뉴스가)속보의,방금 들어온 nutrition news stories	• 속보로 들어온 영양에 관한 뉴스 기사
08	before the findings are fully confirmed확인하다	• 연구 결과가 완전히 확인되기 전에
09	hypothesis가설 being tested	• 검증받고 있는 가설
10	fail to hold up견디다, 버티다 to a later challenge이의제기(설명요구),도전	• 이후의 이의 제기(설명요구)를 견디지 못하다.
11	Consumers feel betrayed배신하다.	• 소비자들은 배신감을 느낀다.
12	the normal일반적인,보통의 course of science	• 과학의 일반적인 과정

B. 빈칸을 영어로(빈칸에 해당하는 **오른쪽 우리말에 동그라미** 하면서 빈칸 채우기)

01	hungry for new f_____	• 새로운 (연구) 결과를 갈구하는
02	l_____ a strong understanding	• 확실한 이해가 부족하다.
03	complex scientific p_____s	• 복잡한 과학 원리
04	l_____ their findings to the press	• 그들의 연구 결과를 언론에 유출하다.
05	t_____ review by the scientists'peers	• 동료 과학자들에 의한 철저한 검토
06	the public is often e_____ news stories	• 대중들은 흔히 뉴스 기사를 접한다.
07	l_____ nutrition news stories	• 속보로 들어온 영양에 관한 뉴스 기사
08	before the findings are fully c_____ed	• 연구 결과가 완전히 확인되기 전에
09	h_____ being tested	• 검증받고 있는 가설
10	fail to h_____ to a later challenge	• 이후의 이의 제기(설명요구)를 견디지 못하다.
11	Consumers feel b_____ed.	• 소비자들은 배신감을 느낀다.
12	the n_____ course of science	• 과학의 일반적인 과정

C. 빈칸을 우리말로(빈칸에 해당하는 **왼쪽 영어에 동그라미** 하면서 빈칸 채우기)

01	hungry for new findings	• 새로운 _____를 갈구하는
02	lack a strong understanding	• 확실한 이해가 _____.
03	complex scientific principles	• 복잡한 과학 _____
04	leak their findings to the press	• 그들의 연구 결과를 언론에 _____.
05	thorough review by the scientists'peers	• 동료 과학자들에 의한 _____ 검토
06	the public is often exposed to news stories	• 대중들은 흔히 뉴스 기사를 _____.
07	late-breaking nutrition news stories	• _____ 영양에 관한 뉴스 기사
08	before the findings are fully confirmed	• 연구 결과가 완전히 _____ 전에
09	hypothesis being tested	• 검증받고 있는 _____
10	fail to hold up to a later challenge	• 이후의 _____를 _____ 못하다.
11	Consumers feel betrayed.	• 소비자들은 _____.
12	the normal course of science	• 과학의 _____ 과정

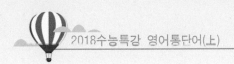
A. 문맥 속 영단어 정성껏 읽어보기(오른쪽 파란색 우리말에 해당하는 왼쪽 영어 떠올려 보기)

01	have plenty of많은 ideas	● 많은 아이디어를 갖고 있다.
02	people who don't follow through(이미 시작한 일을)다 끝내다	● (시작한 일을)다 끝내지 못하는 사람
03	People need collaborators협력자.	● 사람들은 협력자들을 필요로 한다.
04	help them implement실행하다,이행하다	● 그들이 실행하도록 돕다.
05	paint masterpieces걸작,명작	● 걸작을 그리다.
06	promote판촉(홍보)하다 themselves	● 스스로를 판촉(홍보)하다.
07	protect보호하다 their ideas	● 그들의 아이디어를 보호하다.
08	entrepreneurs기업가 who need help gaining capital자본	● 자본을 얻는 데 도움이 필요한 기업가들
09	composers작곡자 who need help with lyrics가사,노랫말	● 가사(를 쓰기)에 도움이 필요한 작곡가들

B. 빈칸을 영어로(빈칸에 해당하는 **오른쪽 우리말에 동그라미** 하면서 빈칸 채우기)

01	have p_____ ideas	● 많은 아이디어를 갖고 있다.
02	people who don't f_____	● (시작한 일을) 다 끝내지 못하는 사람
03	People need c_____s.	● 사람들은 협력자들을 필요로 한다.
04	help them i_____	● 그들이 실행하도록 돕다.
05	paint m_____s	● 걸작을 그리다.
06	p_____ themselves	● 스스로를 판촉(홍보)하다.
07	p_____ their ideas	● 그들의 아이디어를 보호하다.
08	e_____s who need help gaining c_____	● 자본을 얻는 데 도움이 필요한 기업가들
09	c_____s who need help with l_____s	● 가사(를 쓰기)에 도움이 필요한 작곡가들

C. 빈칸을 우리말로(빈칸에 해당하는 **왼쪽 영어에 동그라미** 하면서 빈칸 채우기)

01	have plenty of ideas	● _____ 아이디어를 갖고 있다.
02	people who don't follow through	● (시작한 일을) _____ 못하는 사람
03	People need collaborators.	● 사람들은 _____들을 필요로 한다.
04	help them implement	● 그들이 _____ 돕다.
05	paint masterpieces	● _____을 그리다.
06	promote themselves	● 스스로를 _____.
07	protect their ideas	● 그들의 아이디어를 _____.
08	entrepreneurs who need help gaining capital	● _____을 얻는 데 도움이 필요한 _____들
09	composers who need help with lyrics	● _____(를 쓰기)에 도움이 필요한 _____들

A. 문맥 속 영단어 정성껏 읽어보기(오른쪽 파란색 우리말에 해당하는 왼쪽 영어 떠올려 보기)

01	allow for ~을 허용하다 different points of view	• 다양한 관점을 허용하다.
02	spark 촉발하다 new ideas	• 새로운 아이디어를 촉발한다.
03	not enough to be a lone innovator 혁신가	• 혁신가 혼자서는 충분하지 않은
04	utilize 이용하다 each other's specialized expertise 전문지식	• 서로의 전문 지식을 이용하다.
05	venture capitalists 자본가	• 벤처(모험적 사업) 자본가(투자가)
06	the most important quality 자질	• 가장 중요한 자질
07	look for ~을 찾다 partners	• 동업자를 찾다.
08	duplicate 복제하다 your skills	• 여러분의 기술을 복제하다.
09	complement 보완하다 your skills	• 여러분의 기술을 보완하다.

B. 빈칸을 영어로(빈칸에 해당하는 **오른쪽 우리말에 동그라미** 하면서 빈칸 채우기)

01	a_____ different points of view	• 다양한 관점을 허용하다.
02	s_____ new ideas	• 새로운 아이디어를 촉발한다.
03	not enough to be a lone i_____	• 혁신가 혼자서는 충분하지 않은
04	u_____ each other's specialized e_____	• 서로의 전문 지식을 이용하다.
05	venture c_____s	• 벤처(모험적 사업) 자본가(투자가)
06	the most important q_____	• 가장 중요한 자질
07	l_____ partners	• 동업자를 찾다.
08	d_____ your skills	• 여러분의 기술을 복제하다.
09	c_____ your skills	• 여러분의 기술을 보완하다.

C. 빈칸을 우리말로(빈칸에 해당하는 **왼쪽 영어에 동그라미** 하면서 빈칸 채우기)

01	allow for different points of view	• 다양한 관점을_____.
02	spark new ideas	• 새로운 아이디어를 _____.
03	not enough to be a lone innovator	• _____ 혼자서는 충분하지 않은
04	utilize each other's specialized expertise	• 서로의 _____을 _____.
05	venture capitalists	• 벤처(모험적 사업) _____
06	the most important quality	• 가장 중요한 _____
07	look for partners	• 동업자_____.
08	duplicate your skills	• 여러분의 기술을 _____.
09	complement your skills	• 여러분의 기술을 _____.

85

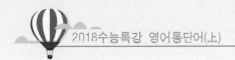
A. 문맥 속 영단어 정성껏 읽어보기(오른쪽 파란색 우리말에 해당하는 왼쪽 영어 떠올려 보기)

01	Scientists distinguish구별하다 among species.	•	과학자들은 종을 구별한다.
02	methods based on evolutionary descent혈통,하강,내려오기	•	진화상의 혈통에 근거한 방법들
03	less precise정확한 but more colorful다채로운,색채가 풍부한	•	덜 정확하지만 더 다채로운
04	prior to-보다 이전에 then	•	그때보다 이전에
05	the difference between apes유인원 and human beings	•	유인원과 인간 사이의 차이점
06	The difference was never clear either(부정문에서) 또한.	•	차이점이 또한 결코 명확하지 않았다.
07	the only common term용어	•	유일한 일반적 용어
08	primates영장류 other than human beings	•	인간이 아닌 다른 영장류들
09	Calling you an ape is not a metaphor은유,비유.	•	여러분을 유인원이라고 부르는 것은 은유가 아니다.
10	The term included any creature동물,생물.	•	그 용어는 어떤 동물이든지 포함했다.
11	This sort of definition정의 must be used.	•	이러한 종류의 정의가 사용되어야 한다.
12	conventional전통적인,기존의 biological definition		기존의 생물학적 정의

B. 빈칸을 영어로(빈칸에 해당하는 **오른쪽 우리말에 동그라미** 하면서 빈칸 채우기)

01	Scientists d＿＿＿ among species.	•	과학자들은 종을 구별한다.
02	methods based on evolutionary d＿＿＿	•	진화상의 혈통에 근거한 방법들
03	less p＿＿ but more c＿＿	•	덜 정확하지만 더 다채로운
04	p＿＿ then	•	그때보다 이전에
05	the difference between a＿s and human beings	•	유인원과 인간 사이의 차이점
06	The difference was never clear e＿＿.	•	차이점이 또한 결코 명확하지 않았다.
07	the only common t＿＿	•	유일한 일반적 용어
08	p＿＿s other than human beings	•	인간이 아닌 다른 영장류들
09	Calling you an ape is not a m＿＿.	•	여러분을 유인원이라고 부르는 것은 은유가 아니다.
10	The term included any c＿＿.	•	그 용어는 어떤 동물이든지 포함했다.
11	This sort of d＿＿ must be used.	•	이러한 종류의 정의가 사용되어야 한다.
12	c＿＿ biological definition	•	기존의 생물학적 정의

C. 빈칸을 우리말로(빈칸에 해당하는 **왼쪽 영어에 동그라미** 하면서 빈칸 채우기)

01	Scientists distinguish among species.	•	과학자들은 종을 ＿＿.
02	methods based on evolutionary descent	•	진화상의 ＿＿에 근거한 방법들
03	less precise but more colorful	•	덜 ＿＿지만 더 ＿＿
04	prior to then	•	그때보＿＿
05	the difference between apes and human beings	•	＿＿과 인간 사이의 차이점
06	The difference was never clear either.	•	차이점이 ＿＿ 결코 명확하지 않았다.
07	the only common term	•	유일한 일반적 ＿＿
08	primates other than human beings	•	인간이 아닌 다른 ＿＿들
09	Calling you an ape is not a metaphor.	•	여러분을 유인원이라고 부르는 것은 ＿＿가 아니다.
10	The term included any creature.	•	그 용어는 어떤 ＿＿이든지 포함했다.
11	This sort of definition must be used.	•	이러한 종류의 ＿＿가 사용되어야 한다.
12	conventional biological definition	•	＿＿ 생물학적 정의

86

A. 문맥 속 영단어 정성껏 읽어보기(오른쪽 파란색 우리말에 해당하는 왼쪽 영어 떠올려 보기)

01	the American emphasis on individualism개인주의,개성	미국의 개인주의에 대한 강조
02	be reinforced강화하다 by the experience	그 경험에 의해 강화되다.
03	the American western frontier변경(지대),국경,미개척분야	미국 서부 변경 지대
04	pioneer개척자,선구자 spirit	개척자 정신
05	American author작가	미국의 작가
06	the absence부재,결석 of formal government	공식적인 정부의 부재
07	effective유효한 law enforcement집행,강제	유효한 법 집행
08	undoubtedly의심할 여지 없이 contributed to~	의심의 여지 없이 ~에 기여했다.
09	the rugged단호한 individualism	단호한 개인주의
10	a passionate hatred증오(감) for aristocracy귀족(계층) and monopoly독점,전매,독차지	귀족 계층과 독점에 대한 격렬한 증오감
11	a passionate hatred for special privilege특권,특전	특권에 대해서 격렬한 증오감
12	believed in simplicity검소(함),간단함 and economy절약,경제	검소함과 절약을 믿었다.

B. 빈칸을 영어로(빈칸에 해당하는 **오른쪽 우리말에 동그라미** 하면서 빈칸 채우기)

01	the American emphasis on i_____	미국의 개인주의에 대한 강조
02	be r_____d by the experience	그 경험에 의해 강화되다.
03	the American western f_____	미국 서부 변경 지대
04	p_____ spirit	개척자 정신
05	American a_____	미국의 작가
06	the a_____ of formal government	공식적인 정부의 부재
07	e_____ law e_____	유효한 법 집행
08	u_____ contributed to~	의심의 여지없이 ~에 기여했다.
09	the r_____ individualism	단호한 개인주의
10	a passionate h_____ for a_____ and m_____	귀족 계층과 독점에 대한 격렬한 증오감
11	a passionate hatred for special p_____	특권에 대해서 격렬한 증오감
12	believed in s_____ and e_____	검소함과 절약을 믿었다.

C. 빈칸을 우리말로(빈칸에 해당하는 **왼쪽 영어에 동그라미** 하면서 빈칸 채우기)

01	the American emphasis on individualism	미국의 _____에 대한 강조
02	be reinforced by the experience	그 경험에 의해 _____.
03	the American western frontier	미국 서부 _____
04	pioneer spirit	_____ 정신
05	American author	미국의 _____
06	the absence of formal government	공식적인 정부의 _____
07	effective law enforcement	_____ 법 _____
08	undoubtedly contributed to~	_____ ~에 기여했다.
09	the rugged individualism	_____ 개인주의
10	a passionate hatred for aristocracy and monopoly	_____과 _____에 대한 격렬한 _____
11	a passionate hatred for special privilege	_____에 대해서 격렬한 증오감
12	believed in simplicity and economy	_____과 _____을 믿었다.

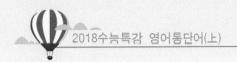

A. 문맥 속 영단어 정성껏 읽어보기(오른쪽 파란색 우리말에 해당하는 왼쪽 영어 떠올려 보기)

01	interested in variety다양성 seeking	다양성 추구에 관심이 있는
02	vary변화를 주다,다양하게 하다 one's product experiences	상품에 대한 자신의 경험에 변화를 주다.
03	as a form of stimulation자극	일종의 자극으로서
04	especially likely to~할 것 같은 occur	특히 일어날 것 같은
05	when there is relatively비교적 little stimulation	비교적 자극이 거의 없을 때
06	in the case of foods and beverages음료	식품과 음료의 경우
07	occur due to a phenomenon현상 known as	~로 알려진 현상 때문에 일어나다.
08	pleasantness쾌감,즐거움 of uneaten foods	먹지 않은 식품에 대한 쾌감
09	sample(음식을)시식[시음]하다 other possibilities	다른 가능한 것(음식)들을 시식하다.
10	switch to less preferred options for variety's sake 다양성을 위해	다양성을 위해 덜 선호되는 선택 품목으로 바꾸다 (for one's sake ~를 위해).
11	the more familiar친숙한 option	더 친숙한 선택

B. 빈칸을 영어로(빈칸에 해당하는 **오른쪽 우리말에 동그라미** 하면서 빈칸 채우기)

01	interested in v_____ seeking	다양성 추구에 관심이 있는
02	v_____ one's product experiences	상품에 대한 자신의 경험에 변화를 주다.
03	as a form of s_____	일종의 자극으로서
04	especially l_____ occur	특히 일어날 것 같은
05	when there is r_____ little stimulation	비교적 자극이 거의 없을 때
06	in the case of foods and b_____ s	식품과 음료의 경우
07	occur due to a p_____ known as	~로 알려진 현상 때문에 일어나다.
08	p_____ of uneaten foods	먹지 않은 식품에 대한 쾌감
09	s_____ other possibilities	다른 가능한 것(음식)들을 시식하다.
10	switch to less preferred options f_____	다양성을 위해 덜 선호되는 선택 품목으로 바꾸다.
11	the more f_____ option	더 친숙한 선택

C. 빈칸을 우리말로(빈칸에 해당하는 **왼쪽 영어에 동그라미** 하면서 빈칸 채우기)

01	interested in variety seeking	_____ 추구에 관심이 있는
02	vary one's product experiences	상품에 대한 자신의 경험에 _____.
03	as a form of stimulation	일종의 _____으로서
04	especially likely to occur	특히 일어날 _____
05	when there is relatively little stimulation	_____ 자극이 거의 없을 때
06	in the case of foods and beverages	식품과 _____의 경우
07	occur due to a phenomenon known as	~로 알려진 _____ 때문에 일어나다.
08	pleasantness of uneaten foods	먹지 않은 식품에 대한 _____
09	sample other possibilities	다른 가능한 것(음식)들을 _____.
10	switch to less preferred options for variety's sake	_____ 덜 선호되는 선택 품목으로 바꾸다.
11	the more familiar option	더 _____ 선택

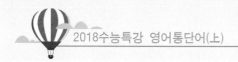
A. 문맥 속 영단어 정성껏 읽어보기(오른쪽 파란색 우리말에 해당하는 왼쪽 영어 떠올려 보기)

01	Negativism부정(소극)주의 isn't a philosophy.	• 부정주의는 철학이 아니다.
02	A player's nerves담력,정신력 aren't strong.	• 선수의 담력이 강하지 않다.
03	Attitudes태도 can be changed.	• 태도는 변할 수 있다.
04	Attitudes have to be recognized인식하다.	• 태도는 인식되어야 한다.
05	quite common흔한 for a player	• 선수에게는 상당히 흔한
06	functional기능적 image	• 기능적 이미지
07	bring forth낳다,생기다 an image	• 이미지를 낳다.
08	The expression표현 of a negative goal	• 부정적인 목표의 표현
09	emphasize an undesirable원하지 않는,바람직하지 않은 image	• 원하지 않는 이미지를 강조하다.
10	be apt to~하기 쉽다,~하는 경향이 있다 be made	• 만들어지기 쉽다.
11	The body tends to~하려는 경향이 있다 do~	• 몸은 ~을 하려는 경향이 있다.
12	increase the chance가능성 that it will happen	• 그것이 일어나게 될 가능성을 높이다.

B. 빈칸을 영어로(빈칸에 해당하는 **오른쪽 우리말에 동그라미** 하면서 빈칸 채우기)

01	N____ isn't a philosophy.	• 부정주의는 철학이 아니다.
02	A player's n____s aren't strong.	• 선수의 담력이 강하지 않다.
03	A____s can be changed.	• 태도는 변할 수 있다.
04	Attitudes have to be r____d.	• 태도는 인식되어야 한다.
05	quite c____ for a player	• 선수에게는 상당히 흔한
06	f____ image	• 기능적 이미지
07	b____ an image	• 이미지를 낳다.
08	The e____ of a negative goal	• 부정적인 목표의 표현
09	emphasize an u____ image	• 원하지 않는 이미지를 강조하다.
10	b____ be made	• 만들어지기 쉽다.
11	The body t____s ____ do~	• 몸은 ~을 하려는 경향이 있다.
12	increase the c____ that it will happen	• 그것이 일어나게 될 가능성을 높이다.

C. 빈칸을 우리말로(빈칸에 해당하는 **왼쪽 영어에 동그라미** 하면서 빈칸 채우기)

01	Negativism isn't a philosophy.	• ____는 철학이 아니다.
02	A player's nerves aren't strong.	• 선수의 ____이 강하지 않다.
03	Attitudes can be changed.	• ____는 변할 수 있다.
04	Attitudes have to be recognized.	• 태도는 ____ 한다.
05	quite common for a player	• 선수에게는 상당히 ____
06	functional image	• ____ 이미지
07	bring forth an image	• 이미지를 ____.
08	The expression of a negative goal	• 부정적인 목표의 ____
09	emphasize an undesirable image	• ____ 이미지를 강조하다.
10	be apt to be made	• 만들어지____
11	The body tends to do~	• 몸은 ~을 하려는 ____.
12	increase the chance that it will happen	• 그것이 일어나게 될 ____을 높이다.

89

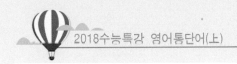
A. 문맥 속 영단어 정성껏 읽어보기(오른쪽 파란색 우리말에 해당하는 왼쪽 영어 떠올려 보기)

01	involve참여시키다,포함하다 the children in learning	• 어린이들을 학습에 참여시키다.
02	learn in linguistic언어적, conceptual개념적 and procedural 절차적 areas	• 언어적, 개념적, 절차적 영역에서 배우다.
03	learn in that order순서	• 그 순서에 따라 학습하다.
04	unsure확실히 알지 못하는,자신 없는 of the language of maths	• 수학 언어(용어)를 확실히 알지 못하는
05	understand the concept개념	• 그 개념을 이해하다.
06	definitely절대적으로 will not be able to do anything	• 어떤 것도 절대로 하지 못할 것이다.
07	when learning about shape도형,모양	• 도형에 대해서 배울 때
08	can be difficult for some pupils학생,제자	• 어떤 학생에게는 어려울 수 있다.
09	make a link연결 between A and B	• A와 B를 연결 짓다.
10	use the words appropriately적절하게	• 그 단어들을 적절하게 사용하다.
11	worthy of any time to explain설명하다	• 시간을 들여 설명할 가치가 있는
12	cause confusion혼동	• 혼동을 야기하다.

B. 빈칸을 영어로(빈칸에 해당하는 **오른쪽 우리말에 동그라미** 하면서 빈칸 채우기)

01	i_____ the children in learning	• 어린이들을 학습에 참여시키다.
02	learn in l_____, c_____ and p_____ areas	• 언어적, 개념적, 절차적 영역에서 배우다.
03	learn in that o_____	• 그 순서에 따라 학습하다.
04	u_____ of the language of maths	• 수학 언어[용어]를 확실히 알지 못하는
05	understand the c_____	• 그 개념을 이해하다.
06	d_____ will not be able to do anything	• 어떤 것도 절대로 하지 못할 것이다.
07	when learning about s_____	• 도형에 대해서 배울 때
08	can be difficult for some p_____s	• 어떤 학생에게는 어려울 수 있다.
09	make a l_____ between A and B	• A와 B를 연결 짓다.
10	use the words a_____	• 그 단어들을 적절하게 사용하다.
11	worthy of any time to e_____	• 시간을 들여 설명할 가치가 있는
12	cause c_____	• 혼동을 야기하다.

C. 빈칸을 우리말로(빈칸에 해당하는 **왼쪽 영어에 동그라미** 하면서 빈칸 채우기)

01	involve the children in learning	• 어린이들을 학습에 _____.
02	learn in linguistic, conceptual and procedural areas	• _____, _____, _____ 영역에서 배우다.
03	learn in that order	• 그 _____에 따라 학습하다.
04	unsure of the language of maths	• 수학 언어[용어]를 _____
05	understand the concept	• 그 _____을 이해하다.
06	definitely will not be able to do anything	• 어떤 것도 _____ 하지 못할 것이다.
07	when learning about shape	• _____에 대해서 배울 때
08	can be difficult for some pupils	• 어떤 _____에게는 어려울 수 있다.
09	make a link between A and B	• A와 B를 _____ 짓다.
10	use the words appropriately	• 그 단어들을 _____ 사용하다.
11	worthy of any time to explain	• 시간을 들여 _____ 가치가 있는
12	cause confusion	• _____을 야기하다.

A. 문맥 속 영단어 정성껏 읽어보기(오른쪽 파란색 우리말에 해당하는 왼쪽 영어 떠올려 보기)

01	plant a rose seed씨앗 in the earth	● 땅속에 장미 씨앗을 심다.
02	notice알아채다 that it is small	● 그것이 작다는 것을 알아채다.
03	criticize비난하다 it as rootless and stemless줄기가 없는	● 뿌리가 없고 줄기가 없다고 그것을 비난하다.
04	treat대하다 it as a seed	● 그것을 씨앗으로 대하다.
05	nourishment영양(분) required of a seed	● 씨앗에게 필요한 영양분
06	Seeds shoot up(쑥쑥)자라다 out of the earth.	● 씨앗이 땅 밖으로 (쑥쑥) 자라다.
07	condemn비난하다 it as immature미(성)숙한	● 그것을 미숙하다고 비난하다.
08	when buds꽃봉오리 appear	● 꽃봉오리가 나올 때
09	in wonder감탄,놀라움 at the process taking place	● 그 과정이 일어나는 것에 감탄하며
10	at each stage단계,무대 of its development	● 그것의 발달 각각 단계마다
11	contain its whole potential잠재력	● 자체의 온(모든) 잠재력을 포함하다.
12	be constantly계속해서 in the process of change	● 계속해서 변화의 과정에 있다.

B. 빈칸을 영어로(빈칸에 해당하는 **오른쪽 우리말에 동그라미** 하면서 빈칸 채우기)

01	plant a rose s＿＿＿ in the earth	● 땅속에 장미 씨앗을 심다.
02	n＿＿＿ that it is small	● 그것이 작다는 것을 알아채다.
03	c＿＿＿ it as rootless and s＿＿＿	● 뿌리가 없고 줄기가 없다고 그것을 비난하다.
04	t＿＿＿ it as a seed	● 그것을 씨앗으로 대하다.
05	n＿＿＿ required of a seed	● 씨앗에게 필요한 영양분
06	Seeds s＿＿＿ out of the earth.	● 씨앗이 땅 밖으로 (쑥쑥) 자라다.
07	c＿＿＿ it as i＿＿＿	● 그것을 미숙하다고 비난하다.
08	when b＿＿＿s appear	● 꽃봉오리가 나올 때
09	in w＿＿＿ at the process taking place	● 그 과정이 일어나는 것에 감탄하며
10	at each s＿＿＿ of its development	● 그것의 발달 각각 단계마다
11	contain its whole p＿＿＿	● 자체의 온(모든) 잠재력을 포함하다.
12	be c＿＿＿ in the process of change	● 계속해서 변화의 과정에 있다.

C. 빈칸을 우리말로(빈칸에 해당하는 **왼쪽 영어에 동그라미** 하면서 빈칸 채우기)

01	plant a rose seed in the earth	● 땅속에 장미 ＿＿＿을 심다.
02	notice that it is small	● 그것이 작다는 것을 ＿＿＿.
03	criticize it as rootless and stemless	● 뿌리가 없고 ＿＿＿고 그것을 ＿＿＿.
04	treat it as a seed	● 그것을 씨앗으로 ＿＿＿.
05	nourishment required of a seed	● 씨앗에게 필요한 ＿＿＿
06	Seeds shoot up out of the earth.	● 씨앗이 땅 밖으로 ＿＿＿.
07	condemn it as immature	● 그것을 ＿＿＿다고 ＿＿＿.
08	when buds appear	● ＿＿＿가 나올 때
09	in wonder at the process taking place	● 그 과정이 일어나는 것에 ＿＿＿하며
10	at each stage of its development	● 그것의 발달 각각 ＿＿＿마다
11	contain its whole potential	● 자체의 온(모든) ＿＿＿을 포함하다.
12	be constantly in the process of change	● ＿＿＿ 변화의 과정에 있다.

A. 문맥 속 영단어 정성껏 읽어보기(오른쪽 파란색 우리말에 해당하는 왼쪽 영어 떠올려 보기)

01	keep morality도덕(률) as impartiality공평(무사함)	● 공평(무사함)이라는 도덕률을 유지하다.
02	special parental obligations의무,책임	● 부모의 특별한 의무
03	make them compatible양립하는,모순되지 않은 with one another	● 그것들이 서로 양립할 수 있게 만들다.
04	relevant의미있는,관련 있는 differences	● 의미 있는 차이들
05	This qualification제한,자격 is obviously needed.	● 이러한 제한은 분명히 필요되어 진다.
06	quite apart from~은 별도로 하고 any considerations	● 어떤 고려도 완전히 별도로 하고
07	a failure불이행,실패 of impartiality	● 공평무사함을 불이행
08	imprison감금하다,투옥하다 a convicted criminal범죄자	● 유죄 판결을 받은 범죄자를 감금하다.
09	Innocent죄 없는,순수한 citizens go free.	● 죄 없는 시민들이 석방되다.
10	commit저지르다 a crime	● 범죄를 저지르다.
11	justify정당화하다 the difference in treatment	● 대우의 차이를 정당화하다.
12	admit인정하다 this qualification	● 이러한 제한을 인정하다.

B. 빈칸을 영어로(빈칸에 해당하는 **오른쪽 우리말에 동그라미** 하면서 빈칸 채우기)

01	keep m_____ as i_____	● 공평(무사함)이라는 도덕률을 유지하다.
02	special parental o_____s	● 부모의 특별한 의무
03	make them c_____ with one another	● 그것들이 서로 양립할 수 있게 만들다.
04	r_____ differences	● 의미 있는 차이들
05	This q_____ is obviously needed.	● 이러한 제한은 분명히 필요되어 진다.
06	quite a_____ any considerations	● 어떤 고려도 완전히 별도로 하고
07	a f_____ of impartiality	● 공평무사함을 불이행
08	i_____ a convicted c_____	● 유죄 판결을 받은 범죄자를 감금하다.
09	l_____ citizens go free.	● 죄 없는 시민들이 석방되다.
10	c_____ a crime	● 범죄를 저지르다.
11	j_____ the difference in treatment	● 대우의 차이를 정당화하다.
12	a_____ this qualification	● 이러한 제한을 인정하다.

C. 빈칸을 우리말로(빈칸에 해당하는 **왼쪽 영어에 동그라미** 하면서 빈칸 채우기)

01	keep morality as impartiality	● _____이라는 _____을 유지하다.
02	special parental obligations	● 부모의 특별한 _____
03	make them compatible with one another	● 그것들이 서로 _____ 만들다.
04	relevant differences	● _____ 차이들
05	This qualification is obviously needed.	● 이러한 _____은 분명히 필요되어 진다.
06	quite apart from any considerations	● 어떤 고려도 완전히 _____
07	a failure of impartiality	● 공평무사함을 _____
08	imprison a convicted criminal	● 유죄 판결을 받은 _____를 _____.
09	innocent citizens go free	● _____ 시민들은 석방되다.
10	commit a crime	● 범죄를 _____.
11	justify the difference in treatment	● 대우의 차이를 _____.
12	admit this qualification	● 이러한 제한을 _____.

A. 문맥 속 영단어 정성껏 읽어보기(오른쪽 파란색 우리말에 해당하는 왼쪽 영어 떠올려 보기)

01	self-serving bias편향,치우침,편견	• 자기 위주 편향
02	affect many people's evaluations평가	• 많은 사람들의 평가에 영향을 미치다.
03	individuals' judgments판단	• 개인의 판단들
04	view보다 a film of the game	• 경기를 찍은 동영상을 보다.
05	penalties committed저지르다,범하다 by both teams	• 양 팀에서 저질러진 반칙
06	recorded an approximately대략 equal number of penalties반칙들	• 대략 같은 수의 반칙들을 기록했다.
07	The truth probably lies놓여 있다 somewhere.	• 진실은 아마도 어디쯤에 놓여 있다.
08	mild가벼운 penalties	• 가벼운 반칙
09	the researchers concluded결론짓다 that +s+v	• 연구자들은 ~라고 결론지었다.

B. 빈칸을 영어로(빈칸에 해당하는 **오른쪽 우리말에 동그라미** 하면서 빈칸 채우기)

01	self-serving b_____	• 자기 위주 편향
02	affect many people's e_____s	• 많은 사람들의 평가에 영향을 미치다.
03	individuals' j_____s	• 개인의 판단들
04	v_____ a film of the game	• 경기를 찍은 동영상을 보다.
05	penalties c_____ted by both teams	• 양 팀에서 저질러진 반칙
06	recorded an a_____ equal number of p_____	• 대략 같은 수의 반칙들을 기록했다.
07	The truth probably l_____s somewhere.	• 진실은 아마도 어디쯤에 놓여 있다.
08	m_____ penalties	• 가벼운 반칙
09	the researchers c_____d that +s+v	• 연구자들은 ~라고 결론지었다.

C. 빈칸을 우리말로(빈칸에 해당하는 **왼쪽 영어에 동그라미** 하면서 빈칸 채우기)

01	self-serving bias	• 자기 위주 _____
02	affect many people's evaluations	• 많은 사람들의 _____에 영향을 미치다.
03	individuals' judgments	• 개인의 _____들
04	view a film of the game	• 경기를 찍은 동영상을 _____.
05	penalties committed by both teams	• 양 팀에서 _____ 반칙
06	recorded an approximately equal number of penalties	• _____ 같은 수의 _____을 기록했다.
07	The truth probably lies somewhere.	• 진실은 아마도 어디쯤에 _____.
08	mild penalties	• _____ 반칙
09	the researchers concluded that +s+v	• 연구자들은 ~라고 _____.

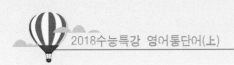
A. 문맥 속 영단어 정성껏 읽어보기(오른쪽 파란색 우리말에 해당하는 왼쪽 영어 떠올려 보기)

01	more anxious긴장하는 in the World Cup	• 월드컵에서 더 긴장하는
02	the importance of the event to the individual개인	• 그 경기가 개인에게 갖는 중요성
03	do not necessarily반드시 depend on~	• 반드시 ~에 달려있는 것은 아니다.
04	It is ~ that counts중요하다.	• 중요한 것은 바로 ~다.
05	the status중요도,지위,상태 of the competition	• 그 경기의 중요도
06	watched by talent scouts신인을 찾는 사람	• 재능있는 신인을 찾는 사람에 의해 보여지는
07	athletes운동선수 who know they are being watched	• 그들이 지켜봐지고 있다는 것을 아는 운동선수들
08	Marchant and his colleagues동료	• Marchant와 그의 동료들
09	carry out~을 수행하다,실행하다 an experiment	• 실험을 수행하다.
10	Event importance is artificially인위적으로 set up.	• 경기의 중요성이 인위적으로 마련된다.
11	those competing경쟁하는 for the new shoes	• 새 신발을 두고 경쟁하는 사람들
12	experienced more anxiety불안(감),걱정	• 더 많은 불안(감)을 겪었다.

B. 빈칸을 영어로(빈칸에 해당하는 오른쪽 우리말에 동그라미 하면서 빈칸 채우기)

01	more a_____ in the World Cup	• 월드컵에서 더 긴장하는
02	the importance of the event to the i_____	• 그 경기가 개인에게 갖는 중요성
03	do not n_____ depend on~	• 반드시 ~에 달려있는 것은 아니다.
04	It is ~ that c_____s.	• 중요한 것은 바로 ~다.
05	the s_____ of the competition	• 그 경기의 중요도
06	watched by talent s_____s	• 재능있는 신인을 찾는 사람에 의해 보여지는
07	a_____s who know they are being watched	• 그들이 지켜봐지고 있다는 것을 아는 운동선수들
08	Marchant and his c_____s	• Marchant와 그의 동료들
09	c_____ an experiment	• 실험을 수행하다.
10	Event importance is a_____ set up.	• 경기의 중요성이 인위적으로 마련된다.
11	those c_____ for the new shoes	• 새 신발을 두고 경쟁하는 사람들
12	experienced more a_____	• 더 많은 불안(감)을 겪었다.

C. 빈칸을 우리말로(빈칸에 해당하는 왼쪽 영어에 동그라미 하면서 빈칸 채우기)

01	more anxious in the World Cup	• 월드컵에서 더 _____
02	the importance of the event to the individual	• 그 경기가 _____에게 갖는 중요성
03	do not necessarily depend on~	• _____ ~에 달려있는 것은 아니다.
04	It is ~ that counts.	• _____ 것은 바로 ~다.
05	the status of the competition	• 그 경기의 _____
06	watched by talent scouts	• 재능있는 _____에 의해 보여지는
07	athletes who know they are being watched	• 그들이 지켜봐지고 있다는 것을 아는 _____들
08	Marchant and his colleagues	• Marchant와 그의 _____들
09	carry out an experiment	• 실험을 _____.
10	Event importance is artificially set up.	• 경기의 중요성이 _____ 마련된다.
11	those competing for the new shoes	• 새 신발을 두고 _____ 사람들
12	experienced more anxiety	• 더 많은 _____을 겪었다.

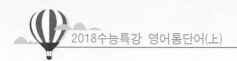

A. 문맥 속 영단어 정성껏 읽어보기(오른쪽 파란색 우리말에 해당하는 왼쪽 영어 떠올려 보기)

01	be outside the laboratory실험실	• 실험실 밖에 있다.
02	subject to~에 종속되는 the control of the researcher	• 연구원의 통제에 종속되는
03	fascinatedd매료시키다 by water waves	• 수면파에 의해 매료된
04	the waves generated일으키다,발생시키다 by the wind	• 바람에 의해 발생되는 파도
05	the essential근본적인 nature of a hurricane	• 허리케인의 근본적 성격
06	measure측정하다 the wind and rain	• 바람과 비를 측정하다.
07	the notion개념,관념 that S+V	• ~한다는 개념
08	The investigator연구자,조사자 can control the environment환경 of the observation.	• 연구자가 관찰 환경을 제어할 수 있다.
09	absent없는,부재한 from field research	• 현장 연구에서는 없는
10	the variability가변성,변동성 in the measurements	• 측정치의 가변성
11	analogous유사한,비슷한 laboratory measurements	• 유사한 실험실의 측정치

B. 빈칸을 영어로(빈칸에 해당하는 **오른쪽 우리말에 동그라미** 하면서 빈칸 채우기)

01	be outside the l▮▮▮	• 실험실 밖에 있다.
02	s▮▮▮ the control of the researcher	• 연구원의 통제에 종속되는
03	f▮▮▮ d by water waves	• 수면파에 의해 매료된
04	the waves g▮▮▮ d by the wind	• 바람에 의해 발생되는 파도
05	the e▮▮▮ nature of a hurricane	• 허리케인의 근본적 성격
06	m▮▮▮ the wind and rain	• 바람과 비를 측정하다.
07	the n▮▮▮ that S+V	• ~한다는 개념
08	The i▮▮▮ can control the e▮▮▮ of the observation.	• 연구자가 관찰 환경을 제어할 수 있다.
09	a▮▮▮ from field research	• 현장 연구에서는 없는
10	the v▮▮▮ in the measurements	• 측정치의 가변성
11	a▮▮▮ laboratory measurements	• 유사한 실험실의 측정치

C. 빈칸을 우리말로(빈칸에 해당하는 **왼쪽 영어에 동그라미** 하면서 빈칸 채우기)

01	be outside the laboratory	• ▮▮▮ 밖에 있다.
02	subject to the control of the researcher	• 연구원의 통제 ▮▮▮
03	fascinated by water waves	• 수면파에 의해 ▮▮▮
04	the waves generated by the wind	• 바람에 의해 ▮▮▮ 파도
05	the essential nature of a hurricane	• 허리케인의 ▮▮▮ 성격
06	measure the wind and rain	• 바람과 비를 ▮▮▮.
07	the notion that S+V	• ~한다는 ▮▮▮
08	The investigator can control the environment of the observation.	• ▮▮▮가 관찰 ▮▮▮을 제어할 수 있다.
09	absent from field research	• 현장 연구에서는 ▮▮▮
10	the variability in the measurements	• 측정치의 ▮▮▮
11	analogous laboratory measurements	• ▮▮▮ 실험실의 측정치

95

A. 문맥 속 영단어 정성껏 읽어보기(오른쪽 파란색 우리말에 해당하는 왼쪽 영어 떠올려 보기)

01	interest in extremely매우 long periods of time	● 매우 긴 시간에 대한 관심
02	set A apart from~와 구별시키다 B	● A를 B와 구별시키다.
03	set geology지질학 and astronomy천문학 apart from other science	● 지질학과 천문학을 다른 과학들과 구별시키다.
04	think in terms of~의 관점에서 billions of years	● 수십억 년의 관점에서 생각하다.
05	the national debt빚,부채	● 국가 부채
06	the time scales척도(평가 기준)	● 시간의 척도(평가 기준)
07	geological지질학의,지질의 activity	● 지질(의) 활동
08	environmental geologists지질학자들	● 환경 지질학자들
09	measure human impacts영향(력) on the natural world	● 자연계에 미친 인간의 영향을 측정하다.

B. 빈칸을 영어로(빈칸에 해당하는 **오른쪽 우리말에 동그라미** 하면서 빈칸 채우기)

01	interest in e long periods of time	● 매우 긴 시간에 대한 관심
02	s A a B	● A를 B와 구별시키다.
03	set g and a apart from other science	● 지질학과 천문학을 다른 과학들과 구별시키다.
04	think i billions of years	● 수십억 년의 관점에서 생각하다.
05	the national d	● 국가 부채
06	the time s s	● 시간의 척도(평가 기준)
07	g activity	● 지질(의) 활동
08	environmental g s	● 환경 지질학자들
09	measure human i s on the natural world	● 자연계에 미친 인간의 영향을 측정하다.

C. 빈칸을 우리말로(빈칸에 해당하는 **왼쪽 영어에 동그라미** 하면서 빈칸 채우기)

01	interest in extremely long periods of time	● 긴 시간에 대한 관심
02	set A apart from B	● A를 B와 .
03	set geology and astronomy apart from other science	● 과 을 다른 과학들과 구별시키다.
04	think in terms of billions of years	● 수십억년 생각하다.
05	the national debt	● 국가
06	the time scales	● 시간의
07	geological activity	● 활동
08	environmental geologists	● 환경 들
09	measure human impacts on the natural world	● 자연계에 미친 인간의 을 측정하다.

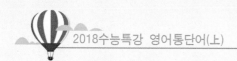

A. 문맥 속 영단어 정성껏 읽어보기(오른쪽 파란색 우리말에 해당하는 왼쪽 영어 떠올려 보기)

01	natural soil formation형성,생성	• 자연 발생적인 토양 생성
02	know the rate속도,정도,비율 of soil formation	• 토양 생성의 속도를 알다.
03	solid단단한,고체의 rock	• 단단한 암석
04	determine밝히다,결정하다 whether	• ~인지 아닌지를 밝히다.
05	topsoil표토(표면의 흙) erosion from agriculture농업	• 농업으로 인한 표토(表土)의 부식
06	Understanding ~ is vital매우 중요한	• ~를 이해하는 것은 매우 중요하다.
07	properly assess가늠(짐작)하다,평가하다 ~	• 제대로(적절하게) ~을 가늠하다(짐작하다).
08	current현재의 global warming trends추세(경향)	• 현재의 지구 온난화 추세(경향)
09	clues단서 to past environmental change	• 과거의 환경 변화에 대한 단서들
10	be well preserved보존하다 in many rocks	• 많은 암석들 안에 잘 보존되어 있다.

B. 빈칸을 영어로(빈칸에 해당하는 **오른쪽 우리말에 동그라미** 하면서 빈칸 채우기)

01	natural soil f	• 자연 발생적인 토양 생성
02	know the r of soil formation	• 토양 생성의 속도를 알다.
03	s rock	• 단단한 암석
04	d whether	• ~인지 아닌지를 밝히다.
05	t erosion from a	• 농업으로 인한 표토(表土)의 부식
06	Understanding ~ is v .	• ~를 이해하는 것은 매우 중요하다.
07	properly a ~	• 제대로(적절하게) ~을 가늠하다(짐작하다).
08	c global warming t s	• 현재의 지구 온난화 추세(경향)
09	c s to past environmental change	• 과거의 환경 변화에 대한 단서들
10	be well p d in many rocks	• 많은 암석들 안에 잘 보존되어 있다.

C. 빈칸을 우리말로(빈칸에 해당하는 **왼쪽 영어에 동그라미** 하면서 빈칸 채우기)

01	natural soil formation	• 자연 발생적인 토양
02	know the rate of soil formation	• 토양 생성의 를 알다.
03	solid rock	• 암석
04	determine whether	• ~인지 아닌지를 .
05	topsoil erosion from agriculture	• 으로 인한 의 부식
06	Understanding ~ is vital	• ~를 이해하는 것은 .
07	properly assess ~	• 제대로(적절하게) ~을 .
08	current global warming trends	• 지구 온난화
09	clues to past environmental change	• 과거의 환경 변화에 대한 들
10	be well preserved in many rocks	• 많은 암석들 안에 잘 있다.

97

A. 문맥 속 영단어 정성껏 읽어보기(오른쪽 파란색 우리말에 해당하는 왼쪽 영어 떠올려 보기)

01	national국민의 income	• 국민소득
02	growth in population인구	• 인구의 증가
03	per capita1인당 income	• 1인당 소득
04	average평균(의) income per head	• 1인당 평균 소득
05	divided나누어진 by the population of a country	• 국가의 인구수로 나누어진
06	an approximate거의 정확한,대략적인 index of the standard수준,기준 of living	• 생활 수준의 거의 정확한 지표
07	the average amount of income available이용할 수 있는	• 이용할 수 있는 평균 소득액
08	a very rough개략적인,대략적인 index	• 매우 개략적인 지표
09	be distributed very unevenly균등하지 않게	• 매우 균등하지 않게 분포되어 있다.

B. 빈칸을 영어로(빈칸에 해당하는 오른쪽 우리말에 동그라미 하면서 빈칸 채우기)

01	n____ income	• 국민소득
02	growth in p____	• 인구의 증가
03	p____ income	• 1인당 소득
04	a____ income per head	• 1인당 평균 소득
05	d____ by the population of a country	• 국가의 인구수로 나누어진
06	an a____ index of the s____ of living	• 생활 수준의 거의 정확한 지표
07	the average amount of income a____	• 이용할 수 있는 평균 소득액
08	a very r____ index	• 매우 개략적인 지표
09	be distributed very u____	• 매우 균등하지 않게 분포되어 있다.

C. 빈칸을 우리말로(빈칸에 해당하는 왼쪽 영어에 동그라미 하면서 빈칸 채우기)

01	national income	• ____소득
02	growth in population	• ____의 증가
03	per capita income	• ____소득
04	average income per head	• 1인당 ____소득
05	divided by the population of a country	• 국가의 인구수로 ____
06	an approximate index of the standard of living	• 생활 ____의 ____지표
07	the average amount of income available	• ____평균 소득액
08	a very rough index	• 매우 ____지표
09	be distributed very unevenly	• 매우 ____분포되어 있다.

98

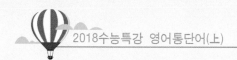

A. 문맥 속 영단어 정성껏 읽어보기(오른쪽 파란색 우리말에 해당하는 왼쪽 영어 떠올려 보기)

01	the richer classes계층	•	더 부유한 계층들
02	the majority대다수 of the people	•	대다수의 사람들
03	incomes considerably상당히 less	•	상당히 더 적은 소득
04	a very inadequate부적절한 index	•	매우 부적절한 지표
05	the total figure수치,숫자 of national income	•	국민 소득을 전부 합친 수치
06	measure측정하다 the economic growth	•	경제 성장을 측정하다.
07	take A into account고려,감안,계산	•	A를 고려하다.
08	the calculation계산 of the per capita income	•	1인당 소득의 계산
09	absolutely전적으로 necessary	•	전적으로 필수적인

B. 빈칸을 영어로(빈칸에 해당하는 **오른쪽 우리말에 동그라미** 하면서 빈칸 채우기)

01	the richer c＿＿＿es	•	더 부유한 계층들
02	the m＿＿＿ of the people	•	대다수의 사람들
03	incomes c＿＿＿ less	•	상당히 더 적은 소득
04	a very i＿＿＿ index	•	매우 부적절한 지표
05	the total f＿＿＿ of national income	•	국민 소득을 전부 합친 수치
06	m＿＿＿ the economic growth	•	경제 성장을 측정하다.
07	take A into a＿＿＿	•	A를 고려하다.
08	the c＿＿＿ of the per capita income	•	1인당 소득의 계산
09	a＿＿＿ necessary	•	전적으로 필수적인

C. 빈칸을 우리말로(빈칸에 해당하는 **왼쪽 영어에 동그라미** 하면서 빈칸 채우기)

01	the richer classes	•	더 부유한 ＿＿＿들
02	the majority of the people	•	＿＿＿의 사람들
03	incomes considerably less	•	＿＿＿ 더 적은 소득
04	a very inadequate index	•	매우 ＿＿＿ 지표
05	the total figure of national income	•	국민 소득을 전부 합친 ＿＿＿
06	measure the economic growth	•	경제 성장을 ＿＿＿.
07	take A into account	•	A를 ＿＿＿하다.
08	the calculation of the per capita income	•	1인당 소득의 ＿＿＿
09	absolutely necessary	•	＿＿＿ 필수적인

99

A. 문맥 속 영단어 정성껏 읽어보기(오른쪽 파란색 우리말에 해당하는 왼쪽 영어 떠올려 보기)

01	buy souvenirs기념품	• 기념품을 사다.
02	determine authenticity진짜임 of souvenirs	• 기념품이 진짜임을 결정하다.
03	a process of attribution부여(주는 것),귀속,속성 of meaning	• 의미 부여의 과정
04	assign부여하다(주다) meanings to their merchandise상품	• 그들의 상품에 의미를 부여하다.
05	acquisition취득,습득 of an object	• 물건을 취득
06	perceived as authentic진짜의,믿을만한	• 진짜(진품이)라고 인식되는
07	according to~에 따르면 a study	• 한 연구에 따르면
08	the perception of the souvenir vendors판매인,행상인	• 기념품을 파는 사람의 인식
09	contrived억지로 꾸며낸 design	• 억지로 꾸며낸 디자인
10	It is obvious분명한 that+S+V.	• ~것은 분명하다.
11	artificial인위적인,인공의 items	• 인위적인 물품들

B. 빈칸을 영어로(빈칸에 해당하는 오른쪽 우리말에 동그라미 하면서 빈칸 채우기)

01	buy s_____s	• 기념품을 사다.
02	determine a_____ of souvenirs	• 기념품이 진짜임을 결정하다.
03	a process of a_____ of meaning	• 의미 부여의 과정
04	a_____ meanings to their m_____	• 그들의 상품에 의미를 부여하다.
05	a_____ of an object	• 물건을 취득
06	perceived as a_____	• 진짜(진품이)라고 인식되는
07	a_____ a study	• 한 연구에 따르면
08	the perception of the souvenir v_____s	• 기념품을 파는 사람의 인식
09	c_____ design	• 억지로 꾸며낸 디자인
10	It is o_____ that+S+V.	• ~것은 분명하다.
11	a_____ items	• 인위적인 물품들

C. 빈칸을 우리말로(빈칸에 해당하는 왼쪽 영어에 동그라미 하면서 빈칸 채우기)

01	buy souvenirs	• _____을 사다.
02	determine authenticity of souvenirs	• 기념품이 _____을 결정하다.
03	a process of attribution of meaning	• 의미 _____의 과정
04	assign meanings to their merchandise	• 그들의 _____에 의미를 _____.
05	acquisition of an object	• 물건을 _____
06	perceived as authentic	• _____라고 인식되는
07	according to a study	• 한 연구_____
08	the perception of the souvenir vendors	• 기념품을 _____의 인식
09	contrived design	• _____ 디자인
10	It is obvious that+S+V.	• ~것은 _____하다.
11	artificial items	• _____ 물품들

A. 문맥 속 영단어 정성껏 읽어보기(오른쪽 파란색 우리말에 해당하는 왼쪽 영어 떠올려 보기)

01	non-destination-specific목적지가 특유의 것이 아닌 items	• 목적지가 특유의 것이 아닌 물품들
02	brass황동,놋쇠 cigarette lighters	• 황동으로 된 담배 라이터
03	the craft(수)공예,기술 tradition of local cultures	• 지역 문화의 공예 전통
04	be made specifically특별히 for tourists	• 특별히 관광객들을 위해 만들어지다.
05	The souvenirs are still a sort of trophy전리품,(경기)트로피 (경기에서 이기고 받는 우승 트로피 / 전쟁에서 이기고 받는 전리품)	• 기념품은 여전히 일종의 전리품이다.
06	reflect반영하다 their image of the country	• 그 나라에 대한 그들의 이미지를 반영하다.
07	authenticity of the artifact공예품,인공물	• 그 공예품이 진품(진짜)임
08	a guarantee보증(하다) of the authenticity	• 진짜라는 것을 보증하는 것
09	one's experience abroad해외에서	• 사람의 해외에서의 경험
10	The souvenirs must look primitive원시적인	• 그 기념품이 원시적으로 보임에 틀림없다.

B. 빈칸을 영어로(빈칸에 해당하는 **오른쪽 우리말에 동그라미** 하면서 빈칸 채우기)

01	n_____ items	• 목적지가 특유의 것이 아닌 물품들
02	b_____ cigarette lighters	• 황동으로 된 담배 라이터
03	the c_____ tradition of local cultures	• 지역 문화의 공예 전통
04	be made s_____ for tourists	• 특별히 관광객들을 위해 만들어지다.
05	The souvenirs are still a sort of t_____.	• 기념품은 여전히 일종의 전리품이다.
06	r_____ their image of the country	• 그 나라에 대한 그들의 이미지를 반영하다.
07	authenticity of the a_____	• 그 공예품이 진품(진짜)임
08	a g_____ of the authenticity	• 진짜라는 것을 보증하는 것
09	one's experience a_____	• 사람의 해외에서의 경험
10	The souvenirs must look p_____.	• 그 기념품이 원시적으로 보임에 틀림없다.

C. 빈칸을 우리말로(빈칸에 해당하는 **왼쪽 영어에 동그라미** 하면서 빈칸 채우기)

01	non-destination-specific items	• _____ 물품들
02	brass cigarette lighters	• _____으로 된 담배 라이터
03	the craft tradition of local cultures	• 지역 문화의 _____ 전통
04	be made specifically for tourists	• _____ 관광객들을 위해 만들어지다.
05	The souvenirs are still a sort of trophy.	• 기념품은 여전히 일종의 _____이다.
06	reflect their image of the country	• 그 나라에 대한 그들의 이미지를 _____.
07	authenticity of the artifact	• 그 _____이 진품(진짜)임
08	a guarantee of the authenticity	• 진짜라는 것을 _____하는 것
09	one's experience abroad	• 사람의 _____ 경험
10	The souvenirs must look primitive.	• 그 기념품이 _____ 보임에 틀림없다.

A. 문맥 속 영단어 정성껏 읽어보기(오른쪽 파란색 우리말에 해당하는 왼쪽 영어 떠올려 보기)

01	some higher mental process과정	•	어떤 높은 수준의 정신 과정
02	in order to~하기 위해 answer them	•	그것들에 대답하기 위해
03	give opinions의견	•	의견 개진하다.
04	give justifications정당화	•	정당화하다.
05	give judgements판단	•	판단하다.
06	give evaluations평가	•	평가하다.
07	make predictions예측	•	예측하다.
08	analyse(=analyze)분석하다 information	•	정보를 분석하다.
09	interpret해석하다 situations	•	상황을 해석하다.
10	make generalisations(=generalizations)일반화	•	일반화를 하다.
11	The respondent응답자 is required to think.	•	응답자는 생각하는 것이 필요하다.

B. 빈칸을 영어로(빈칸에 해당하는 **오른쪽 우리말에 동그라미** 하면서 빈칸 채우기)

01	some higher mental p＿	•	어떤 높은 수준의 정신 과정
02	i＿ answer them	•	그것들에 대답하기 위해
03	give o＿s	•	의견 개진하다.
04	give j＿s	•	정당화하다.
05	give j＿s	•	판단하다.
06	give e＿s	•	평가하다.
07	make p＿s	•	예측하다.
08	a＿ information	•	정보를 분석하다.
09	i＿ situations	•	상황을 해석하다.
10	make g＿s	•	일반화를 하다.
11	The r＿ is required to think.	•	응답자는 생각하는 것이 필요하다.

C. 빈칸을 우리말로(빈칸에 해당하는 **왼쪽 영어에 동그라미** 하면서 빈칸 채우기)

01	some higher mental process	•	어떤 높은 수준의 정신 ＿
02	in order to answer them	•	그것들에 대답＿
03	give opinions	•	＿ 개진하다.
04	give justifications	•	＿하다.
05	give judgements	•	＿하다.
06	give evaluations	•	＿하다.
07	make predictions	•	＿하다.
08	analyse information	•	정보를 ＿.
09	interpret situations	•	상황을 ＿.
10	make generalisations	•	＿를 하다.
11	The respondent is required to think.	•	응답지는 생각하는 것이 필요하다.

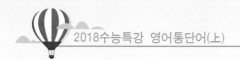

A. 문맥 속 영단어 정성껏 읽어보기(오른쪽 파란색 우리말에 해당하는 왼쪽 영어 떠올려 보기)

01	at a higher-order level수준	• 고차원적인 수준
02	bomb폭격하다 Pearl Harbour	• 진주만을 폭격하다.
03	improve개선하다 your relationship	• 당신과의 관계를 개선하다.
04	anyone who is fit건강한	• 건강한 어떤 사람
05	receive money from the state국가,주,상태,말하다	• 국가로부터 돈을 받다.
06	the characteristics특징 of a good manager	• 훌륭한 관리자의 특징들
07	go beyond the simple recall상기 of information	• 정보를 단순히 상기해 내는 것을 넘어서다.
08	frequently빈번히 there is no correct answer	• 빈번히(종종) 정답이 없다.
09	usually require longer responses응답	• 보통 더 긴 응답을 요구하다.
10	can seldom거의~않는 be answered in one or two words	• 한두 단어로는 거의 답변될 수 없다.

B. 빈칸을 영어로(빈칸에 해당하는 **오른쪽 우리말에 동그라미** 하면서 빈칸 채우기)

01	at a higher-order l_____	• 고차원적인 수준
02	b_____ Pearl Harbour	• 진주만을 폭격하다.
03	i_____ your relationship	• 당신과의 관계를 개선하다.
04	anyone who is f_____	• 건강한 어떤 사람
05	receive money from the s_____	• 국가로부터 돈을 받다.
06	the c_____ s of a good manager	• 훌륭한 관리자의 특징들
07	go beyond the simple r_____ of information	• 정보를 단순히 상기해 내는 것을 넘어서다.
08	f_____ there is no correct answer	• 빈번히(종종) 정답이 없다.
09	usually require longer r_____s	• 보통 더 긴 응답을 요구하다.
10	can s_____ be answered in one or two words	• 한두 단어로는 거의 답변될 수 없다.

C. 빈칸을 우리말로(빈칸에 해당하는 **왼쪽 영어에 동그라미** 하면서 빈칸 채우기)

01	at a higher-order level	• 고차원적인 _____
02	bomb Pearl Harbour	• 진주만을 _____.
03	improve your relationship	• 당신과의 관계를 _____.
04	anyone who is fit	• _____ 어떤 사람
05	receive money from the state	• _____로부터 돈을 받다.
06	the characteristics of a good manager	• 훌륭한 관리자의 _____들
07	go beyond the simple recall of information	• 정보를 단순히 _____해 내는 것을 넘어서다.
08	frequently there is no correct answer	• _____ 정답이 없다.
09	usually require longer responses	• 보통 더 긴 _____을 요구하다.
10	can seldom be answered in one or two words	• 한두 단어로는 _____ 답변_____.

A. 문맥 속 영단어 정성껏 읽어보기(오른쪽 파란색 우리말에 해당하는 왼쪽 영어 떠올려 보기)

01	in Mediterranean지중해(의) countries	•	지중해 국가들에서
02	ancient shipwrecks난파선(폭풍우 등으로 파괴된 배)	•	고대의 난파선
03	have long been treated다루다 like~	•	오랫동안 ~처럼 다뤄져 왔다.
04	archaeological고고학의 site	•	고고학의 유적지
05	regardless of~와는 상관없이 its origin	•	그것의 기원과는 상관없이
06	belong to~에 (귀)속하다 the nation	•	그 국가에 (귀)속하다.
07	territorial영토의 waters an shipwreck lies	•	난파선이 위치해 있는 바다 영토(=영해) (영해 : 한 나라의 통치권을 행사할 수 있는 바다의 범위)
08	disturb(제자리에 있는 것을)건드리다,방해하다 an shipwreck in any way	•	어떤 방식으로든 난파선을 건드리다.
09	a foreign or national archaeologist고고학자	•	외국의 또는 자국의 고고학자
10	the proper credentials증명서,신임장	•	적절한 증명서

B. 빈칸을 영어로(빈칸에 해당하는 **오른쪽 우리말에 동그라미** 하면서 빈칸 채우기)

01	in M countries	•	지중해 국가들에서
02	ancient s s	•	고대의 난파선
03	have long been t ed like~	•	오랫동안 ~처럼 다뤄져 왔다.
04	a site	•	고고학의 유적지
05	r its origin	•	그것의 기원과는 상관없이
06	b the nation	•	그 국가에 (귀)속하다.
07	t waters an shipwreck lies	•	난파선이 위치해 있는 바다 영토(=영해)
08	d an shipwreck in any way	•	어떤 방식으로든 난파선을 건드리다.
09	a foreign or national a	•	외국의 또는 자국의 고고학자
10	the proper c s	•	적절한 증명서

C. 빈칸을 우리말로(빈칸에 해당하는 **왼쪽 영어에 동그라미** 하면서 빈칸 채우기)

01	in Mediterranean countries	•	국가들에서
02	ancient shipwrecks	•	고대의
03	have long been treated like~	•	오랫동안 ~처럼 왔다.
04	archaeological site	•	유적지
05	regardless of its origin	•	그것의 기원
06	belong to the nation	•	그 국가 .
07	territorial waters an shipwreck lies	•	난파선이 위치해 있는 바다
08	disturb an shipwreck in any way	•	어떤 방식으로든 난파선을 .
09	a foreign or national archaeologist	•	외국의 또는 자국의
10	the proper credentials	•	적절한

A. 문맥 속 영단어 정성껏 읽어보기(오른쪽 파란색 우리말에 해당하는 왼쪽 영어 떠올려 보기)

01	obtain official permission허가	•	공식적인 허가를 받다.
02	archaeological service(관청의)부서,부문 of the government 정부 of that nation	•	그 나라 정부의 고고학(관리) 부서 (service = 일반 대중, 정부를 위해 무엇을 제공하는 서비스 기관,회사 : the prison service 교도소)
03	Many antiquities고대 유물들 were taken from these countries foreign museums and collections수집품	•	많은 고대 유물들이 이 국가들에서 외국의 박물관과 수집품으로 탈취되었다(=빼앗기게 되었다).
04	This approach developed as a safeguard안전 장치	•	이 접근법이 안전장치로 개발되었다.
05	treasure보물 hunting	•	보물 사냥
06	illegal불법적인 stealing of antiquities	•	고대 유물의 불법적 약탈
07	occur일어나다 under the Mediterranean as on surrounding주변의 lands	•	주변의 육상에서와 같이 지중해 속에서도 일어나다.

B. 빈칸을 영어로(빈칸에 해당하는 **오른쪽 우리말에 동그라미** 하면서 빈칸 채우기)

01	obtain official p_____	•	공식적인 허가를 받다.
02	archaeological s_____ of the g_____ of that nation	•	그 나라 정부의 고고학(관리) 부서
03	Many a_____ were taken from these countries foreign museums and c_____s.	•	많은 고대 유물들이 이 국가들에서 외국의 박물관과 수집품으로 탈취되었다.
04	This approach developed as a s_____.	•	이 접근법이 안전장치로 개발되었다.
05	t_____ hunting	•	보물 사냥
06	i_____ stealing of antiquities	•	고대 유물의 불법적 약탈
07	o_____ under the Mediterranean as on s_____ lands	•	주변의 육상에서와 같이 지중해 속에서도 일어나다.

C. 빈칸을 우리말로(빈칸에 해당하는 **왼쪽 영어에 동그라미** 하면서 빈칸 채우기)

01	obtain official permission	•	공식적인 _____를 받다.
02	archaeological service of the government of that nation	•	그 나라 _____의 고고학(관리) _____
03	Many antiquities were taken from these countries foreign museums and collections.	•	많은 _____이 이 국가들에서 외국의 박물관과 _____으로 탈취되었다.
04	This approach developed as a safeguard.	•	이 접근법이 _____로 개발되었다.
05	treasure hunting	•	_____ 사냥
06	illegal stealing of antiquities	•	고대 유물의 _____ 약탈
07	occur under the Mediterranean as on surrounding lands	•	_____ 육상에서와 같이 지중해 속에서도 _____.

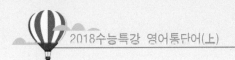
A. 문맥 속 영단어 정성껏 읽어보기(오른쪽 파란색 우리말에 해당하는 왼쪽 영어 떠올려 보기)

01	a political debate논쟁	● 정치적 논쟁
02	get your point of view관점	● 여러분의 관점을 이해하다.
03	see things with your clarity명확	● 여러분처럼 명확하게 사물을 보다.
04	fall naturally in line with~에 동의하다 what you believe [~와(with) 동일선상(line) 안에(in) 있게 되다(fall) = 의견이 같다, 동의하다]	● 자연스럽게 여러분이 믿고 있는 것을 동의하다.
05	By contrast그에 반해서,대조적으로 you believe ~	● 그에 반해서, 여러분은 ~을 믿는다.
06	totally완전히 get their point of view	● 그들의 관점을 완전히 이해하다.
07	reject거부하다 their point of view	● 그들의 관점을 거부하다.
08	elaborate on~에 대해 상세히 말하다 their point of view	● 그들의 관점에 관해 상세히 말하다.
09	each side양측 believes ~	● 양측은 ~을 믿는다.
10	understand its opponent반대자	● 그것의 반대자를 이해하다.

B. 빈칸을 영어로(빈칸에 해당하는 **오른쪽 우리말에 동그라미** 하면서 빈칸 채우기)

01	a political d____	● 정치적 논쟁
02	get your p____	● 여러분의 관점을 이해하다.
03	see things with your c____	● 여러분처럼 명확하게 사물을 보다.
04	f____ naturally i____ what you believe	● 자연스럽게 여러분이 믿고 있는 것을 동의하다.
05	B____ you believe ~	● 그에 반해서, 여러분은 ~을 믿는다.
06	t____ get their point of view	● 그들의 관점을 완전히 이해하다.
07	r____ their point of view	● 그들의 관점을 거부하다.
08	e____ their point of view	● 그들의 관점에 관해 상세히 말하다.
09	e____ believes ~	● 양측은 ~을 믿는다.
10	understand its o____	● 그것의 반대자를 이해하다.

C. 빈칸을 우리말로(빈칸에 해당하는 **왼쪽 영어에 동그라미** 하면서 빈칸 채우기)

01	a political debate	● 정치적 ____
02	get your point of view	● 여러분의 ____을 이해하다.
03	see things with your clarity	● 여러분처럼 ____하게 사물을 보다.
04	fall naturally in line with what you believe	● 자연스럽게 여러분이 믿고 있는 것을 ____.
05	By contrast you believe ~	● ____, 여러분은 ~을 믿는다.
06	totally get their point of view	● 그들의 관점을 ____ 이해하다.
07	reject their point of view	● 그들의 관점을 ____.
08	elaborate on their point of view	● 그들의 관점에 ____.
09	each side believes ~	● ____은 ~을 믿는다.
10	understand its opponent	● 그것의 ____를 이해하다.

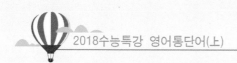
A. 문맥 속 영단어 정성껏 읽어보기(오른쪽 파란색 우리말에 해당하는 왼쪽 영어 떠올려 보기)

01	Consumers are bombarded(질문 등을) 퍼붓다 with information.	● 소비자들에게 정보가 퍼부어지다.
02	all imaginable상상할 수 있는 media	● 모든 상상할 수 있는 매체
03	re-evaluate재평가하다 products	● 상품을 재평가하다.
04	every time~때마다 they make a buying decision	● 그들이 구매 결정을 할 때마다
05	simplify단순화하다 their buying process	● 구매 과정을 단순화하다.
06	organise(=organize)체계화하다,조직하다 products into categories	● 상품을 여러 범주들로 체계화하다.
07	position~의 위치를 정하다 organisations in their minds	● 그들의 마음속에 체계화한 것의 위치를 정하다.
08	the complex복잡한 set	● 복잡한 세트
09	associate with~~와 연관 짓다 the brand	● 그 상표와 연관 짓다.
10	compared with~와 비교해서 competing brands	● 경쟁 상표들과 비교해서

B. 빈칸을 영어로(빈칸에 해당하는 **오른쪽 우리말에 동그라미** 하면서 빈칸 채우기)

01	Consumers are b　　　　ed with information.	● 소비자들에게 정보가 퍼부어지다.
02	all i　　　　 media	● 모든 상상할 수 있는 매체
03	r　　　　 products	● 상품을 재평가하다.
04	e　　　　 they make a buying decision	● 그들이 구매 결정을 할 때마다
05	s　　　　 their buying process	● 구매 과정을 단순화하다.
06	o　　　　 products into categories	● 상품을 여러 범주들로 체계화하다.
07	p　　　　 organisations in their minds	● 그들의 마음속에 체계화한 것의 위치를 정하다.
08	the c　　　　 set	● 복잡한 세트
09	a　　　　 the brand	● 그 상표와 연관 짓다.
10	c　　　　 competing brands	● 경쟁 상표들과 비교해서

C. 빈칸을 우리말로(빈칸에 해당하는 **왼쪽 영어에 동그라미** 하면서 빈칸 채우기)

01	Consumers are bombarded with information.	● 소비자들에게 정보가 　　　.
02	all imaginable media	● 모든 　　　 매체
03	re-evaluate products	● 상품을 　　　.
04	every time they make a buying decision	● 그들이 구매 결정을 할
05	simplify their buying process	● 구매 과정을 　　　.
06	organise products into categories	● 상품을 여러 범주들로 　　　.
07	position organisations in their minds	● 그들의 마음속에 체계화한 것의 　　　.
08	the complex set	● 　　　 세트
09	associate with the brand	● 그 상표 　　　.
10	compared with competing brands	● 경쟁 상표들

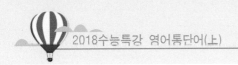

A. 문맥 속 영단어 정성껏 읽어보기(오른쪽 파란색 우리말에 해당하는 왼쪽 영어 떠올려 보기)

01	These aspects(사물의)면,양상 may cover ~	이러한 면들은 ~을 포괄(포함)할 수 있다.
02	physical물리적인 attributes특성,속성 of the brand	그 상표의 물리적 특성(속성)
03	lifestyle association연관성,연상	생활 방식과의 연관성
04	perceptions인식 and impressions인상 that the consumer associates	소비자가 연관 짓는 인식과 인상
05	use occasion시기,(특정한) 때	사용되는 시기
06	a mental map of the product category범주	상품의 범주에 대한 인식도
07	the location위치 of a particular brand	어떤 특정 상표의 위치
08	relative to~와 관련해서 the location of its competitors	그것의 경쟁 상대들의 위치와 관련해서
09	the position of the brand under consideration고려 중인	고려 중인 해당 상표의 위치

B. 빈칸을 영어로(빈칸에 해당하는 오른쪽 우리말에 동그라미 하면서 빈칸 채우기)

01	These a s may cover ~	이러한 면들은 ~을 포괄(포함)할 수 있다.
02	p a s of the brand	그 상표의 물리적 특성(속성)
03	lifestyle a	생활 방식과의 연관성
04	p s and i s that the consumer associates	소비자가 연관 짓는 인식과 인상
05	use o	사용되는 시기
06	a mental map of the product c	상품의 범주에 대한 인식도
07	the l of a particular brand	어떤 특정 상표의 위치
08	r the location of its competitors	그것의 경쟁 상대들의 위치와 관련해서
09	the position of the brand u	고려 중인 해당 상표의 위치

C. 빈칸을 우리말로(빈칸에 해당하는 왼쪽 영어에 동그라미 하면서 빈칸 채우기)

01	These aspects may cover ~	이러한 들은 ~을 포괄(포함)할 수 있다.
02	physical attributes of the brand	그 상표의
03	lifestyle association	생활 방식과의
04	perceptions and impressions that the consumer associates	소비자가 연관 짓는 과
05	use occasion	사용되는
06	a mental map of the product category	상품의 에 대한 인식도
07	the location of a particular brand	어떤 특정 상표의
08	relative to the location of its competitors	그것의 경쟁 상대들의 위치
09	the position of the brand under consideration	해당 상표의 위치

A. 문맥 속 영단어 정성껏 읽어보기(오른쪽 파란색 우리말에 해당하는 왼쪽 영어 떠올려 보기)

01	give meanings to sex categories범주,부문(category)	• 성범주에 의미를 부여하다.
02	maintain유지하다 social distinctions차이,(구별되는) 특징	• 사회적 차이를 유지하다.
03	Such hierarchies체계(hierarchy) are usually built.	• 그러한 체계가 대체로 만들어진다.
04	institutions제도(관습) such as the law and religion종교	• 법 그리고 종교와 같은 제도들
05	formal공식적인 political power	• 공식적인 정치력
06	Men generally earn벌다 more money.	• 남성은 일반적으로 돈을 더 많이 번다.
07	the characteristics특징 that are claimed주장하다	• 주장되어지는 특징들
08	distinguish구분하다 the sexes	• 성을 구분하다.
09	uniform똑같은,일정한 from one culture to another	• 문화마다 똑같은
10	Nor are the distinctions necessarily stable확고한,안정된	• 또한, 그러한 차이는 반드시 확고한 것도 아니다.
11	across historical epochs시대 within a society	• 한 사회 안에서 역사의 여러 시대에 걸쳐
12	the extremity극단(성),극도 of the distinctions	• 극단적인 차별
13	These distinctions are enforced(법률 등을) 시행[적용]하다	• 이러한 차별이 시행되다.
14	vary in the rigidity엄격함	• 엄격함에 있어서 다양하다.

B. 빈칸을 영어로(빈칸에 해당하는 **오른쪽 우리말에 동그라미** 하면서 빈칸 채우기)

01	give meanings to sex c_____	• 성범주에 의미를 부여하다.
02	m_____ social d_____s	• 사회적 차이를 유지하다.
03	Such h_____ are usually built.	• 그러한 체계가 대체로 만들어진다.
04	i_____s such as the law and r_____	• 법 그리고 종교와 같은 제도들
05	f_____ political power	• 공식적인 정치력
06	Men generally e_____ more money.	• 남성은 일반적으로 돈을 더 많이 번다.
07	the c_____s that are c_____ed	• 주장되어지는 특징들
08	d_____ the sexes	• 성을 구분하다.
09	u_____ from one culture to another	• 문화마다 똑같은
10	Nor are the distinctions necessarily s_____.	• 또한, 그러한 차이는 반드시 확고한 것도 아니다.
11	across historical e_____s within a society	• 한 사회 안에서 역사의 여러 시대에 걸쳐
12	the e_____ of the distinctions	• 극단적인 차별
13	These distinctions are e_____d.	• 이러한 차별이 시행되다.
14	vary in the r_____	• 엄격함에 있어서 다양하다.

C. 빈칸을 우리말로(빈칸에 해당하는 **왼쪽 영어에 동그라미** 하면서 빈칸 채우기)

01	give meanings to sex categories	• 성____에 의미를 부여하다.
02	maintain social distinctions	• 사회적 ____를 ____.
03	Such hierarchies are usually built.	• 그러한 ____가 대체로 만들어진다.
04	institutions such as the law and religion	• 법 그리고 ____와 같은 ____들
05	formal political power	• ____ 정치력
06	Men generally earn more money.	• 남성은 일반적으로 돈을 더 많이 ____.
07	the characteristics that are claimed	• ____되어지는 ____들
08	distinguish the sexes	• 성을 ____.
09	uniform from one culture to another	• 문화마다 ____
10	Nor are the distinctions necessarily stable.	• 또한, 그러한 차이는 반드시 ____ 것도 아니다.
11	across historical epochs within a society	• 한 사회 안에서 역사의 여러 ____에 걸쳐
12	the extremity of the distinctions	• ____적인 차별
13	These distinctions are enforced.	• 이러한 차별이 ____되다.
14	vary in the rigidity	• ____에 있어서 다양하다.

A. 문맥 속 영단어 정성껏 읽어보기(오른쪽 파란색 우리말에 해당하는 왼쪽 영어 떠올려 보기)

01	The influential영향력 있는 social psychologist	•	영향력 있는 사회심리학자
02	prefer선호하다 to describe기술하다 the thinking styles as~	•	사고방식을 ~로서 기술하는 것을 선호하다.
03	automatic무의식적인,자동적인 system	•	무의식적인 체계
04	conscious의식적인 system	•	의식적인 체계
05	intuition versus~대(對),~와 대비에서 reasoning	•	직관 대 추론
06	The automatic system is intuitive직관적인	•	무의식적인 체계는 직관적이다.
07	in the sense의미,감각 that+S+V	•	~라는 의미에서
08	be guided by gut직감적인,본능적인 reactions	•	직감적인 반응에 의해 이끌리다.
09	a process과정,처리하다 of carefully thinking	•	면밀하게 생각하는 과정
10	all the implications내포된 뜻,함축 of a problem	•	어떤 문제에 대해 모든 내포된 뜻

B. 빈칸을 영어로(빈칸에 해당하는 오른쪽 우리말에 동그라미 하면서 빈칸 채우기)

01	The i＿＿＿ social psychologist	•	영향력 있는 사회심리학자
02	p＿＿＿ to d＿＿＿ the thinking styles as~	•	사고방식을 ~로써 기술하는 것을 선호하다.
03	a＿＿＿ system	•	무의식적인 체계
04	c＿＿＿ system	•	의식적인 체계
05	intuition v＿＿＿ reasoning	•	직관 대 추론
06	The automatic system is i＿＿＿.	•	무의식적인 체계는 직관적이다.
07	in the s＿＿＿ that+S+V	•	~라는 의미에서
08	be guided by g＿＿＿ reactions	•	직감적인 반응에 의해 이끌리다.
09	a p＿＿＿ of carefully thinking	•	면밀하게 생각하는 과정
10	all the i＿＿＿s of a problem	•	어떤 문제에 대해 모든 내포된 뜻

C. 빈칸을 우리말로(빈칸에 해당하는 왼쪽 영어에 동그라미 하면서 빈칸 채우기)

01	The influential social psychologist	•	＿＿＿ 사회심리학자
02	prefer to describe the thinking styles as~	•	사고방식을 ~로써 ＿＿＿ 것을 ＿＿＿.
03	automatic system	•	＿＿＿ 체계
04	conscious system	•	＿＿＿ 체계
05	intuition versus reasoning	•	직관 ＿＿＿ 추론
06	The automatic system is intuitive.	•	무의식적인 체계는 ＿＿＿이다.
07	in the sense that+S+V	•	~라는 ＿＿＿에서
08	be guided by gut reactions	•	＿＿＿ 반응에 의해 이끌리다.
09	a process of carefully thinking	•	면밀하게 생각하는 ＿＿＿
10	all the implications of a problem	•	어떤 문제에 대해 모든 ＿＿＿

A. 문맥 속 영단어 정성껏 읽어보기(오른쪽 파란색 우리말에 해당하는 왼쪽 영어 떠올려 보기)

01	When you face a decision결정	• 어떤 결정에 직면해 있을 때
02	go with~을 사용하다(받아들이다) your gut feeling	• 당신의 직감적인 느낌을 사용하다.
03	That person is essentially본질적으로 telling you to~	• 그 사람이 본질적으로 여러분에게 ~하라고 말하고 있는 것이다.
04	rely on~에 의존하다 your automatic system	• 여러분의 무의식적인 체계에 의존하다.
05	reason주론하다,판단하다,이성 through the problem logically논리적으로	• 문제를 논리적으로 충분히 추론하다.
06	the highest achievements업적 of culture	• 문화의 최고의 업적
07	the highest advances진보,진전 of culture	• 문화의 최고의 진보
08	the application적용,응용 of careful reasoning	• 면밀한 추론의 적용
09	the province영역,분야,지방 of the conscious system	• 의식적인 체계의 영역

B. 빈칸을 영어로(빈칸에 해당하는 **오른쪽 우리말에 동그라미** 하면서 빈칸 채우기)

01	When you face a d_____	• 어떤 결정에 직면해 있을 때
02	g_____ your gut feeling	• 당신의 직감적인 느낌을 사용하다.
03	That person is e_____ telling you to~	• 그 사람이 본질적으로 여러분에게 ~하라고 말하고 있는 것이다.
04	r_____ your automatic system	• 여러분의 무의식적인 체계에 의존하다.
05	r_____ through the problem l_____	• 문제를 논리적으로 충분히 추론하다.
06	the highest a_____s of culture	• 문화의 최고의 업적
07	the highest a_____s of culture	• 문화의 최고의 진보
08	the a_____ of careful reasoning	• 면밀한 추론의 적용
09	the p_____ of the conscious system	• 의식적인 체계의 영역

C. 빈칸을 우리말로(빈칸에 해당하는 **왼쪽 영어에 동그라미** 하면서 빈칸 채우기)

01	When you face a decision	• 어떤 ____에 직면해 있을 때
02	go with your gut feeling	• 당신의 직감적인 느낌을 ____.
03	That person is essentially telling you to~	• 그 사람이 ____ 여러분에게 ~하라고 말하고 있는 것이다.
04	rely on your automatic system	• 여러분의 무의식적인 체계____.
05	reason through the problem logically	• 문제를 ____ 충분히 ____.
06	the highest achievements of culture	• 문화의 최고의 ____
07	the highest advances of culture	• 문화의 최고의 ____
08	the application of careful reasoning	• 면밀한 추론의 ____
09	the province of the conscious system	• 의식적인 체계의 ____

A. 문맥 속 영단어 정성껏 읽어보기(오른쪽 파란색 우리말에 해당하는 왼쪽 영어 떠올려 보기)

01	Agriculture농업 provided the economic context배경,맥락	● 농업은 경제적 배경을 제공했다.
02	the rise발생,증가 of civilization문명	● 문명의 발생
03	The downside부정적인 면 is that+S+V.	● 부정적인 면은 ~것이다.
04	the technology that we currently현재 enjoy	● 우리가 현재 향유하는 기술
05	large population and its concentration집중화	● 많은 인구와 그것의 집중화
06	provide the essential breeding ground온상지,번식지 [온상지 : 현상이나 사상 따위가 자라나는(breeding: 번식,자람) 장소(ground)]	● 필수적인 온상지를 제공하다.
07	the maintenance지속 of pathogens병원균	● 병원균의 지속(유지)
08	transport of pathogens from host숙주,주인 to host	● 숙주에서 숙주로 병원균의 이동
09	eventually infect감염시키다 many thousands of people	● 결국은 수천 명의 많은 사람들을 감염시키다.
10	in recent최근의 history	● 최근의(근래의) 역사에서

B. 빈칸을 영어로(빈칸에 해당하는 **오른쪽 우리말에 동그라미** 하면서 빈칸 채우기)

01	A＿＿＿ provided the economic c＿＿＿.	● 농업은 경제적 배경을 제공했다.
02	the r＿＿＿ of c＿＿＿	● 문명의 발생
03	The d＿＿＿ is that+S+V.	● 부정적인 면은 ~것이다.
04	the technology that we c＿＿＿ enjoy	● 우리가 현재 향유하는 기술
05	large population and its c＿＿＿	● 많은 인구와 그것의 집중화
06	provide the essential b＿＿＿	● 필수적인 온상지를 제공하다.
07	the m＿＿＿ of p＿＿＿s	● 병원균의 지속(유지)
08	transport of pathogens from h＿＿＿ to h＿＿＿	● 숙주에서 숙주로 병원균의 이동
09	eventually i＿＿＿ many thousands of people	● 결국은 수천 명의 많은 사람들을 감염시키다.
10	in r＿＿＿ history	● 최근의(근래의) 역사에서

C. 빈칸을 우리말로(빈칸에 해당하는 **왼쪽 영어에 동그라미** 하면서 빈칸 채우기)

01	Agriculture provided the economic context.	● ＿＿＿은 경제적 ＿＿＿을 제공했다.
02	the rise of civilization	● ＿＿＿의 ＿＿＿
03	The downside is that+S+V.	● ＿＿＿은 ~것이다.
04	the technology that we currently enjoy	● 우리가 ＿＿＿ 향유하는 기술
05	large population and its concentration	● 많은 인구와 그것의 ＿＿＿
06	provide the essential breeding ground	● 필수적인 ＿＿＿를 제공하다.
07	the maintenance of pathogens	● ＿＿＿의 ＿＿＿
08	transport of pathogens from host to host	● ＿＿＿에서 ＿＿＿로 병원균의 이동
09	eventually infect many thousands of people	● 결국은 수천 명의 많은 사람들을 ＿＿＿.
10	in recent history	● ＿＿＿ 역사에서

A. 문맥 속 영단어 정성껏 읽어보기(오른쪽 파란색 우리말에 해당하는 왼쪽 영어 떠올려 보기)

01	Examples are abundant아주 많은,풍부한	● 사례는 아주 많다(풍부하다).
02	influenza epidemic유행성의,유행성 전염병	● 유행성 독감
03	result in~을 초래하다 the deaths of millions globally	● 전 세계적으로 수백만 명의 사망을 초래하다.
04	an alarming놀라운 increase	● 놀라운 증가
05	new infectious전염하는,쉽게 옮기는 diseases	● 신종 전염병
06	fueled촉발시키다,자극하다 by population increase	● 인구 증가에 의해 촉발된(자극받은)
07	human-to-human transfer이동	● 사람들 사이에 이동(퍼짐)
08	rapidly evolving(evolve: 진화하다,서서히 발전하다) pathogens	● 빠르게 진화하는 병원균
09	diseases reemerge재출현하다	● 질병이 재출현하다.
10	the old diseases such as tuberculosis폐결핵	● 폐결핵과 같이 오래된 질병

B. 빈칸을 영어로(빈칸에 해당하는 오른쪽 우리말에 동그라미 하면서 빈칸 채우기)

01	Examples are a_____.	● 사례는 아주 많다(풍부하다).
02	influenza e_____	● 유행성 독감
03	r_____ the deaths of millions globally	● 전 세계적으로 수백만 명의 사망을 초래하다.
04	an a_____ increase	● 놀라운 증가
05	new i_____ diseases	● 신종 전염병
06	f_____ed by population increase	● 인구 증가에 의해 촉발된(자극받은)
07	human-to-human t_____	● 사람들 사이에 이동(퍼짐)
08	rapidly e_____ pathogens	● 빠르게 진화하는 병원균
09	diseases r_____	● 질병이 재출현하다.
10	the old diseases such as t_____	● 폐결핵과 같이 오래된 질병

C. 빈칸을 우리말로(빈칸에 해당하는 왼쪽 영어에 동그라미 하면서 빈칸 채우기)

01	Examples are abundant.	● 사례는 _____.
02	influenza epidemic	● _____ 독감
03	result in the deaths of millions globally	● 전 세계적으로 수백만 명의 사망_____.
04	an alarming increase	● _____ 증가
05	new infectious diseases	● 신종 _____병
06	fueled by population increase	● 인구 증가에 의해 _____
07	human-to-human transfer	● 사람들 사이에 _____
08	rapidly evolving pathogens	● 빠르게 _____ 병원균
09	diseases reemerge	● 질병이 _____.
10	the old diseases such as tuberculosis	● _____과 같이 오래된 질병

113

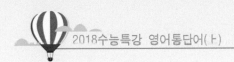
A. 문맥 속 영단어 정성껏 읽어보기(오른쪽 파란색 우리말에 해당하는 왼쪽 영어 떠올려 보기)

01	past accomplishments성과,업적,성취	과거의 성과
02	organization's조직 history	조직의 역사
03	recognize(공적을) 인정하다 goals reached or awards	달성된 목표 또는 수상을 인정하다.
04	honor예우(존중)하다,명예(를 주다) your current현재의 employees	현재의 직원들을 예우하다(예를 갖추어 대우하다).
05	contribute to~에 이바지하다 the accomplishment	성취에 이바지하다.
06	add to the sense of identity정체성	정체성을 증대하다.
07	concerning~에 관하여 their place of employment	자신이 고용되어 있는 곳에 관하여
08	take pride in~을 자랑스럽게 여기다 their place	그들의 장소를 자랑스러워 하다.
09	share공유하다 in the accomplishment	성과를 공유하다.
10	celebrate organization's milestones중요한 일,획기적인 사건	조직의 중요한 일들을 기념하다.
11	the opportunity to express표현하다 this pride	이러한 자부심을 표현하는 기회
12	achieve달성하다 these goals	이러한 목표들을 달성하다.

B. 빈칸을 영어로(빈칸에 해당하는 **오른쪽 우리말에 동그라미** 하면서 빈칸 채우기)

01	past a_____s	과거의 성과
02	o_____'s history	조직의 역사
03	r_____ goals reached or awards	달성된 목표 또는 수상을 인정하다.
04	h_____ your c_____ employees	현재의 직원들을 예우하다.
05	c_____ the accomplishment	성취에 이바지하다.
06	add to the sense of i_____	정체성을 증대하다.
07	c_____ their place of employment	자신이 고용되어 있는 곳에 관하여
08	t_____ their place	그들의 장소를 자랑스러워 하다.
09	s_____ in the accomplishment	성과를 공유하다.
10	celebrate organization's m_____s	조직의 중요한 일들을 기념하다.
11	the opportunity to e_____ this pride	이러한 자부심을 표현하는 기회
12	a_____ these goals	이러한 목표들을 달성하다.

C. 빈칸을 우리말로(빈칸에 해당하는 **왼쪽 영어에 동그라미** 하면서 빈칸 채우기)

01	past accomplishments	과거의 _____
02	organization's history	_____의 역사
03	recognize goals reached or awards	달성된 목표 또는 수상을 _____.
04	honor your current employees	_____ 직원들을 _____.
05	contribute to the accomplishment	성취_____.
06	add to the sense of identity	_____을 증대하다.
07	concerning their place of employment	자신이 고용되어 있는 곳_____
08	take pride in their place	그들의 장소_____.
09	share in the accomplishment	성과를 _____.
10	celebrate organization's milestones	조직의 _____들을 기념하다.
11	the opportunity to express this pride	이러한 자부심을 _____하는 기회
12	achieve these goals	이러한 목표들을 _____

A. 문맥 속 영단어 정성껏 읽어보기(오른쪽 파란색 우리말에 해당하는 왼쪽 영어 떠올려 보기)

01	in a socially responsible책임이 있는 manner	•	사회석으로 책임이 있는 방식으로
02	drop money in a Salvation Army구세군 bucket	•	구세군 자선냄비에 돈을 넣다.
03	spur자극하다 an observer	•	보는 사람을 자극하다.
04	the observation관찰,보는것 of others'behavior	•	다른 사람들의 행동을 보는 것
05	learn appropriate적절한 conduct	•	적절한 행동을 배우다.
06	expose접하게(경험하게)하다,노출시키다 children to~	•	아이들이 ~을 접하게 하다.
07	prosocial친사회적인 television programming	•	친사회적인 텔레비전 프로그램
08	teach them to be cooperative협조적인 and generous관대한	•	그들이 협조적이고 관대하도록 가르치다.
09	in addition to~이외에도 this teaching function기능	•	이러한 가르치는 기능 이외에도
10	serve as a reminder상기시켜 주는 것	•	상기시켜 주는 것으로서 역할을 하다.
11	bring the norm to consciousness인식	•	그 규범을 인식하게 한다.
12	come across우연히 마주치다 an instance of helpfulness	•	도움됨의 사례를 우연히 마주치다.
13	the driver of a disabled고장난,불구가된 car	•	고장난 차의 운전자
14	witness목격하다 another motorist doing so	•	다른 운전자가 그렇게 하는 것을 목격하다.

B. 빈칸을 영어로(빈칸에 해당하는 **오른쪽 우리말에 동그라미** 하면서 빈칸 채우기)

01	in a socially r_____ manner	•	사회적으로 책임이 있는 방식으로
02	drop money in a S_____ bucket	•	구세군 자선냄비에 돈을 넣다.
03	s_____ an observer	•	보는 사람을 자극하다.
04	the o_____ of others'behavior	•	다른 사람들의 행동을 보는 것
05	learn a_____ conduct	•	적절한 행동을 배우다.
06	e_____ children to~	•	아이들이 ~을 접하게 하다.
07	p_____ television programming	•	친사회적인 텔레비전 프로그램
08	teach them to be c_____ and g_____	•	그들이 협조적이고 관대하도록 가르치다.
09	i_____ this teaching f_____	•	이러한 가르치는 기능 이외에도
10	serve as a r_____	•	상기시켜 주는 것으로서 역할을 하다.
11	bring the norm to c_____	•	그 규범을 인식하게 한다.
12	c_____ an instance of helpfulness	•	도움됨의 사례를 우연히 마주치다.
13	the driver of a d_____ car	•	고장난 차의 운전자
14	w_____ another motorist doing so	•	다른 운전자가 그렇게 하는 것을 목격하다.

C. 빈칸을 우리말로(빈칸에 해당하는 **왼쪽 영어에 동그라미** 하면서 빈칸 채우기)

01	in a socially responsible manner	•	사회적으로 _____ 방식으로
02	drop money in a Salvation Army bucket	•	_____ 자선냄비에 돈을 넣다.
03	spur an observer	•	보는 사람을 _____.
04	the observation of others'behavior	•	다른 사람들의 행동을 _____
05	learn appropriate conduct	•	_____ 행동을 배우다.
06	expose children to~	•	아이들이 ~을 _____
07	prosocial television programming	•	_____ 텔레비전 프로그램
08	teach them to be cooperative and generous	•	그들이 _____이고 _____ 가르치다.
09	in addition to this teaching function	•	이러한 가르치는 _____
10	serve as a reminder	•	_____으로서 역할을 하다.
11	bring the norm to consciousness	•	그 규범을 _____하게 한다.
12	come across an instance of helpfulness	•	도움됨의 사례를 _____.
13	the driver of a disabled car	•	_____ 차의 운전자
14	witness another motorist doing so	•	다른 운전자가 그렇게 하는 것을 _____.

115

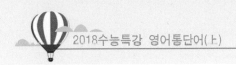
A. 문맥 속 영단어 정성껏 읽어보기(오른쪽 파란색 우리말에 해당하는 왼쪽 영어 떠올려 보기)

01	plot twists반전,비틀다(이야기가 중간에 비틀리면 반전이 되겠죠)	줄거리 반전
02	major story elements요소	이야기의 주요한 요소들
03	prove드러나다,판명되다 to be the opposite	반대로 드러나다.
04	A twist is frequently자주 ironic.	반전은 자주 반어적이다.
05	be caused occasionally by chance우연히	가끔은 우연히 유발된다.
06	a classic전형적인 example of a story	이야기의 전형적인 사례
07	end with a bitter씁쓸한 twist	씁쓸한 반전으로 끝나다.
08	admire a set of combs빗(질하다)	한 세트의 빗을 열망하다.
09	Husband's one possession소유물 is a pocket watch.	남편의 유일한 소유물은 회중시계이다.
10	buy a chain줄,사슬 for her husband's watch	남편의 시계를 위한 줄을 사다.
11	have a powerful impact영향(력)	강력한 영향력을 가지다.
12	Readers relate to~에 공감하다,~와 관계 있다 the story.	독자들은 그 이야기에 공감한다.

B. 빈칸을 영어로(빈칸에 해당하는 **오른쪽 우리말에 동그라미** 하면서 빈칸 채우기)

01	plot t____s	줄거리 반전
02	major story e____s	이야기의 주요한 요소들
03	p____ to be the opposite	반대로 드러나다.
04	A twist is f____ ironic.	반전은 자주 반어적이다.
05	be caused occasionally b____	가끔은 우연히 유발된다.
06	a c____ example of a story	이야기의 전형적인 사례
07	end with a b____ twist	씁쓸한 반전으로 끝나다.
08	admire a set of c____s	한 세트의 빗을 열망하다.
09	Husband's one p____ is a pocket watch.	남편의 유일한 소유물은 회중시계이다.
10	buy a c____ for her husband's watch	남편의 시계를 위한 줄을 사다.
11	have a powerful i____	강력한 영향력을 가지다.
12	Readers r____ the story.	독자들은 그 이야기에 공감한다.

C. 빈칸을 우리말로(빈칸에 해당하는 **왼쪽 영어에 동그라미** 하면서 빈칸 채우기)

01	plot twists	줄거리 ____
02	major story elements	이야기의 주요한 ____들
03	prove to be the opposite	반대로 ____.
04	A twist is frequently ironic.	반전은 ____ 반어적이다.
05	be caused occasionally by chance	가끔은 ____ 유발된다.
06	a classic example of a story	이야기의 ____ 사례
07	end with a bitter twist	____ 반전으로 끝나다.
08	admire a set of combs	한 세트의 ____을 열망하다.
09	Husband's one possession is a pocket watch.	남편의 유일한 ____은 회중시계이다.
10	buy a chain for her husband's watch	남편의 시계를 위한 ____을 사다.
11	have a powerful impact	강력한 ____을 가지다.
12	Readers relate to the story.	독자들은 그 이야기에 ____.

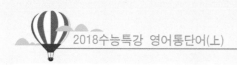
A. 문맥 속 영단어 정성껏 읽어보기(오른쪽 파란색 우리말에 해당하는 왼쪽 영어 떠올려 보기)

01	equipped(장비,능력을)갖추다,갖추게 하다 to think	사고하는 데 (필요한 능력이) 잘 갖추어진
02	This is certainly not the case사실,실제,경우	이것은 확실히 실제(로는) 그렇지 않다.
03	careless무관심한 about their thinking	사고하는 것에 무관심한
04	A miser구두쇠 tries to avoid spending money.	구두쇠는 돈 쓰는 것을 피하려고 애쓴다.
05	use the term용어 'cognitive인지적인 miser'	'인지적 구두쇠'라는 용어를 사용한다.
06	reluctance꺼림,마지못해 함 to do much extra thinking	필요 이상의 많은 사고를 하기를 꺼림
07	People's capacity능력,용량 to think is limited.	사람들의 사고능력은 제한적이다.
08	People must conserve아끼다,보존하다 their thinking.	사람들은 자신들의 사고를 아껴야 한다.
09	There is much evidence증거 that S+V.	~라는 많은 증거가 있다.
10	People's capacity for thinking is already preoccupied사로잡힌,마음을 빼앗긴.	사람들의 사고 능력이 이미 (다른 일에) 사로잡혀 있다.
11	take even more shortcuts지름길,빠르고 쉬운 방법	훨씬 더 많은 손쉬운 방법을 택하다.
12	reduce further추가적인 need for thought	사고에 대한 추가적인 필요를 줄이다.

B. 빈칸을 영어로(빈칸에 해당하는 **오른쪽 우리말에 동그라미** 하면서 빈칸 채우기)

01	e_____ped to think	사고하는 데 (필요한 능력이) 잘 갖추어진
02	This is certainly not the c_____.	이것은 확실히 실제(로는) 그렇지 않다.
03	c_____ about their thinking	사고하는 것에 무관심한
04	A m_____ tries to avoid spending money.	구두쇠는 돈 쓰는 것을 피하려고 애쓴다.
05	use the t_____ 'c_____ miser'	'인지적 구두쇠'라는 용어를 사용한다.
06	r_____ to do much extra thinking	필요 이상의 많은 사고를 하기를 꺼림
07	People's c_____ to think is limited.	사람들의 사고능력은 제한적이다.
08	People must c_____ their thinking.	사람들은 자신들의 사고를 아껴야 한다.
09	There is much e_____ that S+V.	~라는 많은 증거가 있다.
10	People's capacity for thinking is already p_____.	사람들의 사고 능력이 이미 (다른 일에) 사로잡혀 있다.
11	take even more s_____s	훨씬 더 많은 손쉬운 방법을 택하다.
12	reduce f_____ need for thought	사고에 대한 추가적인 필요를 줄이다.

C. 빈칸을 우리말로(빈칸에 해당하는 **왼쪽 영어에 동그라미** 하면서 빈칸 채우기)

01	equipped to think	사고하는 데 (필요한 능력이) 잘 _____
02	This is certainly not the case.	이것은 확실히 _____ 그렇지 않다.
03	careless about their thinking	사고하는 것에 _____
04	A miser tries to avoid spending money.	_____는 돈 쓰는 것을 피하려고 애쓴다.
05	use the term 'cognitive miser'	'_____ 구두쇠'라는 _____를 사용한다.
06	reluctance to do much extra thinking	필요 이상의 많은 사고를 하기를 _____.
07	People's capacity to think is limited.	사람들의 사고_____은 제한적이다.
08	People must conserve their thinking.	사람들은 자신들의 사고를 _____ 한다.
09	There is much evidence that S+V.	~라는 많은 _____가 있다.
10	People's capacity for thinking is already preoccupied.	사람들의 사고 능력이 이미 (다른 일에) _____ 있다.
11	take even more shortcuts	훨씬 더 많은 _____을 택하다.
12	reduce further need for thought	사고에 대한 _____ 필요를 줄이다.

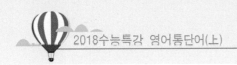
A. 문맥 속 영단어 정성껏 읽어보기(오른쪽 파란색 우리말에 해당하는 왼쪽 영어 떠올려 보기)

01	one of a series of missions임무	일련의 임무들 중 하나
02	in a long-term장기 program	장기 계획에서
03	Mars exploration탐사	화성 탐사
04	The craft우주선 disappeared.	그 우주선이 사라졌다.
05	approach접근하다 Mars	화성에 접근하다.
06	blame비난하다 NASA's new slogan for the failure	NASA의 새로운 슬로건을 그 실패 때문에 비난하다.
07	politicians정치가 and some scientists	정치가들과 몇몇 과학자들
08	figure out~을 알아내다(이해하다) what happened	무슨 일이 벌어졌는지 알아내다.
09	shout ~ from the rooftops옥상	옥상에서 ~을 소리치다. (온 세상 사람들이 다 알게 ~을 말하다) [옥상(rooftop)에서 소리치면 온 세상 사람들이 다 알 수밖에]

B. 빈칸을 영어로(빈칸에 해당하는 **오른쪽 우리말에 동그라미** 하면서 빈칸 채우기)

01	one of a series of m____s	일련의 임무들 중 하나
02	in a l____ program	장기 계획에서
03	Mars e____	화성 탐사
04	The c____ disappeared.	그 우주선이 사라졌다.
05	a____ Mars	화성에 접근하다.
06	b____ NASA's new slogan for the failure	NASA의 새로운 슬로건을 그 실패 때문에 비난하다.
07	p____s and some scientists	정치가들과 몇몇 과학자들
08	f____ what happened	무슨 일이 벌어졌는지 알아내다.
09	shout ~ from the r____s	옥상에서 ~을 소리치다. (온 세상 사람들이 다 알게 ~을 말하다)

C. 빈칸을 우리말로(빈칸에 해당하는 **왼쪽 영어에 동그라미** 하면서 빈칸 채우기)

01	one of a series of missions	일련의 ____들 중 하나
02	in a long-term program	____ 계획에서
03	Mars exploration	화성 ____
04	The craft disappeared.	그 ____이 사라졌다.
05	approach Mars	화성에 ____.
06	blame NASA's new slogan for the failure	NASA의 새로운 슬로건을 그 실패 때문에 ____.
07	politicians and some scientists	____들과 몇몇 과학자들
08	figure out what happened	무슨 일이 벌어졌는지 ____.
09	shout ~ from the rooftops	____에서 ~을 소리치다. (온 세상 사람들이 ____)

A. 문맥 속 영단어 정성껏 읽어보기(오른쪽 파란색 우리말에 해당하는 왼쪽 영어 떠올려 보기)

01	use metric units단위	●	미터법 단위를 사용하다.
02	guide its spacecraft우주선	●	우주선을 유도하다(안내하다).
03	the company they hired고용하다	●	그들이 고용했던 회사
04	engineer제작하다,기술자 the craft	●	그 우주선을 제작하다.
05	its thrust추진력,밀다 data	●	그것의 추진력 데이터
06	plunge(어떤 상태에) 몰아넣다,빠지게 하다 the Orbiter to its doom파멸,(나쁜)운명	●	Orbiter를 파멸로 몰아넣다.
07	soon after the incident사고	●	사고 직후에
08	vice부~,대리의 president for flight systems	●	비행 시스템 부사장
09	master of the obvious빤한,명백한	●	빤한(명백한) 말을 반복하는 데 일가견이 있는 사람(비꼬아서 말하는 부정적 의미)
10	should have converted전환되다,바꾸다 into metric units	●	미터법 단위로 전환되었어야 했다.

B. 빈칸을 영어로(빈칸에 해당하는 **오른쪽 우리말에 동그라미** 하면서 빈칸 채우기)

01	use metric u⬚⬚⬚s	●	미터법 단위를 사용하다.
02	guide its s⬚⬚⬚	●	우주선을 유도하다(안내하다).
03	the company they h⬚⬚d	●	그들이 고용했던 회사
04	e⬚⬚⬚ the craft	●	그 우주선을 제작하다.
05	its t⬚⬚⬚ data	●	그것의 추진력 데이터
06	p⬚⬚ the Orbiter to its d⬚⬚	●	Orbiter를 파멸로 몰아넣다.
07	soon after the i⬚⬚	●	사고 직후에
08	v⬚⬚ president for flight systems	●	비행 시스템 부사장
09	master of the o⬚⬚	●	빤한(명백한) 말을 반복하는 일가견이 있는 사람
10	should have c⬚⬚ed into metric units	●	미터법 단위로 전환되었어야 했다.

C. 빈칸을 우리말로(빈칸에 해당하는 **왼쪽 영어에 동그라미** 하면서 빈칸 채우기)

01	use metric units	●	미터법 ⬚⬚를 사용하다.
02	guide its spacecraft	●	⬚⬚을 유도하다(안내하다).
03	the company they hired	●	그들이 ⬚⬚했던 회사
04	engineer the craft	●	그 우주선을 ⬚⬚.
05	its thrust data	●	그것의 ⬚⬚ 데이터
06	plunge the Orbiter to its doom	●	Orbiter를 ⬚로 ⬚⬚.
07	soon after the incident	●	⬚⬚ 직후에
08	vice president for flight systems	●	비행 시스템 ⬚사장
09	master of the obvious	●	⬚⬚ 말을 반복하는 일가견이 있는 사람
10	should have converted into metric units	●	미터법 단위로 ⬚⬚되었어야 했다.

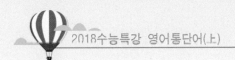
A. 문맥 속 영단어 정성껏 읽어보기(오른쪽 파란색 우리말에 해당하는 왼쪽 영어 떠올려 보기)

01	reduce줄이다 the waste	낭비를 줄이다.
02	a new set of일련의 rules — in essence본질적으로, a new paradigm	새로운 일련의 규칙들—본질적으로, 새로운 패러다임
03	Defects결함,결점 are caused by~	결함은 ~에 의해 야기된다.
04	the way work is performed실행하다	일이 실행되는 방식
05	if work is performed correctly바르게	만약 일이 바르게 실행되면
06	during the work process과정	작업 과정 중에
07	Generally일반적으로, the inspection process exists존재하다 only because of a fear두려움 of mistakes.	일반적으로 검사 과정은 오로지 실수에 대한 두려움 때문에 존재한다.
08	Inspections reveal드러내다 defects.	검사는 결함들을 드러낸다.
09	Defects have already occurred일어나다,생겨나다	결함들이 이미 일어났다.
10	Stated말 되어진,정해진 another way, S+V.	다른 방식으로(달리) 말 되어진다면,~ (참고 : as stated above 위에서 말되어진바와 같이)

B. 빈칸을 영어로(빈칸에 해당하는 **오른쪽 우리말에 동그라미** 하면서 빈칸 채우기)

01	r　　　 the waste	낭비를 줄이다.
02	new s　　 rules — i　　　, a new paradigm	새로운 일련의 규칙들—본질적으로, 새로운 패러다임
03	D　　　s are caused by~	결함은 ~에 의해 야기된다.
04	the way work is p　　ed	일이 실행되는 방식
05	if work is performed c	만약 일이 바르게 실행되면
06	during the work p	작업 과정 중에
07	G　　, the inspection process e　　s only because of a f　　 of mistakes.	일반적으로 검사 과정은 오로지 실수에 대한 두려움 때문에 존재한다.
08	Inspections r　　 defects.	검사는 결함들을 드러낸다.
09	Defects have already o　　red.	결함들이 이미 일어났다.
10	S　　 another way, S+V.	다른 방식으로(달리) 말 되어진다면,~

C. 빈칸을 우리말로(빈칸에 해당하는 **왼쪽 영어에 동그라미** 하면서 빈칸 채우기)

01	reduce the waste	낭비를 　　.
02	a new set of rules — in essence, a new paradigm	새로운 　　 규칙들— 　　 새로운 패러다임
03	Defects are caused by~	은 ~에 의해 야기된다.
04	the way work is performed	일이 　　 방식
05	if work is performed correctly	만약 일이 　　 실행되면
06	during the work process	작업 　　 중에
07	Generally, the inspection process exists only because of a fear of mistakes.	검사 과정은 오로지 실수에 대한 　　 때문에
08	Inspections reveal defects.	검사는 결함들을 　　.
09	Defects have already occurred.	결함들이 이미 　　.
10	Stated another way, S+V.	다른 방식으로(달리) 　　, ~

120

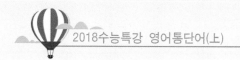
A. 문맥 속 영단어 정성껏 읽어보기(오른쪽 파란색 우리말에 해당하는 왼쪽 영어 떠올려 보기)

01	The inspection검사,점검 discover waste.	● 검사는 낭비를 발견한다.
02	add value가치	● 가치를 더하다.
03	In fact, the inspection becomes another form형태 of waste.	● 사실상 검사는 또 다른 형태의 낭비가 된다.
04	Moreover게다가, this new form of waste is often multilayered다양한,복잡한.	● 게다가, 이 새로운 형태의 낭비는 흔히 다양하다.
05	the time and effort expended(시간·노력을)들이다,소비하다 by the people	● 사람들에 의해 들여진(소비된) 시간과 노력
06	the number of inspection reports that they generate만들어내다,발생시키다	● 그들이 만들어 내는 검사 보고서의 수
07	These reports must be responded to~에 대응(응답)하다.	● 이 보고서에 (적절히) 대응되어져야 한다.
08	These reports must be acted upon~에 따라 조치를 취하다, 영향을 미치다	● 이 보고서에 따라 조치가 취해져야 한다.
09	These reports must be filed철하다 or stored.	● 이 보고서들은 철해지거나 저장되어져야 한다.

B. 빈칸을 영어로(빈칸에 해당하는 **오른쪽 우리말에 동그라미** 하면서 빈칸 채우기)

01	The i_____ discover waste.	● 검사는 낭비를 발견한다.
02	add v_____	● 가치를 더하다.
03	In fact, the inspection becomes another f____ of waste.	● 사실상 검사는 또 다른 형태의 낭비가 된다.
04	M_____, this new form of waste is often m_____.	● 게다가, 이 새로운 형태의 낭비는 흔히 다양하다.
05	the time and effort e_____ed by the people	● 사람들에 의해 들여진(소비된) 시간과 노력
06	the number of inspection reports that they g_____	● 그들이 만들어 내는 검사 보고서의 수
07	These reports must be r_____ed _____	● 이 보고서에 (적절히) 대응되어져야 한다.
08	These reports must be a____ ed _____	● 이 보고서에 따라 조치가 취해져야 한다.
09	These reports must be f____d or stored.	● 이 보고서들은 철해지거나 저장되어져야 한다.

C. 빈칸을 우리말로(빈칸에 해당하는 **왼쪽 영어에 동그라미** 하면서 빈칸 채우기)

01	The inspection discover waste.	● _____는 낭비를 발견한다.
02	add value	● _____를 더하다.
03	In fact, the inspection becomes another form of waste.	● 사실상 검사는 또 다른 ____의 낭비가 된다.
04	Moreover, this new form of waste is often multilayered.	● _____, 이 새로운 형태의 낭비는 흔히 _____.
05	the time and effort expended by the people	● 사람들에 의해 _____ 시간과 노력
06	the number of inspection reports that they generate	● 그들이 _____ 검사 보고서의 수
07	These reports must be responded to	● 이 보고서에 (적절히) _____ 한다.
08	These reports must be acted upon	● 이 보고서에 _____ 한다.
09	These reports must be filed or stored.	● 이 보고서들은 ____지거나 저장되어져야 한다.

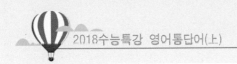

A. 문맥 속 영단어 정성껏 읽어보기(오른쪽 파란색 우리말에 해당하는 왼쪽 영어 떠올려 보기)

01	nineteenth-century writings문서,저술 about disease	질병에 관한 19세기의 문서들
02	offer제공하다 a window into ~	~을 들여다 볼 수 있는 창을 제공하다.
03	earlier conceptions개념,생각 of the body	신체에 대한 초창기의 개념들
04	earlier conceptions of the environment환경	환경에 대한 초창기의 개념
05	Perhaps less obviously분명하게, S+V.	아마도 덜 분명하게(분명하지만), S는 V하다.
06	point to~을 보여주다(가리키다) differences	차이점을 보여 주다.
07	understand the nonhuman인간 이외의 world	인간 이외의 세상을 이해하다.
08	when viewed보다,간주하다 from the perspective관점,시각 of health	건강이라는 관점에서 보여질 때
09	The nineteenth-century environment was neither passive순종적인,수동적인 nor necessarily benign해가 없는,건강에 좋은.	19세기의 환경은 순종적이지도 않았고, 반드시 해가 없는 것도 아니었다. (neither A nor B : A, B 둘다 아닌)
10	in its natural state상태	자연 상태에서
11	The nineteenth-century environment ~. On the contrary그와는 반대로, the natural environment, ~	19세기의 환경은 ~. 그와는 반대로, 자연적인 환경은 ~
12	act on~에 영향을 미치다 settlers'bodies	정착민의 신체에 영향을 미치다.

B. 빈칸을 영어로(빈칸에 해당하는 **오른쪽 우리말에 동그라미** 하면서 빈칸 채우기)

01	nineteenth-century w_____s about disease	질병에 관한 19세기의 문서들
02	o_____ a window into ~	~을 들여다 볼 수 있는 창을 제공하다.
03	earlier c_____s of the body	신체에 대한 초창기의 개념들
04	earlier conceptions of the e_____	환경에 대한 초창기의 개념
05	Perhaps less o_____, S+V.	아마도 덜 분명하게(분명하지만), S는 V하다.
06	p_____ differences	차이점을 보여 주다.
07	understand the n_____ world	인간 이외의 세상을 이해하다.
08	when v_____ed from the p_____ of health	건강이라는 관점에서 보여질 때
09	The nineteenth-century environment was neither p_____ nor necessarily b_____.	19세기의 환경은 순종적이지도 않았고 반드시 해가 없는 것도 아니었다.
10	in its natural s_____	자연 상태에서
11	The nineteenth-century environment ~. O_____, the natural environment, ~	19세기의 환경은 ~. 그와는 반대로, 자연적인 환경은 ~
12	a_____ settlers'bodies	정착민의 신체에 영향을 미치다.

C. 빈칸을 우리말로(빈칸에 해당하는 **왼쪽 영어에 동그라미** 하면서 빈칸 채우기)

01	nineteenth-century writings about disease	질병에 관한 19세기의 ____들
02	offer a window into ~	~을 들여다 볼 수 있는 창을 ____.
03	earlier conceptions of the body	신체에 대한 초창기의 ____들
04	earlier conceptions of the environment	____에 대한 초창기의 개념
05	Perhaps less obviously, S+V.	아마도 덜 ____, S는 V하다.
06	point to differences	차이점을 ____.
07	understand the nonhuman world	인간 이외의 세상을 이해하다.
08	when viewed from the perspective of health	건강이라는 ____에서 ____ 때
09	The nineteenth-century environment was neither passive nor necessarily benign.	19세기의 환경은 ____이지도 않았고 반드시 ____ 것도 아니었다.
10	in its natural state	자연 ____에서
11	The nineteenth-century environment ~. On the contrary, the natural environment, ~	19세기의 환경은 ~. ____, 자연적인 환경은 ~
12	act on settlers'bodies	정착민의 신체____.

122

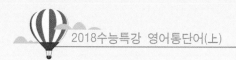
A. 문맥 속 영단어 정성껏 읽어보기(오른쪽 파란색 우리말에 해당하는 왼쪽 영어 떠올려 보기)

01	those environments least가장 적게 touched by the processes of civilization문명	• 문명의 과정에 의해 가장 적게 손을 탄 그런 환경
02	aggressive공격적인,침략적인 ways	• 공격적인 방식
03	unpredictable예측할 수 없는 ways	• 예측할 수 없는 방식
04	untested landscapes지역,지형,풍경	• 검증되지 않은 지역
05	always physically threatening위협하다	• 항상 신체적으로 위협을 주는(위협적인)
06	this fear of distant먼 places	• 먼 지역에 대한 이러한 두려움
07	this fear of unfamiliar낯선 places	• 낯선 지역에 대한 이러한 두려움
08	generate만들어내다,발생시키다 large amounts of popular대중적인,인기 있는 advice	• 수많은 대중적인 조언을 만들어 내다.
09	would-be장차~이 되려고하는,미래의(장래의) settlers and travelers	• 미래의(장래의) 정착자들과 여행객들
10	existing기존의,현재 사용되는 medical and scientific practices행위,실행,관행	• 기존의 의학 및 과학상의 행위(기존의=이미 존재하는)
11	bring the environmental sources근원,원천 of disease into focus	• 질병의 환경적인 근원에 초점을 맞추다.

B. 빈칸을 영어로(빈칸에 해당하는 **오른쪽 우리말에 동그라미** 하면서 빈칸 채우기)

01	those environments l touched by the processes of c	• 문명의 과정에 의해 가장 적게 손을 탄 그런 환경
02	a ways	• 공격적인 방식
03	u ways	• 예측할 수 없는 방식
04	untested l s	• 검증되지 않은 지역
05	always physically t ing	• 항상 신체적으로 위협을 주는(위협적인)
06	this fear of d places	• 먼 지역에 대한 이러한 두려움
07	this fear of u places	• 낯선 지역에 대한 이러한 두려움
08	g large amounts of p advice	• 수많은 대중적인 조언을 만들어 내다.
09	w settlers and travelers	• 미래의(장래의) 정착자들과 여행객들
10	e medical and scientific p s	• 기존의 의학 및 과학상의 행위
11	bring the environmental s s of disease into focus	• 질병의 환경적인 근원에 초점을 맞추다.

C. 빈칸을 우리말로(빈칸에 해당하는 **왼쪽 영어에 동그라미** 하면서 빈칸 채우기)

01	those environments least touched by the processes of civilization	• 과정에 의해 손을 탄 그런 환경
02	aggressive ways	• 방식
03	unpredictable ways	• 방식
04	untested landscapes	• 검증되지 않은
05	always physically threatening	• 항상 신체적으로
06	this fear of distant places	• 지역에 대한 이러한 두려움
07	this fear of unfamiliar places	• 지역에 대한 이러한 두려움
08	generate large amounts of popular advice	• 수많은 조언을 .
09	would-be settlers and travelers	• 정착자들과 여행객들
10	existing medical and scientific practices	• 의학 및 과학상의
11	bring the environmental sources of disease into focus	• 질병의 환경적인 에 초점을 맞추다.

123

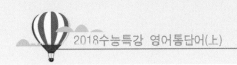

A. 문맥 속 영단어 정성껏 읽어보기(오른쪽 파란색 우리말에 해당하는 왼쪽 영어 떠올려 보기)

01	Social exchanges are governed지배하다 by the norm of reciprocity호혜,상호 이익	사회적 교환은 호혜 규범의 지배를 받는다. [호혜(互惠): 상호 간의(서로 간의) 혜택을 주고받는 일]
02	a favor호의 has been extended베풀다,뻗다,연장하다 to us	호의가 우리에게 베풀어지다. (extend: 도움의 손길을 뻗으면 도움을 베푸는 거니까)
03	We will be motivated자극하다 to return the favor.	우리는 호의를 갚으려고 자극받을 것이다.
04	Social exchanges are fair공정한	사회적 교환이 공정하다.
05	the social structure involved관련된	관련된 사회 구조
06	The social structure tends to be solid견고한	사회 구조는 견고한 경향이 있다.
07	The exchange reinforces강화하다 the relationships.	그 교환이 관계를 강화한다.
08	provide each party당사자,일행,정당 in the exchange with some needed good이익,선	그 교환을 하고 있는 각 당사자에게 어떤 필요한 이익을 제공한다.
09	unstable불안정한 social structure	불안정한 사회구조
10	constantly지속적으로 help another	지속적으로 다른 사람을 돕다.
11	expecting but not getting gratitude감사 in return보답으로	보답으로 감사를 기대하지만 받지 못하는

B. 빈칸을 영어로(빈칸에 해당하는 오른쪽 우리말에 동그라미 하면서 빈칸 채우기)

01	Social exchanges are g_____ed by the norm of r_____.	사회적 교환은 호혜 규범의 지배를 받는다.
02	a f_____ has been e_____ed to us	호의가 우리에게 베풀어지다.
03	We will be m_____d to return the favor.	우리는 호의를 갚으려고 자극받을 것이다.
04	Social exchanges are f_____.	사회적 교환이 공정하다.
05	the social structure i_____	관련된 사회 구조
06	The social structure tends to be s_____.	사회 구조는 견고한 경향이 있다.
07	The exchange r_____s the relationships.	그 교환이 관계를 강화한다.
08	provide each p_____ in the exchange with some needed g_____	그 교환을 하고 있는 각 당사자에게 어떤 필요한 이익을 제공한다.
09	u_____ social structure	불안정한 사회구조
10	c_____ help another	지속적으로 다른 사람을 돕다.
11	expecting but not getting g_____ i_____	보답으로 감사를 기대하지만 받지 못하는

C. 빈칸을 우리말로(빈칸에 해당하는 왼쪽 영어에 동그라미 하면서 빈칸 채우기)

01	Social exchanges are governed by the norm of reciprocity.	사회적 교환은 ____ 규범의 ____를 받는다.
02	a favor has been extended to us	호의가 우리에게 ____지다.
03	We will be motivated to return the favor.	우리는 호의를 갚으려고 ____ 것이다.
04	Social exchanges are fair.	사회적 교환이 ____.
05	the social structure involved	____ 사회 구조
06	The social structure tends to be solid.	사회 구조는 ____ 경향이 있다.
07	The exchange reinforces the relationships.	그 교환이 관계를 ____.
08	provide each party in the exchange with some needed good	그 교환을 하고 있는 각 ____에게 어떤 필요한 ____을 제공한다.
09	unstable social structure	____ 사회구조
10	constantly help another	____ 다른 사람을 돕다.
11	expecting but not getting gratitude in return	____ ____를 기대하지만 받지 못하는

A. 문맥 속 영단어 정성껏 읽어보기(오른쪽 파란색 우리말에 해당하는 왼쪽 영어 떠올려 보기)

01	an aboriginal(호주)원주민의 people living in the deserts	• 사막 지대에 사는 원주민 종족
02	Their culture has been shaped형성하다 by this environment.	• 그들 문화는 이 환경에 의해 형성되었다.
03	the threat of drought가뭄	• 가뭄의 위협
04	ensure보장하다 an abundant풍부한 water supply	• 풍부한 물 공급을 보장하다.
05	the most complex of such rituals의식 on record	• 기록상 가장 복잡한 그런 의식들
06	engage in~을 거행하다,~에 종사하다 a ritual	• 의식을 거행하다.
07	a ritual directed향하게 하다 to the rainmaking beings존재들	• 비를 내리는 존재들에게 향해지는(바치는) 의식
08	this rainmaking ceremony의식	• 이러한 비를 내리는 의식
09	an area away from the main주된 camp	• 주된 야영지(주둔지)로부터 떨어진 지역

B. 빈칸을 영어로(빈칸에 해당하는 **오른쪽 우리말에 동그라미** 하면서 빈칸 채우기)

01	an a people living in the deserts	• 사막 지대에 사는 원주민 종족
02	Their culture has been s d by this environment.	• 그들 문화는 이 환경에 의해 형성되었다.
03	the threat of d	• 가뭄의 위협
04	e an a water supply	• 풍부한 물 공급을 보장하다.
05	the most complex of such r s on record	• 기록상 가장 복잡한 그런 의식들
06	e a ritual	• 의식을 거행하다.
07	a ritual d ed to the rainmaking b	• 비를 내리는 존재들에게 향해지는(바치는) 의식
08	this rainmaking c	• 이러한 비를 내리는 의식
09	an area away from the m camp	• 주된 야영지(주둔지)로부터 떨어진 지역

C. 빈칸을 우리말로(빈칸에 해당하는 **왼쪽 영어에 동그라미** 하면서 빈칸 채우기)

01	an aboriginal people living in the deserts	• 사막 지대에 사는 종족
02	Their culture has been shaped by this environment.	• 그들 문화는 이 환경에 의해 되었다.
03	the threat of drought	• 의 위협
04	ensure an abundant water supply	• 물 공급을 .
05	the most complex of such rituals on record	• 기록상 가장 복잡한 그런 들
06	engage in a ritual	• 의식을 .
07	a ritual directed to the rainmaking beings	• 비를 내리는 에게 의식
08	this rainmaking ceremony	• 이러한 비를 내리는
09	an area away from the main camp	• 야영지(주둔지)로부터 떨어진 지역

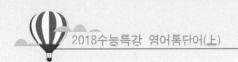

A. 문맥 속 영단어 정성껏 읽어보기(오른쪽 파란색 우리말에 해당하는 왼쪽 영어 떠올려 보기)

01	set up two rainmaking piles더미	두 개의 비를 내리는 더미를 쌓아 올리다.
02	sacred성스러운 stones	신성한 돌멩이들
03	pearl shells조개,껍질	진주조개
04	These piles consist of~으로 구성되다	이 쌓아 올린 더미는 ~로 구성된다.
05	pierce찌르다,관통하다 their arms	팔을 (뾰족한 도구로) 찌르다.
06	sprinkle뿌리다 blood on the piles	그 쌓아 올린 더미에 피를 뿌리다.
07	symbolize상징하다 rain	비를 상징하다.
08	cover the piles with feathers깃털	그 쌓아 올린 더미를 깃털로 덮는다.
09	The rituals have been performed correctly제대로,올바르게.	의식이 제대로(올바르게) 수행되다.

B. 빈칸을 영어로(빈칸에 해당하는 **오른쪽 우리말에 동그라미** 하면서 빈칸 채우기)

01	set up two rainmaking p s	두 개의 비를 내리는 더미를 쌓아 올리다.
02	s stones	신성한 돌멩이들
03	pearl s s	진주조개
04	These piles c	이 쌓아 올린 더미는 ~로 구성된다.
05	p their arms	팔을 (뾰족한 도구로) 찌르다.
06	s blood on the piles	그 쌓아 올린 더미에 피를 뿌리다.
07	s rain	비를 상징하다.
08	cover the piles with f s	그 쌓아 올린 더미를 깃털로 덮는다.
09	The rituals have been performed c .	의식이 제대로(올바르게) 수행되다.

C. 빈칸을 우리말로(빈칸에 해당하는 **왼쪽 영어에 동그라미** 하면서 빈칸 채우기)

01	set up two rainmaking piles	두 개의 비를 내리는 를 쌓아 올리다.
02	sacred stones	돌멩이들
03	pearl shells	진주
04	These piles consist of	이 쌓아 올린 더미는 .
05	pierce their arms	팔을 (뾰족한 도구로) .
06	sprinkle blood on the piles	그 쌓아 올린 더미에 피를 .
07	symbolize rain	비를 .
08	cover the piles with feathers	그 쌓아 올린 더미를 로 덮는다.
09	The rituals have been performed correctly.	의식이 수행되다.

126

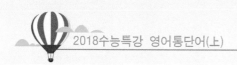
A. 문맥 속 영단어 정성껏 읽어보기(오른쪽 파란색 우리말에 해당하는 왼쪽 영어 떠올려 보기)

01	Without universality보편성 there could be no science of any kind.	•	보편성이 없이는 어떤 종류의 과학도 결코 있을 수 없다.
02	An individual개체,개인,개개의 is only itself and can not explain anything else그 밖의.	•	개체는 그 자체일 뿐이고 그 밖의 어떤 것도 설명할 수 없다.
03	apply적용하다 her general일반적인 knowledge to ~	•	그녀의 일반적인 지식을 ~에 적용하다.
04	study only one patient환자	•	유일한 한 명의 환자만 연구하다.
05	a particular특정한,특별한 patient	•	특정 환자
06	common공통인 to all possible cases	•	모든 가능한 사례에 공통되는
07	medical의학의 school	•	의과 대학
08	the only patient she ever had to treat치료하다	•	그녀가 치료해야 할 유일한 환자
09	as soon as~하자마자 a patient walked into her office	•	환자가 그녀의 진료실로 걸어 들어오자마자
10	totally helpless속수무책인,무력한 in dealing with~을 치료하다,다루다 the new body	•	새로운 신체를 치료하는 데 있어서 완전히 속수무책인
11	give up her practice(의사,변호사 동의)업무,실행,연습	•	그녀의 업무를 포기하다.
12	learn about other cases사례,환자	•	다른 사례들에 관하여 배우다.

B. 빈칸을 영어로(빈칸에 해당하는 **오른쪽 우리말에 동그라미** 하면서 빈칸 채우기)

01	Without u_____ there could be no science of any kind.	•	보편성이 없이는 어떤 종류의 과학도 결코 있을 수 없다.
02	An i_____ is only itself and can not explain anything e_____.	•	개체는 그 자체일 뿐이고 그 밖의 어떤 것도 설명할 수 없다.
03	a_____ her g_____ knowledge to	•	그녀의 일반적인 지식을 ~에 적용하다.
04	study only one p_____	•	유일한 한 명의 환자만 연구하다.
05	a p_____ patient	•	특정 환자
06	c_____ to all possible cases	•	모든 가능한 사례에 공통되는
07	m_____ school	•	의과 대학
08	the only patient she ever had to t_____	•	그녀가 치료해야 할 유일한 환자
09	a_____ a patient walked into her office	•	환자가 그녀의 진료실로 걸어 들어오자마자
10	totally h_____ in d_____ing w_____ the new body	•	새로운 신체를 치료하는 데 있어서 완전히 속수무책인
11	give up her p_____	•	그녀의 업무를 포기하다.
12	learn about other c_____s	•	다른 사례들에 관하여 배우다.

C. 빈칸을 우리말로(빈칸에 해당하는 **왼쪽 영어에 동그라미** 하면서 빈칸 채우기)

01	Without universality there could be no science of any kind.	•	_____이 없이는 어떤 종류의 과학도 결코 있을 수 없다.
02	An individual is only itself and cannot explain anything else.	•	_____는 그 자체일 뿐이고 _____ 어떤 것도 설명할 수 없다.
03	apply her general knowledge to	•	그녀의 _____ 지식을 ~에 _____.
04	study only one patient	•	유일한 한 명의 _____만 연구하다.
05	a particular patient	•	_____ 환자
06	common to all possible cases	•	모든 가능한 사례에 _____
07	medical school	•	_____ 대학
08	the only patient she ever had to treat	•	그녀가 _____해야 할 유일한 환자
09	as soon as a patient walked into her office	•	환자가 그녀의 진료실로 걸어 들어오_____
10	totally helpless in dealing with the new body	•	새로운 신체를 _____ 데 있어서 완전히 _____
11	give up her practice	•	그녀의 _____를 포기하다.
12	learn about other cases	•	다른 _____들에 관하여 배우다.

127

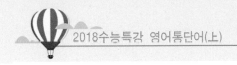
A. 문맥 속 영단어 정성껏 읽어보기(오른쪽 파란색 우리말에 해당하는 왼쪽 영어 떠올려 보기)

01	Journalists(신문,잡지의) 기자 prefer to tell stories about conflict분쟁,갈등.	기자들은 분쟁에 대해 이야기하는 것을 선호한다.
02	News is first and foremost다른 무엇보다도 더 about conflict and disorder혼란,무질서.	뉴스는 다른 무엇보다도 더 분쟁과 혼란에 대한 것이다.
03	protests시위,항의(하다) violence, crime, wars, and disasters재난	시위, 폭력, 범죄, 전쟁, 그리고 재난
04	the most natural material자료 for news reports	뉴스 보도에 가장 자연스러운 자료
05	win awards상 for covering(cover 취재하다) such stories	그런 기사를 취재한 것으로 상을 받다.
06	become war correspondents기자,통신원,특파원,일치하는	종군(군대를 따라다니는)기자가 되다.
07	be considered the height절정,최고조 of professional직업의,전문의 accomplishment	직업적 성취의 절정으로 여겨지다.
08	The very idea of~ sound even contradictory모순된	~라는 바로 그 개념은 심지어 모순된 것처럼 들린다.
09	Peace takes hold뿌리를 내리다,확립되다 in a particular area.	평화가 어떤 특정 지역에 뿌리를 내리다.
10	understand that peace and news make strange bedfellows연관성을 갖는 존재	평화와 뉴스가 뜻밖의(이상한) 연관성을 갖는 존재들이라는 것을 이해하다.

B. 빈칸을 영어로(빈칸에 해당하는 **오른쪽 우리말에 동그라미** 하면서 빈칸 채우기)

01	J_____s prefer to tell stories about c____.	기자들은 분쟁에 대해 이야기하는 것을 선호한다.
02	News is f_____ about conflict and d__.	뉴스는 다른 무엇보다도 더 분쟁과 혼란에 대한 것이다.
03	p_____s violence, crime, wars, and d_____s	시위, 폭력, 범죄, 전쟁, 그리고 재난
04	the most natural m_____ for news reports	뉴스 보도에 가장 자연스러운 자료
05	win a____s for c_____ing such stories	그런 기사를 취재한 것으로 상을 받다.
06	become war c_____s	종군기자가 되다.
07	be considered the height of p_____ accomplishment	직업적 성취의 절정으로 여겨지다.
08	The very idea of~ sound even c_____.	~라는 바로 그 개념은 심지어 모순된 것처럼 들린다.
09	Peace t___s h____ in a particular area.	평화가 어떤 특정 지역에 뿌리를 내리다.
10	understand that peace and news make strange b_____s	평화와 뉴스가 뜻밖의(이상한) 연관성을 갖는 존재들이라는 것을 이해하다.

C. 빈칸을 우리말로(빈칸에 해당하는 **왼쪽 영어에 동그라미** 하면서 빈칸 채우기)

01	Journalists prefer to tell stories about conflict.	____들은 ____에 대해 이야기하는 것을 선호한다.
02	News is first and foremost about conflict and disorder.	뉴스는 _____ 분쟁과 ____에 대한 것이다.
03	protests violence, crime, wars, and disasters	____, 폭력, 범죄, 전쟁, 그리고 ____
04	the most natural material for news reports	뉴스 보도에 가장 자연스러운 ____
05	win awards for covering such stories	그런 기사를 ____한 것으로 ____을 받다.
06	become war correspondents	종군____가 되다.
07	be considered the height of professional accomplishment	____ 성취의 ____으로 여겨지다.
08	The very idea of~ sound even contradictory.	~라는 바로 그 개념은 심지어 ____ 것처럼 들린다.
09	Peace takes hold in a particular area.	평화가 어떤 특정 지역에 ____.
10	understand that peace and news make strange bedfellows	평화와 뉴스가 뜻밖의(이상한) ____ _____들이라는 것을 이해하다.

128

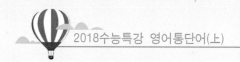
A. 문맥 속 영단어 정성껏 읽어보기(오른쪽 파란색 우리말에 해당하는 왼쪽 영어 떠올려 보기)

01	to a large extent정도,크기,넓이	•	상당한 정도로
02	the success of an organization조직	•	한 조직의 성공
03	require an atmosphere분위기	•	분위기를 필요로 하다.
04	a free flow흐름 of information—upward, downward, and horizontally수평으로	•	위로, 아래로, 그리고 수평으로 자유로운 정보의 흐름
05	the primary주요한,첫째의 goal at the workplace직장	•	직장에서 주요한 목표
06	instructions지시, guidelines, supervision관리, and monitoring	•	지시, 지침, 관리 그리고 감시
07	periodic주기적인,정기적인 reporting	•	주기적인 보고
08	achieve달성하다,성취하다 more than the set task과업	•	정해진 과업 그 이상을 달성하다.
09	a real involvement참여,관여 of all employees	•	모든 직원들의 실질적인 참여
10	This cooperation can be secured확보하다 by ~ing.	•	이러한 협력은 ~함으로써 확보될 수 있다.
11	allow every level지위,수준 of employee to suggest ideas	•	모든 지위(직위)의 직원이 아이디어를 제안하도록 허용하다.

B. 빈칸을 영어로(빈칸에 해당하는 **오른쪽 우리말에 동그라미** 하면서 빈칸 채우기)

01	to a large e	•	상당한 정도로
02	the success of an o	•	한 조직의 성공
03	require an a	•	분위기를 필요로 하다.
04	a free f of information—upward, downward, and h	•	위로, 아래로, 그리고 수평으로 자유로운 정보의 흐름
05	the p goal at the w	•	직장에서 주요한 목표
06	i s, guidelines, s , and monitoring	•	지시, 지침, 관리 그리고 감시
07	p reporting	•	주기적인 보고
08	a more than the set t	•	정해진 과업 그 이상을 달성하다.
09	a real i of all employees	•	모든 직원들의 실질적인 참여
10	This cooperation can be s d by ~ing.	•	이러한 협력은 ~함으로써 확보될 수 있다.
11	allow every l of employee to suggest ideas	•	모든 지위(직위)의 직원이 아이디어를 제안하도록 허용하다.

C. 빈칸을 우리말로(빈칸에 해당하는 **왼쪽 영어에 동그라미** 하면서 빈칸 채우기)

01	to a large extent	•	상당한 로
02	the success of an organization	•	한 의 성공
03	require an atmosphere	•	를 필요로 하다.
04	a free flow of information—upward, downward, and horizontally	•	위로, 아래로, 그리고 자유로운 정보의
05	the primary goal at the workplace	•	에서 목표
06	instructions, guidelines, supervision, and monitoring	•	, 지침, 그리고 감시
07	periodic reporting	•	보고
08	achieve more than the set task	•	정해진 그 이상을 .
09	a real involvement of all employees	•	모든 직원들의 실질적인
10	This cooperation can be secured by ~ing.	•	이러한 협력은 ~함으로써 될 수 있다.
11	allow every level of employee to suggest ideas	•	모든 의 직원이 아이디어를 제안하도록 허용하다.

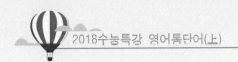
A. 문맥 속 영단어 정성껏 읽어보기(오른쪽 파란색 우리말에 해당하는 왼쪽 영어 떠올려 보기)

01	express표현하다 their views	•	그들의 견해를 표현하다.
02	share공유하다 their experiences	•	그들의 경험을 공유하다.
03	such그러한 a system of communication	•	그러한 의사소통 체계
04	be established확립하다,수립하다 within the organization by the manager관리자	•	조직 내에서 관리자에 의해서만 확립된다.
05	the manager functions기능하다 as~	•	관리자는 ~로서 기능한다.
06	the point of intersection교차(점) for all communication channels경로,통로,해협	•	모든 의사소통 통로(경로)를 위한 교차점
07	the most important concerns(종종 복수로)관심사,일 of the manager	•	관리자의 가장 중요한 관심사(일)
08	organize조직하다,체계화하다 an effective information system	•	효과적인 정보 체계를 조직하다(세우다).
09	ensure보장하다,확실히하다 an effective information system	•	효과적인 정보 체계를 보장하다.
10	across the organization조직	•	조직 전체에 걸쳐

B. 빈칸을 영어로(빈칸에 해당하는 **오른쪽 우리말에 동그라미** 하면서 빈칸 채우기)

01	e　　　 their views	•	그들의 견해를 표현하다.
02	s　　　 their experiences	•	그들의 경험을 공유하다.
03	s　　 a system of communication	•	그러한 의사소통 체계
04	be e　　ed within the organization by the m	•	조직 내에서 관리자에 의해서만 확립된다.
05	the manager f　　　s as~	•	관리자는 ~로서 기능한다.
06	the point of i　　　　　 for all communication c　　　　s	•	모든 의사소통 통로(경로)를 위한 교차점
07	the most important c　　s of the manager	•	관리자의 가장 중요한 관심사(일)
08	o　　　　 an effective information system	•	효과적인 정보 체계를 조직하다(세우다).
09	e　　　 an effective information system	•	효과적인 정보 체계를 보장하다.
10	across the o	•	조직 전체에 걸쳐

C. 빈칸을 우리말로(빈칸에 해당하는 **왼쪽 영어에 동그라미** 하면서 빈칸 채우기)

01	express their views	•	그들의 견해를 　　　.
02	share their experiences	•	그들의 경험을 　　　.
03	such a system of communication	•	의사소통 체계
04	be established within the organization by the manager	•	조직 내에서 　　에 의해서만 　　　.
05	the manager functions as~	•	관리자는 ~로서 　　　.
06	the point of intersection for all communication channels	•	모든 의사소통 　　　를 위한
07	the most important concerns of the manager	•	관리자의 가장 중요한
08	organize an effective information system	•	효과적인 정보 체계를 　　　.
09	ensure an effective information system	•	효과적인 정보 체계를 　　　.
10	across the organization	•	전체에 걸쳐

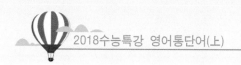
A. 문맥 속 영단어 정성껏 읽어보기(오른쪽 파란색 우리말에 해당하는 왼쪽 영어 떠올려 보기)

01	mass대중,대량 communications	●	매스컴(대중 전달)
02	require필요로 하다 technology	●	기술을 필요로 하다.
03	quickly set up lines of type활자,유형	●	활자의 행을 신속히 만들다.
04	rely on electronics전자기기,전자공학	●	전자기기에 의존한다.
05	movable가동(성)의,움직일 수 있는 type	●	가동(可動) 활자(낱낱으로 독립된 활자)
06	invent the printing press인쇄기	●	인쇄기를 발명하다.
07	be originally원래 operated by hand	●	원래 손으로 조작된다.
08	Gutenberg is credited(~의)공로로 여기다,신용(하다) with inventing movable type.	●	Gutenberg는 가동 활자를 발명한 공로가 있는 것으로 여겨진다.
09	Many scholars학자 believe that+S+V.	●	많은 학자들은 ~라고 믿는다.
10	Movable type originated생기다,시작하다 in China.	●	가동 활자가 중국에서 생겼다.

B. 빈칸을 영어로(빈칸에 해당하는 **오른쪽 우리말에 동그라미** 하면서 빈칸 채우기)

01	m communications	●	매스컴(대중 전달)
02	r technology	●	기술을 필요로 하다.
03	quickly set up lines of t	●	활자의 행을 신속히 만들다.
04	rely on e	●	전자기기에 의존한다.
05	m type	●	가동 활자(낱낱으로 독립된 활자)
06	invent the p p	●	인쇄기를 발명하다.
07	be o operated by hand	●	원래 손으로 조작된다.
08	Gutenberg is c ed with inventing movable type.	●	Gutenberg는 가동 활자를 발명한 공로가 있는 것으로 여겨진다.
09	Many s s believe that+S+V.	●	많은 학자들은 ~라고 믿는다.
10	Movable type o d in China.	●	가동 활자가 중국에서 생겼다.

C. 빈칸을 우리말로(빈칸에 해당하는 **왼쪽 영어에 동그라미** 하면서 빈칸 채우기)

01	mass communications	●	매스컴(전달)
02	require technology	●	기술을 .
03	quickly set up lines of type	●	의 행을 신속히 만들다.
04	rely on electronics	●	에 의존한다.
05	movable type	●	활자(낱낱으로 독립된 활자)
06	invent the printing press	●	를 발명하다.
07	be originally operated by hand	●	손으로 조작된다.
08	Gutenberg is credited with inventing movable type.		Gutenberg는 가동 활자를 발명한 .
09	Many scholars believe that+S+V.	●	많은 들은 ~라고 믿는다.
10	Movable type originated in China.	●	가동 활자가 중국에서 .

A. 문맥 속 영단어 정성껏 읽어보기(오른쪽 파란색 우리말에 해당하는 왼쪽 영어 떠올려 보기)

01	Gutenberg did popularize보급하다,대중화하다 it in Europe.	•	Gutenberg는 유럽에서 그것을 실제로 보급했다.
02	a significant상당한,중대한 improvement over earlier forms of bookmaking서적제작(업)	•	이전의 서적 제작업 형태보다 상당한 개선(을 보여주었다)
03	involve포함하다 handwritten manuscripts원고,필사본	•	손으로 쓴 원고들을 포함하다.
04	the use of carved(글씨를)새기다 woodblocks목판	•	글씨가 새겨진 목판(木版)의 사용
05	made printing인쇄,인쇄술,인쇄물 faster and easier	•	인쇄를 더 빠르고 더 쉽게 만들었다.
06	print documents문서,서류	•	문서를 인쇄하다.
07	this new efficiency효율(성) in printing	•	인쇄술에 있어서 이러한 새로운 효율성
08	reduce줄이다 the cost of printing documents	•	문서를 인쇄하는 비용을 줄이다.
09	Books became less expensive값비싼.	•	서적이 덜 비싸지게 되었다.

B. 빈칸을 영어로(빈칸에 해당하는 **오른쪽 우리말에 동그라미** 하면서 빈칸 채우기)

01	Gutenberg did p⬚ it in Europe.	•	Gutenberg는 유럽에서 그것을 실제로 보급했다.
02	a s⬚ improvement over earlier forms of b⬚	•	이전의 서적 제작업 형태보다 상당한 개선(을 보여주었다)
03	i⬚ handwritten m⬚s	•	손으로 쓴 원고들을 포함하다.
04	the use of c⬚d woodblocks	•	글씨가 새겨진 목판(木版)의 사용
05	made p⬚ faster and easier	•	인쇄를 더 빠르고 더 쉽게 만들었다.
06	print d⬚s	•	문서를 인쇄하다.
07	this new e⬚ in printing	•	인쇄술에 있어서 이러한 새로운 효율성
08	r⬚ the cost of printing documents	•	문서를 인쇄하는 비용을 줄이다.
09	Books became less e⬚.	•	서적이 덜 비싸지게 되었다.

C. 빈칸을 우리말로(빈칸에 해당하는 **왼쪽 영어에 동그라미** 하면서 빈칸 채우기)

01	Gutenberg did popularize it in Europe.	•	Gutenberg는 유럽에서 그것을 실제로 ⬚했다.
02	a significant improvement over earlier forms of bookmaking	•	이전의 ⬚ 형태보다 ⬚ 개선(을 보여주었다)
03	involve handwritten manuscripts	•	손으로 쓴 ⬚들을 ⬚.
04	the use of carved woodblocks	•	⬚ 목판(木版)의 사용
05	made printing faster and easier	•	⬚를 더 빠르고 더 쉽게 만들었다.
06	print documents	•	⬚를 인쇄하다.
07	this new efficiency in printing	•	인쇄술에 있어서 이러한 새로운 ⬚
08	reduce the cost of printing documents	•	문서를 인쇄하는 비용을 ⬚.
09	Books became less expensive.	•	서적이 덜 ⬚ 되었다.

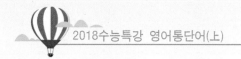

A. 문맥 속 영단어 정성껏 읽어보기(오른쪽 파란색 우리말에 해당하는 왼쪽 영어 떠올려 보기)

01	collect survey(설문)조사 data	•	(설문)조사 자료를 수집하다.
02	tremendous엄청난 numbers of psychological studies	•	엄청난 수의 심리학 연구들
03	rely on~에 의존하다 the self-reports of individuals개인	•	개인의 자기 보고에 의존하다.
04	have important drawbacks결점,약점	•	중요한 결점을 가지다.
05	capture파악하다,붙잡다,포획(하다) their true thoughts	•	그들의 진정한 생각을 파악하다.
06	detect알아내다 when people might not be giving truthful answers	•	언제 사람들이 혹시 정직한 답변을 하지 않고 있는 지를 알아내다.
07	accurately정확히 remember our recent최근의 experiences	•	우리의 최근의 경험들을 정확히 기억하다.
08	recall기억해 내다,떠올리다 when events occurred	•	사건이 언제 일어났는지를 기억해 내다.
09	People's answers are influenced영향(을 미치다) by~	•	사람들의 답변은 ~에 의해 영향을 받는다.
10	how the questions are stated진술하다	•	질문이 진술되는 방법
11	the order of question presentation제시,제출	•	질문을 제시하는 순서
12	Survey methodology방법론 is a large specialty전문 area within psychology.	•	설문 조사 방법론은 심리학에서 광범위한 전문 영역이다.

B. 빈칸을 영어로(빈칸에 해당하는 **오른쪽 우리말에 동그라미** 하면서 빈칸 채우기)

01	collect s data	•	(설문)조사 자료를 수집하다.
02	t numbers of psychological studies	•	엄청난 수의 심리학 연구들
03	r the self-reports of i s	•	개인의 자기 보고에 의존하다.
04	have important d s	•	중요한 결점을 가지다.
05	c their true thoughts	•	그들의 진정한 생각을 파악하다.
06	d when people might not be giving truthful answers	•	언제 사람들이 혹시 정직한 답변을 하지 않고 있는 지를 알아내다.
07	a remember our r experiences	•	우리의 최근의 경험들을 정확히 기억하다.
08	r when events occurred	•	사건이 언제 일어났는지를 기억해 내다.
09	People's answers are i d by~	•	사람들의 답변은 ~에 의해 영향을 받는다.
10	how the questions are s d	•	질문이 진술되는 방법
11	the order of question p	•	질문을 제시하는 순서
12	Survey m is a large s area within psychology.	•	설문 조사 방법론은 심리학에서 광범위한 전문 영역이다.

C. 빈칸을 우리말로(빈칸에 해당하는 **왼쪽 영어에 동그라미** 하면서 빈칸 채우기)

01	collect survey data	•	자료를 수집하다.
02	tremendous numbers of psychological studies	•	수의 심리학 연구들
03	rely on the self-reports of individuals	•	의 자기 보고 .
04	have important drawbacks	•	중요한 을 가지다.
05	capture their true thoughts	•	그들의 진정한 생각을 .
06	detect when people might not be giving truthful answers	•	언제 사람들이 혹시 정직한 답변을 하지 않고 있는 지를 .
07	accurately remember our recent experiences	•	우리의 경험들을 기억하다.
08	recall when events occurred	•	사건이 언제 일어났는지를 .
09	People's answers are influenced by~	•	사람들의 답변은 ~에 의해 을 받는다.
10	how the questions are stated	•	질문이 되는 방법
11	the order of question presentation	•	질문을 하는 순서
12	Survey methodology is a large specialty area within psychology.	•	설문 조사 은 심리학에서 광범위한 영역이다.

A. 문맥 속 영단어 정성껏 읽어보기(오른쪽 파란색 우리말에 해당하는 왼쪽 영어 떠올려 보기)

01	affect psychology indirectly간접적으로	•	간접적으로 심리 상태에 영향을 미치다.
02	serve as~로서 역할을 하다 models to imitate모방하다	•	모방할 본보기(모델)로서 역할을 하다.
03	the manner in which parents treat대(우)하다 each other	•	부모가 서로를 대하는 방식
04	interact상호작용하다 with people	•	사람들과 상호작용하다.
05	gender성,성별 images in the media	•	대중 매체에서의 성에 대한 이미지
06	another indirect social influence on psychology심리상태,심리학	•	심리 상태에 미치는 또 하나의 간접적인 사회적 영향
07	These images present제시하다 activities as~	•	이러한 이미지는 (사회)활동을 ~로서 제시하다.
08	images that viewers보는 사람 utilize활용하다	•	보는 사람들이 활용하는 이미지
09	fashion형성하다,방식 psychological phenomenon현상	•	심리적인 현상을 형성하다.
12	directly forced강요받는 to	•	~하도록 직접적으로 강요받는

B. 빈칸을 영어로(빈칸에 해당하는 **오른쪽 우리말에 동그라미** 하면서 빈칸 채우기)

01	affect psychology i	•	간접적으로 심리 상태에 영향을 미치다.
02	s models to i	•	모방할 본보기(모델)로서 역할을 하다.
03	the manner in which parents t each other	•	부모가 서로를 대하는 방식
04	i with people	•	사람들과 상호작용하다.
05	g images in the media	•	대중 매체에서의 성에 대한 이미지
06	another indirect social influence on p	•	심리 상태에 미치는 또 하나의 간접적인 사회적 영향
07	These images p activities as~	•	이러한 이미지는 (사회)활동을 ~로서 제시하다.
08	images that v s u	•	보는 사람들이 활용하는 이미지
09	f psychological p	•	심리적인 현상을 형성하다.
10	directly f to	•	~하도록 직접적으로 강요받는

C. 빈칸을 우리말로(빈칸에 해당하는 **왼쪽 영어에 동그라미** 하면서 빈칸 채우기)

01	affect psychology indirectly	•	심리 상태에 영향을 미치다.
02	serve as models to imitate	•	할 본보기(모델) .
03	the manner in which parents treat each other	•	부모가 서로를 방식
04	interact with people	•	사람들과 .
05	gender images in the media	•	대중 매체에서의 에 대한 이미지
06	another indirect social influence on psychology	•	에 미치는 또 하나의 간접적인 사회적 영향
07	These images present activities as~	•	이러한 이미지는 (사회)활동을 ~로서 .
08	images that viewers utilize	•	들이 이미지
09	fashion psychological phenomenon	•	심리적인 을 .
10	directly forced to	•	~하도록 직집적으로

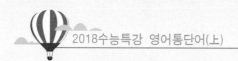
A. 문맥 속 영단어 정성껏 읽어보기(오른쪽 파란색 우리말에 해당하는 왼쪽 영어 떠올려 보기)

01	act in particular특정한 ways	• 특정한 방식으로 행동하다.
02	act in those stereotypical틀에 박힌,진부한 ways	• 그런 틀에 박힌 방식으로 행동하다.
03	threaten위협하다 with punishment(처)벌	• 처벌하겠다고 위협하다.
04	Viewers strive노력하다 to imitate ~	• 보는 사람들이 ~을 모방하려고 노력하다.
05	A particular model is pervasive널리 퍼져 있는	• 특정한 본보기가 널리 퍼져 있다.
06	magazine articles기사	• 잡지 기사
07	educational materials자료	• 교육 자료
08	the models they adopt(채)택하다	• 그들이 채택하는 본보기들
09	influenced by the pervasiveness널리 퍼짐 of the model	• 본보기의 널리 퍼짐에 의해 영향을 받는
10	agreement일치,동의 with their role	• 그들의 역할과 일치(하는 것)

B. 빈칸을 영어로(빈칸에 해당하는 오른쪽 우리말에 동그라미 하면서 빈칸 채우기)

01	act in p ways	• 특정한 방식으로 행동하다.
02	act in those s ways	• 그런 틀에 박힌 방식으로 행동하다.
03	t with p	• 처벌하겠다고 위협하다.
04	Viewers s to imitate ~	• 보는 사람들이 ~을 모방하려고 노력하다.
05	A particular model is p .	• 특정한 본보기가 널리 퍼져 있다.
06	magazine a s	• 잡지 기사
07	educational m s	• 교육 자료
08	the models they a	• 그들이 채택하는 본보기들
09	influenced by the p of the model	• 본보기의 널리 퍼짐에 의해 영향을 받는
10	a with their role	• 그들의 역할과 일치(하는 것)

C. 빈칸을 우리말로(빈칸에 해당하는 왼쪽 영어에 동그라미 하면서 빈칸 채우기)

01	act in particular ways	• 방식으로 행동하다.
02	act in those stereotypical ways	• 그런 방식으로 행동하다.
03	threaten with punishment	• 하겠다고 .
04	Viewers strive to imitate ~	• 보는 사람들이 ~을 모방하려고 .
05	A particular model is pervasive.	• 특정한 본보기가 있다.
06	magazine articles	• 잡지
07	educational materials	• 교육
08	the models they adopt	• 그들이 하는 본보기들
09	influenced by the pervasiveness of the model	• 본보기의 에 의해 영향을 받는
10	agreement with their role	• 그들의 역할과 (하는 것)

135

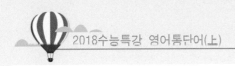

A. 문맥 속 영단어 정성껏 읽어보기(오른쪽 파란색 우리말에 해당하는 왼쪽 영어 떠올려 보기)

01	the term용어 'fact'be normally reserved마련(준비)해 두다 for~	•	사실이라는 용어는 ~을 위해 준비(마련)된다.
02	true observation관찰	•	참인 관찰
03	true explanation설명	•	참인 설명
04	claim주장하다 that anything is absolutely절대적으로 true	•	어떤 것이 절대적으로 참이라고 주장하다.
05	At most기껏해야, they would claim that+S+V.	•	기껏해야 그들은 ~라고 주장할 것이다.
06	the preponderance(힘이나 수에서)우세 of evidence	•	증거의 (수적인) 우세
07	a simple observation statement진술,말	•	간단한 관찰 진술
08	the result of an illusion착각,환상	•	착각의 결과
09	sliced자르다,썰다 in two on a stage무대	•	무대 위에서 두 부분으로 잘리는

B. 빈칸을 영어로(빈칸에 해당하는 **오른쪽 우리말에 동그라미** 하면서 빈칸 채우기)

01	the t____ 'fact'be normally r____d for~	•	사실이라는 용어는 ~을 위해 준비(마련)된다.
02	true o____	•	참인 관찰
03	true e____	•	참인 설명
04	c____ that anything is a____ true	•	어떤 것이 절대적으로 참이라고 주장하다.
05	A____, they would claim that+S+V.	•	기껏해야 그들은 ~라고 주장할 것이다.
06	the p____ of evidence	•	증거의 (수적인) 우세
07	a simple observation s____	•	간단한 관찰 진술
08	the result of an i____	•	착각의 결과
09	s____d in two on a s____	•	무대 위에서 두 부분으로 잘리는

C. 빈칸을 우리말로(빈칸에 해당하는 **왼쪽 영어에 동그라미** 하면서 빈칸 채우기)

01	the term'fact'be normally reserved for~	•	사실이라는 ____는 ~을 위해 ____.
02	true observation	•	참인 ____
03	true explanation	•	참인 ____
04	claim that anything is absolutely true	•	어떤 것이 ____ 참이라고 ____.
05	At most, they would claim that+S+V.	•	____ 그들은 ~라고 주장할 것이다.
06	the preponderance of evidence	•	증거의 ____
07	a simple observation statement	•	간단한 관찰 ____
08	the result of an illusion	•	____의 결과
09	sliced in two on a stage	•	____ 위에서 두 부분으로 ____

136

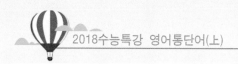

A. 문맥 속 영단어 정성껏 읽어보기(오른쪽 파란색 우리말에 해당하는 왼쪽 영어 떠올려 보기)

01	the senseless몰지각한,무의미한 crime committed저지르다 by the magician	● 마술사에 의해 저질러진 몰지각한 범죄
02	Observations are theory-laden특정 이론에 근거한	● 관찰은 특정 이론에 근거한다.
03	an appropriate적절한 background	● 적절한 배경
04	a theoretical이론적인 background	● 이론적 배경
05	in order to observe관찰하다 what your eyes see	● 여러분의 눈이 보는 것을 관찰하기 위해
06	observe within the theoretical framework틀,뼈대	● 이론적 틀 안에서 관찰하다.
07	entertainment오락 by illusion	● 착각에 의한 오락
08	what you see is almost certainly not what it appears~로 보이다 to be	● 여러분이 보는 것은 거의 틀림없이 보이는 그대로가 아니다.
09	horrified겁에 질린 by the illusion	● 착각에 의해 겁에 질린

B. 빈칸을 영어로(빈칸에 해당하는 **오른쪽 우리말에 동그라미** 하면서 빈칸 채우기)

01	the s_____ crime c_____ted by the magician	● 마술사에 의해 저질러진 몰지각한 범죄
02	Observations are t_____.	● 관찰은 특정 이론에 근거한다.
03	an a_____ background	● 적절한 배경
04	a t_____ background	● 이론적 배경
05	in order to o_____ what your eyes see	● 여러분의 눈이 보는 것을 관찰하기 위해
06	observe within the theoretical f_____	● 이론적 틀 안에서 관찰하다.
07	e_____ by illusion	● 착각에 의한 오락
08	what you see is almost certainly not what it a_____s to be	● 여러분이 보는 것은 거의 틀림없이 보이는 그대로가 아니다.
09	h_____ by the illusion	● 착각에 의해 겁에 질린

C. 빈칸을 우리말로(빈칸에 해당하는 **왼쪽 영어에 동그라미** 하면서 빈칸 채우기)

01	the senseless crime committed by the magician	● 마술사에 의해 ___진 ___ 범죄
02	Observations are theory-laden.	● 관찰은 ___ 한다.
03	an appropriate background	● ___ 배경
04	a theoretical background	● ___ 배경
05	in order to observe what your eyes see	● 여러분의 눈이 보는 것을 ___ 위해
06	observe within the theoretical framework	● 이론적 ___ 안에서 관찰하다.
07	entertainment by illusion	● 착각에 의한 ___
08	what you see is almost certainly not what it appears to be	● 여러분이 보는 것은 거의 틀림없이 ___ 그대로가 아니다.
09	horrified by the illusion	● 착각에 의해 ___

A. 문맥 속 영단어 정성껏 읽어보기(오른쪽 파란색 우리말에 해당하는 왼쪽 영어 떠올려 보기)

01	The replacement대체 theory holds주장하다,생각하다,갖다 that+S+V.	대체이론은 ~라고 주장한다.
02	New information replaces대체하다 old information.	신 정보가 구 정보를 대체한다.
03	Misleading속이다,잘못 이끌다 information replaces the original본래의,독창적인 memories of people.	거짓(속이는) 정보가 사람들의 원래의 기억을 대체한다.
04	a car accident사고	자동차 사고
05	ask leading questions유도질문,유도신문 to make the people think ~	사람들이 ~라고 생각하도록 만드는 유도질문을 하다.
06	see a yield양보(하다) sign	양보 표지판(신호)을 보다.
07	actually실제로,사실상 show a stop sign	실제로는 정지 표지(판)를 보여 주다.
08	later gather모이다 together	나중에 함께 모이다.
09	be told the purpose목적 behind the experiment	실험의 숨겨진 목적을 듣다.
10	the group that was misled속임을 당한	속임을 당한 집단(mislead-misled-misled)
11	claimed they were not deceived속이다	그들은 속지 않았다고 주장했다.
12	conclude결론짓다 that the implanted주입하다 memory replaced the actual one	주입된 기억이 실제 기억을 대체한다고 결론짓다.

B. 빈칸을 영어로(빈칸에 해당하는 **오른쪽 우리말에 동그라미** 하면서 빈칸 채우기)

01	The r_____ theory h___s that+S+V.	대체이론은 ~라고 주장한다.
02	New information r___s old information.	신 정보가 구 정보를 대체한다.
03	M____ing information replaces the o____ memories of people.	거짓(속이는) 정보가 사람들의 원래의 기억을 대체한다.
04	a car a_____	자동차 사고
05	ask l_____s to make the people think ~	사람들이 ~라고 생각하도록 만드는 유도질문을 하다.
06	see a y_____ sign	양보 표지판(신호)을 보다.
07	a_____ show a stop sign	실제로는 정지 표지(판)를 보여 주다.
08	later g_____ together	나중에 함께 모이다.
09	be told the p_____ behind the experiment	실험의 숨겨진 목적을 듣다.
10	the group that was m_____	속임을 당한 집단
11	claimed they were not d_____d	그들은 속지 않았다고 주장했다.
12	c_____ that the i_____ed memory replaced the actual one	주입된 기억이 실제 기억을 대체한다고 결론짓다.

C. 빈칸을 우리말로(빈칸에 해당하는 **왼쪽 영어에 동그라미** 하면서 빈칸 채우기)

01	The replacement theory holds that+S+V.	____이론은 ~라고 ____.
02	New information replaces old information.	신 정보가 구 정보를 ____.
03	Misleading information replaces the original memories of people.	_____ 정보가 사람들의 ____ 기억을 대체한다.
04	a car accident	자동차 ____
05	ask leading questions to make the people think ~	사람들이 ~라고 생각하도록 만드는 ____을 하다.
06	see a yield sign	____ 표지판(신호)을 보다.
07	actually show a stop sign	____ 정지 표지(판)를 보여 주다.
08	later gather together	나중에 함께 ____.
09	be told the purpose behind the experiment	실험의 숨겨진 ____을 듣다.
10	the group that was misled	_____ 집단
11	claimed they were not deceived	그들은 ____ 않았다고 주장했다.
12	conclude that the implanted memory replaced the actual one	____된 기억이 실제 기억을 대체한다고 ____

138

A. 문맥 속 영단어 정성껏 읽어보기(오른쪽 파란색 우리말에 해당하는 왼쪽 영어 떠올려 보기)

01	profile~의 윤곽을 그리다 your audience	•	여러분의 독자(글을 읽을 사람)의 윤곽을 그리다.
02	consider the possibility of a secondary이차적인 audience	•	이차적인 독자(글을 읽을 사람)의 가능성을 고려하다.
03	write an e-mail to your supervisor관리(감독)자	•	여러분의 관리자(상사)에게 이메일을 쓰다.
04	describe기술하다,설명하다 a problem you are having	•	여러분이 안고 있는 문제를 기술하다.
05	halfway도중에 through the message	•	메시지를 쓰는 도중에
06	forward전달하다 this message to the vice president부사장	•	이 메시지를 부사장에게 전달하다.
07	summarize요약하다 what you said	•	여러분이 말한 것을 요약하다.
08	instead대신에 she will take the easy route길,통로	•	대신에 그녀는 쉬운 길을 택할 것이다.
09	merely단순히 forward your e-mail	•	단순히 여러분의 이메일을 전달하다.
10	decide to back up되돌아가다,후진하다	•	되돌아가기로 결정하다.

B. 빈칸을 영어로(빈칸에 해당하는 **오른쪽 우리말에 동그라미** 하면서 빈칸 채우기)

01	p_____ your audience	•	여러분의 독자(글을 읽을 사람)의 윤곽을 그리다.
02	consider the possibility of a s_____ audience	•	이차적인 독자(글을 읽을 사람)의 가능성을 고려하다.
03	write an e-mail to your s_____	•	여러분의 관리자(상사)에게 이메일을 쓰다.
04	d_____ a problem you are having	•	여러분이 안고 있는 문제를 기술하다.
05	h_____ through the message	•	메시지를 쓰는 도중에
06	f_____ this message to the v_____	•	이 메시지를 부사장에게 전달하다.
07	s_____ what you said	•	여러분이 말한 것을 요약하다.
08	i_____ she will take the easy r_____	•	대신에 그녀는 쉬운 길을 택할 것이다.
09	m_____ forward your e-mail	•	단순히 여러분의 이메일을 전달하다.
10	decide to b_____	•	되돌아가기로 결정하다.

C. 빈칸을 우리말로(빈칸에 해당하는 **왼쪽 영어에 동그라미** 하면서 빈칸 채우기)

01	profile your audience	•	여러분의 독자(글을 읽을 사람)의 _____.
02	consider the possibility of a secondary audience	•	_____ 독자(글을 읽을 사람)의 가능성을 고려하다.
03	write an e-mail to your supervisor	•	여러분의 _____에게 이메일을 쓰다.
04	describe a problem you are having	•	여러분이 안고 있는 문제를 _____.
05	halfway through the message	•	메시지를 쓰는 _____
06	forward this message to the vice president	•	이 메시지를 _____에게 _____.
07	summarize what you said	•	여러분이 말한 것을 _____.
08	instead she will take the easy route	•	_____ 그녀는 쉬운 _____을 택할 것이다.
09	merely forward your e-mail	•	_____ 여러분의 이메일을 전달하다.
10	decide to back up	•	_____로 결정하다.

A. 문맥 속 영단어 정성껏 읽어보기(오른쪽 파란색 우리말에 해당하는 왼쪽 영어 떠올려 보기)

01	use a more formal공식적인 tone	더 공식적인 어조를 사용하다.
02	remove your inquiry질문,문의	여러분의 질문을 없애다.
03	reduce your complaints불평	여러분의 불평을 줄이다.
04	tone down(어조,견해 등을)부드럽게 하다 your language	여러분 말의 어조를 부드럽게 하다.
05	provide more background배경 information	더 많은 배경 정보를 제공하다.
06	be more specific구체적인 in identifying확인하다,알아보다 items the vice president might not recognize인식하다.	부사장이 인식하지 못할 수 있는 사항들을 더 구체적으로 확인하다.
07	analyze분석하다 the task	과제를 분석하다.
08	anticipate예상하다 the audience	독자를 예상하다.
09	adapt조정하다,맞추다 your message	여러분의 메시지를 조정하다.
10	an efficient효율적인 and effective message	효율적이고 효과적인 메시지

B. 빈칸을 영어로(빈칸에 해당하는 **오른쪽 우리말에 동그라미** 하면서 빈칸 채우기)

01	use a more f_____ tone	더 공식적인 어조를 사용하다.
02	remove your i_____	여러분의 질문을 없애다.
03	reduce your c____s	여러분의 불평을 줄이다.
04	t_____ your language	여러분 말의 어조를 부드럽게 하다.
05	provide more b_____ information	더 많은 배경 정보를 제공하다.
06	be more s_____ in i_____ing items the vice president might not r_____	부사장이 인식하지 못할 수 있는 사항들을 더 구체적으로 확인하다.
07	a_____ the task	과제를 분석하다.
08	a_____ the audience	독자를 예상하다.
09	a_____ your message	여러분의 메시지를 조정하다.
10	an e_____ and effective message	효율적이고 효과적인 메시지

C. 빈칸을 우리말로(빈칸에 해당하는 **왼쪽 영어에 동그라미** 하면서 빈칸 채우기)

01	use a more formal tone	더 ____ 어조를 사용하다.
02	remove your inquiry	여러분의 ____을 없애다.
03	reduce your complaints	여러분의 ____을 줄이다.
04	tone down your language	여러분 말의 _____.
05	provide more background information	더 많은 ____ 정보를 제공하다.
06	be more specific in identifying items the vice president might not recognize	부사장이 ____ 못할 수 있는 사항들을 더 ____으로 ____.
07	analyze the task	과제를 ____.
08	anticipate the audience	독자를 ____.
09	adapt your message	여러분의 메시지를 ____.
10	an efficient and effective message	____이고 효과적인 메시지

A. 문맥 속 영단어 정성껏 읽어보기(오른쪽 파란색 우리말에 해당하는 왼쪽 영어 떠올려 보기)

01	keep the license면허증	• 면허증을 유지하다.
02	legal법적인 permission	• 법적인 허가
03	formal permission to practice their profession개업하다	• 그들이 개업을 할 수 있게 해주는 공식적인 허가 (profession 직업 , practice 실행하다,개업하다)
04	Licenses are granted교부하다,주다 by states국가 or local agencies(agency기관,대행사).	• 면허증은 국가나 지방의 기관에 의해서 교부된다.
05	A license is issued발행하다.	• 면허증이 발행되다.
06	A certain formality형식상의 절차 must be accomplished	• 특정한 형식상의 절차가 이루어져야 한다.
07	the applicant's신청자 knowledge and skills required	• 요구되어지는 신청자의 지식과 기술
08	the licensing authority기관,당국,권위	• 면허증 교부기관
09	deny거부하다 issuing the license	• 면허증 발행을 거부하다.
10	besides~이외에 testing for competence능력	• 능력을 시험하는 것 이외에

B. 빈칸을 영어로(빈칸에 해당하는 **오른쪽 우리말에 동그라미** 하면서 빈칸 채우기)

01	keep the l_____	• 면허증을 유지하다.
02	l_____ permission	• 법적인 허가
03	formal permission to p___ t____ p___	• 그들이 개업을 할 수 있게 해주는 공식적인 허가
04	Licenses are g___ed by s___s or local a___.	• 면허증은 국가나 지방의 기관에 의해서 교부된다.
05	A license is i_____d.	• 면허증이 발행되다.
06	A certain f_____ must be accomplished.	• 특정한 형식상의 절차가 이루어져야 한다.
07	the a_____'s knowledge and skills required	• 요구되어지는 신청자의 지식과 기술
08	the licensing a_____	• 면허증 교부기관
09	d_____ issuing the license	• 면허증 발행을 거부하다.
10	b_____ testing for c_____	• 능력을 시험하는 것 이외에

C. 빈칸을 우리말로(빈칸에 해당하는 **왼쪽 영어에 동그라미** 하면서 빈칸 채우기)

01	keep the license	• _____을 유지하다.
02	legal permission	• _____ 허가
03	formal permission to practice their profession	• _____ 있게 해주는 공식적인 허가
04	Licenses are granted by states or local agencies.	• 면허증은 ___나 지방의 ___에 의해서 ___된다.
05	A license is issued.	• 면허증이 ___되다.
06	A certain formality must be accomplished.	• 특정한 ___가 이루어져야 한다.
07	the applicant's knowledge and skills required	• 요구되어지는 ___의 지식과 기술
08	the licensing authority	• 면허증 교부___
09	deny issuing the license	• 면허증 발행을 ___.
10	besides testing for competence	• ___을 시험하는 것 ___

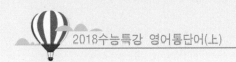
A. 문맥 속 영단어 정성껏 읽어보기(오른쪽 파란색 우리말에 해당하는 왼쪽 영어 떠올려 보기)

01	provide the licensee면허증 소지자 with a set of rules	●	면허증 소지자에게 일련의 규칙들을 제공하다.
02	The rules are violated위반하다	●	규칙들이 위반되다.
03	the right to sanction제재를 가하다 the licensee	●	면허증 소지자에게 제재를 가할 권리
04	recall취소하다 the license	●	면허증을 취소하다.
05	Clearly a license is a privilege혜택,특권	●	분명히 면허증은 혜택이다.
06	maintain유지하다 that privilege	●	그 혜택을 유지하다.
07	follow the prescribed규정하다,처방하다 code법규,규정	●	규정된 법규를 따르다.
08	used as both control and educating instruments도구	●	통제와 교육의 도구로 사용된
09	enforce집행하다,강요하다 rules and laws	●	규칙과 법을 집행하다.
10	certain society norms규범	●	특정 사회적 규범들

B. 빈칸을 영어로(빈칸에 해당하는 **오른쪽 우리말에 동그라미** 하면서 빈칸 채우기)

01	provide the l_____ with a set of rules	●	면허증 소지자에게 일련의 규칙들을 제공하다.
02	The rules are v_____d.	●	규칙들이 위반되다.
03	the right to s_____ the licensee	●	면허증 소지자에게 제재를 가할 권리
04	r_____ the license	●	면허증을 취소하다.
05	Clearly a license is a p_____.	●	분명히 면허증은 혜택이다.
06	m_____ that privilege	●	그 혜택을 유지하다.
07	follow the p_____d c_____	●	규정된 법규를 따르다.
08	used as both control and educating i_____s	●	통제와 교육의 도구로 사용된
09	e_____ rules and laws	●	규칙과 법을 집행하다.
10	certain society n_____s	●	특정 사회적 규범들

C. 빈칸을 우리말로(빈칸에 해당하는 **왼쪽 영어에 동그라미** 하면서 빈칸 채우기)

01	provide the licensee with a set of rules	●	_____에게 일련의 규칙들을 제공하다.
02	The rules are violated.	●	규칙들이 _____되다.
03	the right to sanction the licensee	●	면허증 소지자에게 _____ 권리
04	recall the license	●	면허증을 _____.
05	Clearly a license is a privilege.	●	분명히 면허증은 _____이다.
06	maintain that privilege	●	그 혜택을 _____.
07	follow the prescribed code	●	_____ 된 _____를 따르다.
08	used as both control and educating instruments	●	통제와 교육의 _____로 사용된
09	enforce rules and laws	●	규칙과 법을 _____.
10	certain society norms	●	특정 사회적 _____들

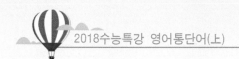
A. 문맥 속 영단어 정성껏 읽어보기(오른쪽 파란색 우리말에 해당하는 왼쪽 영어 떠올려 보기)

01	the trend경향 in food habits	● 식습관의 경향
02	food preparation준비	● 음식 준비
03	food consumption소비	● 음식 소비
04	in contrast to~와 대조적으로 the European cultures	● 유럽 문화와 대조적으로
05	developments발전 in early American food habits	● 초기 미국 식습관의 발전
06	more towards simplification간소화	● 간소화를 더 지향하는
07	expansion확대 of meal preparation methods	● 음식 준비 방법의 확대
08	the sophistication세련(됨) in cooking arts	● 요리 기술에서의 세련됨
09	cooking arts advanced촉진시키다,전진시키다 by the chefs	● 주방장들에 의해 촉진된 요리 기술
10	simplicity간소함 in preparation	● 준비에서의 간소함

B. 빈칸을 영어로(빈칸에 해당하는 **오른쪽 우리말에 동그라미** 하면서 빈칸 채우기)

01	the t_____ in food habits	● 식습관의 경향
02	food p_____	● 음식 준비
03	food c_____	● 음식 소비
04	i_____ the European cultures	● 유럽 문화와 대조적으로
05	d_____s in early American food habits	● 초기 미국 식습관의 발전
06	more towards s_____	● 간소화를 더 지향하는
07	e_____ of meal preparation methods	● 음식 준비 방법의 확대
08	the s_____ in cooking arts	● 요리 기술에서의 세련됨
09	cooking arts a_____d by the chefs	● 주방장들에 의해 촉진된 요리 기술
10	s_____ in preparation	● 준비에서의 간소함

C. 빈칸을 우리말로(빈칸에 해당하는 **왼쪽 영어에 동그라미** 하면서 빈칸 채우기)

01	the trend in food habits	● 식습관의 _____
02	food preparation	● 음식 _____
03	food consumption	● 음식 _____
04	in contrast to the European cultures	● 유럽 문화_____
05	developments in early American food habits	● 초기 미국 식습관의 _____
06	more towards simplification	● _____를 더 지향하는
07	expansion of meal preparation methods	● 음식 준비 방법의 _____
08	the sophistication in cooking arts	● 요리 기술에서의 _____
09	cooking arts advanced by the chefs	● 주방장들에 의해 _____ 요리 기술
10	simplicity in preparation	● 준비에서의 _____

A. 문맥 속 영단어 정성껏 읽어보기(오른쪽 파란색 우리말에 해당하는 왼쪽 영어 떠올려 보기)

01	efficiency효율성 in mass대량,대중 production	• 대량생산에서의 효율성
02	the reflection반영 of the political정치의 system	• 정치 제도의 반영
03	ruled by the royal왕의,왕족의 families	• 왕의 가문(가족)에 의해 지배되는
04	Spending money on luxury goods사치품 was a norm일반적인 일,규범.	• 사치품에 돈을 쓰는 것이 일반적인 일이었다.
05	publicly공공연히 display economic power	• 경제력을 공공연히 과시하다.
06	the democratic민주주의의 political system of America	• 미국의 민주주의 정치 제도
07	encourage indulgence사치,탐닉,빠짐	• 사치를 부추기다.
08	excessive과도한 food consumption	• 과도한 음식 소비
09	their national국가의,국민의 leaders	• 국가의 지도자들
10	symbolize concentration집중 of power	• 권력의 집중을 상징하다.

B. 빈칸을 영어로(빈칸에 해당하는 **오른쪽 우리말에 동그라미** 하면서 빈칸 채우기)

01	e_____ in m____ production	• 대량생산에서의 효율성
02	the r_____ of the p_____ system	• 정치 제도의 반영
03	ruled by the r____ families	• 왕의 가문(가족)에 의해 지배되는
04	Spending money on l_____ was a n____.	• 사치품에 돈을 쓰는 것이 일반적인 일이었다.
05	p_____ display economic power	• 경제력을 공공연히 과시하다.
06	the d_____ political system of America	• 미국의 민주주의 정치 제도
07	encourage i_____	• 사치를 부추기다.
08	e_____ food consumption	• 과도한 음식 소비
09	their n_____ leaders	• 국가의 지도자들
10	symbolize c_____ of power	• 권력의 집중을 상징하다.

C. 빈칸을 우리말로(빈칸에 해당하는 **왼쪽 영어에 동그라미** 하면서 빈칸 채우기)

01	efficiency in mass production	• ____생산에서의 ____
02	the reflection of the political system	• ____제도의 ____
03	ruled by the royal families	• ____가문(가족)에 의해 지배되는
04	Spending money on luxury goods was a norm.	• ____에 돈을 쓰는 것이 ____이었다.
05	publicly display economic power	• 경제력을 ____과시하다.
06	the democratic political system of America	• 미국의 ____정치 제도
07	encourage indulgence	• ____를 부추기다.
08	excessive food consumption	• ____음식 소비
09	their national leaders	• ____지도자들
10	symbolize concentration of power	• 권력의 ____을 상징하다.

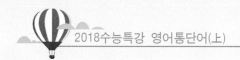

A. 문맥 속 영단어 정성껏 읽어보기(오른쪽 파란색 우리말에 해당하는 왼쪽 영어 떠올려 보기)

01	carbon탄소 atoms	•	탄소 원자
02	a chemical property속성,성질,재산	•	화학적 속성
03	a physical물리적 property	•	물리적 속성
04	be combined결합시키다 in different ways	•	서로 다른 방식으로 결합된다.
05	the properties of those substances물질	•	그 물질들의 속성
06	how they are assembled모으다	•	그것들이 모이는 방식
07	The properties arise생기다,발생하다.	•	그 속성은 생긴다.
08	the connections연결 between the parts	•	부분들 사이의 연결
09	grasp터득하다,파악하다,붙잡다 this insight	•	이러한 통찰(력)을 터득하다.
10	crucial중대한 for a proper적절한,제대로 된 scientific perspective관점,시각 on the world.	•	세상에 관한 제대로 된 과학적 관점을 갖는 데 중대한
11	isolated고립된 neurons	•	고립된 신경세포
12	where desire originates비롯되다	•	욕망이 어디에서 비롯되는지

B. 빈칸을 영어로(빈칸에 해당하는 **오른쪽 우리말에 동그라미** 하면서 빈칸 채우기)

01	c　　　 atoms	•	탄소 원자
02	a chemical p	•	화학적 속성
03	a p　　　 property	•	물리적 속성
04	be c　　　d in different ways	•	서로 다른 방식으로 결합된다.
05	the properties of those s　　　s	•	그 물질들의 속성
06	how they are a　　　d	•	그것들이 모이는 방식
07	The properties a　　　.	•	그 속성은 생긴다.
08	the c　　　s between the parts	•	부분들 사이의 연결
09	g　　　 this insight	•	이러한 통찰(력)을 터득하다.
10	c　　　 for a p　　　 scientific p　　　 on the world.	•	세상에 관한 제대로 된 과학적 관점을 갖는 데 중대한
11	i　　　 neurons	•	고립된 신경세포
12	where desire o　　　s	•	욕망이 어디에서 비롯되는지

C. 빈칸을 우리말로(빈칸에 해당하는 **왼쪽 영어에 동그라미** 하면서 빈칸 채우기)

01	carbon atoms	•	원자
02	a chemical property	•	화학적
03	a physical property	•	속성
04	be combined in different ways	•	서로 다른 방식으로 　　　.
05	the properties of those substances	•	그 　　　들의 속성
06	how they are assembled	•	그것들이 　　　 방식
07	The properties arise.	•	그 속성은 　　　.
08	the connections between the parts	•	부분들 사이의
09	grasp this insight	•	이러한 통찰(력)을 　　　.
10	crucial for a proper scientific perspective on the world.	•	세상에 관한 　　　 과학적 　　　을 갖는 데
11	isolated neurons	•	신경세포
12	where desire originates	•	욕망이 어디에서

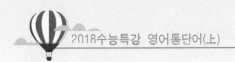
A. 문맥 속 영단어 정성껏 읽어보기(오른쪽 파란색 우리말에 해당하는 왼쪽 영어 떠올려 보기)

01	set up~을 시행하다 a programme(=program)	•	프로그램을 시행하다.
02	fight child malnutrition영양 실조	•	아동 영양실조와 맞서 싸우다.
03	poor rural시골의 villages	•	빈곤한 시골 마을
04	conduct실시하다,집행하다 surveys	•	조사를 실시하다.
05	the scope범위 of the issue	•	그 문제가 미치는 범위
06	the handful소수,한 움큼 of children	•	소수의 아동
07	despite~에도 불구하고 coming from poor families	•	가난한 가정의 출신임에도 불구하고
08	positive deviants일탈자,괴짜	•	긍정적 일탈자들
09	deprived궁핍한,박탈당한 parents	•	궁핍한 부모
10	materially물질적으로 deprived	•	물질적으로 궁핍한
11	The implications영향,결과,암시 would be tremendous엄청난.	•	그 영향은 엄청날 것이다.

B. 빈칸을 영어로(빈칸에 해당하는 **오른쪽 우리말에 동그라미** 하면서 빈칸 채우기)

01	s＿＿＿＿ a programme	•	프로그램을 시행하다.
02	fight child m＿＿＿	•	아동 영양실조와 맞서 싸우다.
03	poor r＿＿＿ villages	•	빈곤한 시골 마을
04	c＿＿＿ surveys	•	조사를 실시하다.
05	the s＿＿＿ of the issue	•	그 문제가 미치는 범위
06	the h＿＿＿ of children	•	소수의 아동
07	d＿＿＿ coming from poor families	•	가난한 가정의 출신임에도 불구하고
08	positive d＿＿＿s	•	긍정적 일탈자들
09	d＿＿＿ parents	•	궁핍한 부모
10	m＿＿＿ deprived	•	물질적으로 궁핍한
11	The i＿＿＿s would be t＿＿＿.	•	그 영향은 엄청날 것이다.

C. 빈칸을 우리말로(빈칸에 해당하는 **왼쪽 영어에 동그라미** 하면서 빈칸 채우기)

01	set up a programme	•	프로그램＿＿＿.
02	fight child malnutrition	•	아동 ＿＿＿와 맞서 싸우다.
03	poor rural villages	•	빈곤한 ＿＿＿ 마을
04	conduct surveys	•	조사를 ＿＿＿.
05	the scope of the issue	•	그 문제가 미치는 ＿＿＿
06	the handful of children	•	＿＿＿의 아동
07	despite coming from poor families	•	가난한 가정의 출신임＿＿＿
08	positive deviants	•	긍정적 ＿＿＿들
09	deprived parents	•	＿＿＿ 부모
10	materially deprived	•	＿＿＿ 궁핍한
11	The implications would be tremendous.	•	그 ＿＿＿은 ＿＿＿ 것이다.

A. 문맥 속 영단어 정성껏 읽어보기(오른쪽 파란색 우리말에 해당하는 왼쪽 영어 떠올려 보기)

01	collect tiny작은 pieces	• 작은 조각을 모으다.
02	shell껍질 from shrimp	• 새우 껍질
03	shell from crabs게	• 게 껍데기
04	children's diet식단	• 아이들의 식단
05	along with~와 함께 the greens from sweet potato tops	• 고구마 윗부분의 푸른 잎과 함께
06	Both these ingredients재료 were commonly considered to be inappropriate부적절한	• 이 두 가지 재료들 모두 보통은 부적절한 것으로 간주되었다.
07	available to anyone for the taking(원한다면)마음대로,손에 잡기만 하면	• 원한다면 마음대로 어느 누구에게나 이용 가능한
08	generally excluded제외하다 from their diets	• 그들의 식단에서 일반적으로 제외된

B. 빈칸을 영어로(빈칸에 해당하는 **오른쪽 우리말에 동그라미** 하면서 빈칸 채우기)

01	collect t___ pieces	• 작은 조각을 모으다.
02	s___ from shrimp	• 새우 껍질
03	shell from c___s	• 게 껍데기
04	children's d___	• 아이들의 식단
05	a___ the greens from sweet potato tops	• 고구마 윗부분의 푸른 잎과 함께
06	Both these i___s were commonly considered to be i___.	• 이 두 가지 재료들 모두 보통은 부적절한 것으로 간주되었다.
07	available to anyone f___	• 원한다면 마음대로 어느 누구에게나 이용 가능한
08	generally e___d from their diets	• 그들의 식단에서 일반적으로 제외된

C. 빈칸을 우리말로(빈칸에 해당하는 **왼쪽 영어에 동그라미** 하면서 빈칸 채우기)

01	collect tiny pieces	• ___ 조각을 모으다.
02	shell from shrimp	• 새우 ___
03	shell from crabs	• ___ 껍데기
04	children's diet	• 아이들의 ___
05	along with the greens from sweet potato tops	• 고구마 윗부분의 푸른 잎___
06	Both these ingredients were commonly considered to be inappropriate.	• 이 두 가지 ___들 모두 보통은 ___ 것으로 간주되었다.
07	available to anyone for the taking	• ___ 어느 누구에게나 이용 가능한
08	generally excluded from their diets	• 그들의 식단에서 일반적으로 ___

147

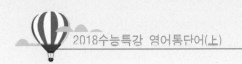

A. 문맥 속 영단어 정성껏 읽어보기(오른쪽 파란색 우리말에 해당하는 왼쪽 영어 떠올려 보기)

01	step up(가까이) 다가가다 to hit a golf shot	골프 샷을 하려고 다가가다.
02	Generally speaking일반적으로 말해서, the closer to the hole, the better the result.	일반적으로 말해서, 홀에 더 가까울수록 결과가 더 좋다.
03	take a different approach접근(법)	서로 다른 접근법을 취한다.
04	mis-hit잘못 치다 the ball	공을 잘못 치다.
05	get the process과정 right	과정을 제대로 하다.
06	think about their own routine습관적인 동작,판에 박힌 일	그들 자신의 습관적인 동작에 대해 생각하다.
07	seek to~하려고 노력하다 hit the ball hard	공을 세게 치려고 하다.
08	hit the ball correctly올바르게	공을 올바르게 치다.
09	no matter what무엇을 하든지 간에 the amateurs do	아마추어는 무엇을 하든지 간에
10	maybe not as close as it could be, but a result nonetheless그럼에도 불구하고	아마도 최대한 가까이는 아니지만, 그럼에도 불구하고 결과(이긴 하다)
11	This is precisely바로,정확히 why they are amateurs.	이것이 바로(정확히) 그들이 아마추어인 이유이다.

B. 빈칸을 영어로(빈칸에 해당하는 **오른쪽 우리말에 동그라미** 하면서 빈칸 채우기)

01	s___ to hit a golf shot	골프 샷을 하려고 다가가다.
02	G___ s___, the closer to the hole, the better the result.	일반적으로 말해서, 홀에 더 가까울수록 결과가 더 좋다.
03	take a different a___	서로 다른 접근법을 취한다.
04	m___ the ball	공을 잘못 치다.
05	get the p___ right	과정을 제대로 하다.
06	think about their own r___	그들 자신의 습관적인 동작에 대해 생각하다.
07	s___ hit the ball hard	공을 세게 치려고 하다.
08	hit the ball c___	공을 올바르게 치다.
09	n___ the amateurs do	아마추어는 무엇을 하든지 간에
10	maybe not as close as it could be, but a result n___	아마도 최대한 가까이는 아니지만, 그럼에도 불구하고 결과(이긴 하다)
11	This is p___ why they are amateurs.	이것이 바로(정확히) 그들이 아마추어인 이유이다.

C. 빈칸을 우리말로(빈칸에 해당하는 **왼쪽 영어에 동그라미** 하면서 빈칸 채우기)

01	step up to hit a golf shot	골프 샷을 하려고 ___.
02	Generally speaking, the closer to the hole, the better the result.	___, 홀에 더 가까울수록 결과가 더 좋다.
03	take a different approach	서로 다른 ___을 취한다.
04	mis-hit the ball	공을 ___.
05	get the process right	___을 제대로 하다.
06	think about their own routine	그들 자신의 ___에 대해 생각하다.
07	seek to hit the ball hard	공을 세게 치___.
08	hit the ball correctly	공을 ___ 치다.
09	no matter what the amateurs do	아마추어는 ___
10	maybe not as close as it could be, but a result nonetheless	아마도 최대한 가까이는 아니지만, ___ ___ 결과(이긴 하다)
11	This is precisely why they are amateurs.	이것이 ___ 그들이 아마추어인 이유이다.

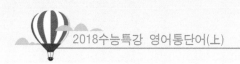

A. 문맥 속 영단어 정성껏 읽어보기(오른쪽 파란색 우리말에 해당하는 왼쪽 영어 떠올려 보기)

01	dread두려움,무서워하다 of the sudden shock	• 갑작스런 충격에 대한 두려움
02	a violent thunderstorm뇌우	• 격렬한 뇌우(뇌우: 천둥소리가 나며 내리는 비)
03	A thunderstorm rips through거칠게~을 통과하다 our farm.	• 뇌우가 우리의 농장을 거칠게 통과하다. [찢어버리듯(rip) ~을 통과해(through) 가다]
04	on a humid습한 summer afternoon	• 습한 어느 여름날 오후에
05	the strong trunks(나무)줄기 of the great old trees	• 커다란 고목들의 강한 줄기
06	hold steady굳건한,꾸준한	• 굳건한 상태로 서 있다(지탱하다).
07	Branches express flexibility유연성,구부리기 쉬움.	• 나뭇가지들이 유연성을 보이다.
08	yield굴복하다,산출하다 with humility겸손 to the wind and the rain	• 바람과 비에 겸손하게 굴복하다.
09	the utter완전한,순전한 chaos Mother Nature imposes(힘든일을) 부과하다,가하다,지우다 during the storm	• 폭풍우 동안 대자연이 가하는 완전한 혼돈
10	appear as destruction파괴 and violence on the exterior외부,외면	• 외면상으로는 파괴와 폭력인 것처럼 보인다.
11	The experience eventually결국에 brings pruning(나뭇)가지치기 and rebalance재균형 into our natural world.	• 그 경험은 결국에는 우리의 자연 세계에 가지치기와 재균형을 가져다준다.
12	the human soul영혼	• 인간의 영혼

B. 빈칸을 영어로(빈칸에 해당하는 **오른쪽 우리말에 동그라미** 하면서 빈칸 채우기)

01	d of the sudden shock	• 갑작스런 충격에 대한 두려움
02	a violent t	• 격렬한 뇌우
03	A thunderstorm r s t our farm.	• 뇌우가 우리의 농장을 거칠게 통과하다.
04	on a h summer afternoon	• 습한 어느 여름날 오후에
05	the strong t s of the great old trees	• 커다란 고목들의 강한 줄기
06	hold s	• 굳건한 상태로 서 있다(지탱하다).
07	Branches express f .	• 나뭇가지들이 유연성을 보이다.
08	y with h to the wind and the rain	• 바람과 비에 겸손하게 굴복하다.
09	the u chaos Mother Nature i s during the storm	• 폭풍우동안 대자연이 가하는 완전한 혼돈
10	appear as d and violence on the e	• 외면상으로는 파괴와 폭력인 것처럼 보인다.
11	The experience e brings p and r into our natural world.	• 그 경험은 결국에는 우리의 자연 세계에 가지치기와 재균형을 가져다준다.
12	the human s	• 인간의 영혼

C. 빈칸을 우리말로(빈칸에 해당하는 **왼쪽 영어에 동그라미** 하면서 빈칸 채우기)

01	dread of the sudden shock	• 갑작스런 충격에 대한
02	a violent thunderstorm	• 격렬한
03	A thunderstorm rips through our farm.	• 뇌우가 우리의 농장을 .
04	on a humid summer afternoon	• 어느 여름날 오후에
05	the strong trunks of the great old trees	• 커다란 고목들의 강한
06	hold steady	• 상태로 서 있다(지탱하다).
07	Branches express flexibility.	• 나뭇가지들이 을 보이다.
08	yield with humility to the wind and the rain	• 바람과 비에 하게 .
09	the utter chaos Mother Nature imposes during the storm	• 폭풍우 동안 대자연이 혼돈
10	appear as destruction and violence on the exterior	• 상으로는 와 폭력인 것처럼 보인다.
11	The experience eventually brings pruning and rebalance into our natural world.	• 그 경험은 우리의 자연 세계에 와 을 가져다준다.
12	the human soul	• 인간의

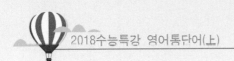
A. 문맥 속 영단어 정성껏 읽어보기(오른쪽 파란색 우리말에 해당하는 왼쪽 영어 떠올려 보기)

01	Suffering고통 and loss show up나타나다,드러나다	고통과 상실이 나타나다.
02	the capacity to weather(역경 등을)견뎌 내다 the storms	폭풍우를 견뎌 낼 수 있는 능력
03	We can emerge나타나다,나오다 transformed변형(변화)시키다	우리는 변화된 모습으로 나타날 수 있다.
04	the crucial중요한 element for us to remember	우리가 기억해야 할 중요한 요소
05	fear the magnitude(엄청난) 규모 of the storm	폭풍의 엄청난 규모를 두려워하다.
06	cultivate일구다,경작하다,갈고닦다 the roots	뿌리를 일구다.
07	anchor고정시키다,닻(을 내리다) us	우리를 고정시켜 주다.
08	sustain지탱해 주다,유지하다 us	우리를 지탱해 주다.
09	in the face of~에 직면하여,~에도 불구하고 the events of our lives	우리 삶의 사건들에 직면하여
10	the reason to cultivate this essential근본적인 rootedness	이렇게 근본적으로(깊이) 뿌리를 내리는 상태를 갈고닦는 이유
11	not merely단지 to survive	단지 생존하기 위해서가 아니라
12	an incredibly놀라울 정도로,믿을수 없을 만큼 prosperous번창하는,번영하는 balanced life	놀라울 정도로 번창하는 균형 잡힌 삶

B. 빈칸을 영어로(빈칸에 해당하는 오른쪽 우리말에 동그라미 하면서 빈칸 채우기)

01	S and loss s .	고통과 상실이 나타나다.
02	the capacity to w the storms	폭풍우를 견뎌 낼 수 있는 능력
03	we can e t ed.	우리는 변화된 모습으로 나타날 수 있다.
04	the c element for us to remember	우리가 기억해야 할 중요한 요소
05	fear the m of the storm	폭풍의 엄청난 규모를 두려워하다.
06	c the roots	뿌리를 일구다.
07	a us	우리를 고정시켜 주다.
08	s us	우리를 지탱해 주다.
09	i the events of our lives	우리 삶의 사건들에 직면하여
10	the reason to cultivate this e rootedness	이렇게 근본적으로(깊이) 뿌리를 내리는 상태를 갈고닦는 이유
11	not m to survive	단지 생존하기 위해서가 아니라
12	an i p balanced life	놀라울 정도로 번창하는 균형 잡힌 삶

C. 빈칸을 우리말로(빈칸에 해당하는 왼쪽 영어에 동그라미 하면서 빈칸 채우기)

01	Suffering and loss show up.	___과 상실이 ___.
02	the capacity to weather the storms	폭풍우를 ___ 능력
03	we can emerge transformed.	우리는 ___ 모습으로 ___ 수 있다.
04	the crucial element for us to remember	우리가 기억해야 할 ___ 요소
05	fear the magnitude of the storm	폭풍의 ___를 두려워하다.
06	cultivate the roots	뿌리를 ___.
07	anchor us	우리를 ___.
08	sustain us	우리를 ___.
09	in the face of the events of our lives	우리 삶의 사건들 ___
10	the reason to cultivate this essential rootedness	이렇게 ___ (깊이) 뿌리를 내리는 상태를 갈고닦는 이유
11	not merely to survive	___ 생존하기 위해서가 아니라
12	an incredibly prosperous balanced life	___ 균형 잡힌 삶

150

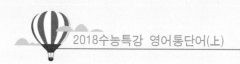

A. 문맥 속 영단어 정성껏 읽어보기(오른쪽 파란색 우리말에 해당하는 왼쪽 영어 떠올려 보기)

01	in an effort노력 to examine closely the influence	• 영향을 자세히 조사해 보려는 노력으로
02	teachers´ beliefs about the nature본질 of science	• 과학의 본질에 관한 교사의 믿음
03	classroom practice(일상적)활동,관행,실행(하다)	• 교실 활동(실제 수업)
04	conduct실시하다 extensive광범위한 interviews	• 광범위한 인터뷰를 실시하다.
05	view간주하다 theories as truths	• 이론을 진실로 간주하다(여기다).
06	uncovered밝혀진 through rigid엄격한,엄밀한 experimentation	• 엄격한 실험을 통해 밝혀진
07	the intent목적,의도 of instruction수업,가르침 in this classroom	• 이 교실에서 수업의 목적
08	students´ performance성취(도),성과 in science activities	• 과학 활동에서의 학생의 성취도
09	evaluated평가하다 solely by the outcome	• 오로지 결과에 의해서만 평가되는
10	perceive인식하다 scientific processes as inductive귀납적인	• 과학적 과정을 귀납적인 것으로 인식하다. (귀납: 개개의 구체적 사실로부터 일반적인 명제 및 법칙을 유도해내는 일)
11	lab(=laboratory)실험실 instruction	• 실험실 수업
12	include precise procedures절차	• 정확한 절차를 포함하다.

B. 빈칸을 영어로(빈칸에 해당하는 **오른쪽 우리말에 동그라미** 하면서 빈칸 채우기)

01	in an e_____ to examine closely the influence	• 영향을 자세히 조사해 보려는 노력으로
02	teachers´ beliefs about the n_____ of science	• 과학의 본질에 관한 교사의 믿음
03	classroom p_____	• 교실 활동(실제 수업)
04	c_____ e_____ interviews	• 광범위한 인터뷰를 실시하다.
05	v_____ theories as truths	• 이론을 진실로 간주하다(여기다).
06	u_____ through r_____ experimentation	• 엄격한 실험을 통해 밝혀진
07	the i_____ of i_____ in this classroom	• 이 교실에서 수업의 목적
08	students´ p_____ in science activities	• 과학 활동에서의 학생의 성취도
09	e_____d solely by the outcome	• 오로지 결과에 의해서만 평가되는
10	p_____ scientific processes as i_____	• 과학적 과정을 귀납적인 것으로 인식하다.
11	l_____ instruction	• 실험실 수업
12	include precise p_____s	• 정확한 절차를 포함하다.

C. 빈칸을 우리말로(빈칸에 해당하는 **왼쪽 영어에 동그라미** 하면서 빈칸 채우기)

01	in an effort to examine closely the influence	• 영향을 자세히 조사해 보려는 _____으로
02	teachers´ beliefs about the nature of science	• 과학의 _____에 관한 교사의 믿음
03	classroom practice	• 교실 _____(실제 수업)
04	conduct extensive interviews	• _____ 인터뷰를 _____.
05	view theories as truths	• 이론을 진실로 _____.
06	uncovered through rigid experimentation	• _____ 실험을 통해 _____
07	the intent of instruction in this classroom	• 이 교실에서 _____의
08	students´ performance in science activities	• 과학 활동에서의 학생의 _____
09	evaluated solely by the outcome	• 오로지 결과에 의해서만 _____되는
10	perceive scientific processes as inductive	• 과학적 과정을 _____ 것으로 _____.
11	lab(=laboratory) instruction	• _____ 수업
12	include precise procedures	• 정확한 _____를 포함하다.

151

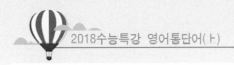
A. 문맥 속 영단어 정성껏 읽어보기(오른쪽 파란색 우리말에 해당하는 왼쪽 영어 떠올려 보기)

01	acquire얻다,획득하다 the right answer	●	옳은 답을 얻다.
02	an accumulation축적 of knowledge	●	지식의 축적
03	prove증명하다 the rest of the chapter	●	이 장의 나머지를 증명하다.
04	tools to solve problems	●	문제를 해결하는 도구들
05	resolve해결하다,결심하다,분해하다 problems	●	문제를 해결하다.
06	a position clearly reflected반영된 in classroom instruction	●	교실 수업에서 명백히 반영된 입장
07	regarding~와 관련한 the development of atomic원자의 theory	●	원자 이론의 발달과 관련한
08	atomic structure구조	●	원자 구조
09	presented제시된 as simply the building on prior이전의 conceptions	●	이전의 개념 위에 단순히 어떤 것을 누적한 것으로 제시된
10	each scientist's contribution공헌	●	각각의 과학자의 공헌
11	be conveyed전달하다 to students	●	학생들에게 전달되다.
12	In summary요컨대,요약하면, Brickhouse concluded that S+V.	●	요컨대(요약하면), Brickhouse는 ~라고 결론지었다.
13	the way in which demonstrations설명,논증 are used	●	설명이 사용되는 방식

B. 빈칸을 영어로(빈칸에 해당하는 **오른쪽 우리말에 동그라미** 하면서 빈칸 채우기)

01	a___ the right answer	●	옳은 답을 얻다.
02	an a___ of knowledge	●	지식의 축적
03	p___ the rest of the chapter	●	이 장의 나머지를 증명하다.
04	t___s to solve problems	●	문제를 해결하는 도구들
05	r___ problems	●	문제를 해결하다.
06	a position clearly r___ in classroom instruction	●	교실 수업에서 명백히 반영된 입장
07	r___ the development of a___ theory	●	원자 이론의 발달과 관련한
08	atomic s___	●	원자 구조
09	p___ as simply the building on p___ conceptions	●	이전의 개념 위에 단순히 어떤 것을 누적한 것으로 제시된
10	each scientist's c___	●	각각의 과학자의 공헌
11	be c___ed to students	●	학생들에게 전달되다.
12	I___, Brickhouse concluded that S+V.	●	요컨대(요약하면), Brickhouse는 ~라고 결론지었다.
13	the way in which d___s are used	●	설명이 사용되는 방식

C. 빈칸을 우리말로(빈칸에 해당하는 **왼쪽 영어에 동그라미** 하면서 빈칸 채우기)

01	acquire the right answer	●	옳은 답을 ___.
02	an accumulation of knowledge	●	지식의 ___
03	prove the rest of the chapter	●	이 장의 나머지를 ___.
04	tools to solve problems	●	문제를 해결하는 ___들
05	resolve problems	●	문제를 ___
06	a position clearly reflected in classroom instruction	●	교실 수업에서 명백히 ___ 입장
07	regarding the development of atomic theory	●	___ 이론의 발달과 ___
08	atomic structure	●	원자 ___
09	presented as simply the building on prior conceptions	●	___ 개념 위에 단순히 어떤 것을 누적한 것으로 ___
10	each scientist's contribution	●	각각의 과학자의 ___
11	be conveyed to students	●	학생들에게 ___되다.
12	In summary, Brickhouse concluded that S+V.	●	___, Brickhouse는 ~라고 결론지었다.
13	the way in which demonstrations are used	●	___이 사용되는 방식

152

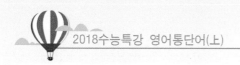
A. 문맥 속 영단어 정성껏 읽어보기(오른쪽 파란색 우리말에 해당하는 왼쪽 영어 떠올려 보기)

01	Trust is simply a bet내기.	•	신뢰는 그저 내기에 지나지 않는다.
02	contain an element of약간의 risk	•	약간의 위험을 포함하다(안고 있다).
03	Risk is something most of us could do without.없이 지내다.	•	위험은 우리 대부분이 없이 지낼 수 있는 어떤 것이다.
04	decades of수십 년의~ research	•	수십 년간의 연구
05	have shown time and again반복하여 that+S+V	•	~라는 것을 반복하여 보여 주었다.
06	Humans are generally risk-averse위험을 회피하는.	•	인간은 일반적으로 위험을 회피한다.
07	when it comes to~에 관한 한 making decisions	•	의사를 결정하는 것에 관한 한
08	with good충분한 reason	•	충분한 이유가 있어서
09	take the risk of~의 위험을 무릅쓰다 trusting others	•	다른 이를 신뢰하는 위험을 무릅쓰다.
10	the potential잠재적인,가능성,잠재력 benefits from trusting others	•	다른 이를 신뢰하는 것으로부터 얻는 잠재적인 이득
11	considerably outweigh~보다 더 크다(중요하다) the potential losses on average평균적으로	•	평균적으로 잠재적 손실보다 상당히 더 크다.

B. 빈칸을 영어로(빈칸에 해당하는 **오른쪽 우리말에 동그라미** 하면서 빈칸 채우기)

01	Trust is simply a b___.	•	신뢰는 그저 내기에 지나지 않는다.
02	contain a ___ risk	•	약간의 위험을 포함하다(안고 있다).
03	Risk is something most of us could d___.	•	위험은 우리 대부분이 없이 지낼 수 있는 어떤 것이다.
04	d___ research	•	수십 년간의 연구
05	have shown t___ that+S+V	•	~라는 것을 반복하여 보여 주었다.
06	Humans are generally r___.	•	인간은 일반적으로 위험을 회피한다.
07	w___ making decisions	•	의사를 결정하는 것에 관한 한
08	with g___ reason	•	충분한 이유가 있어서
09	t___ trusting others	•	다른 이를 신뢰하는 위험을 무릅쓰다.
10	the p___ benefits from trusting others	•	다른 이를 신뢰하는 것으로부터 얻는 잠재적인 이득
11	considerably o___ the potential losses o___	•	평균적으로 잠재적 손실보다 상당히 더 크다.

C. 빈칸을 우리말로(빈칸에 해당하는 **왼쪽 영어에 동그라미** 하면서 빈칸 채우기)

01	Trust is simply a bet.	•	신뢰는 그저 ___에 지나지 않는다.
02	contain an element of risk	•	___ 위험을 포함하다(안고 있다).
03	Risk is something most of us could do without.	•	위험은 우리 대부분이 ___ 어떤것 이다.
04	decades of research	•	___의 연구
05	have shown time and again that+S+V	•	~라는 것을 ___ 보여 주었다.
06	Humans are generally risk-averse.	•	인간은 일반적으로 ___.
07	when it comes to making decisions	•	의사를 결정하는 것 ___
08	with good reason	•	___ 이유가 있어서
09	take the risk of trusting others	•	다른 이를 신뢰하는 ___.
10	the potential benefits from trusting others	•	다른 이를 신뢰하는 것으로부터 얻는 ___ 이득
11	considerably outweigh the potential losses on average	•	___ 잠재적 손실보다 상당히 ___.

153

A. 문맥 속 영단어 정성껏 읽어보기(오른쪽 파란색 우리말에 해당하는 왼쪽 영어 떠올려 보기)

01	the ever-increasing complexity복잡성 of human society	●	계속 증대하는 인간 사회의 복잡성
02	the ever-increasing resources자원 of human society	●	계속 증대하는 인간 사회의 자원
03	technological advancement발전,진보	●	기술적 발전
04	interconnected social capital자본	●	상호 관련된 사회 자본
05	rapidly growing economic경제의 resources	●	급속히 증대하고 있는 경제 자원
06	depend on trust and cooperation협력	●	신뢰와 협력에 의존하다.
07	picture상상하다,(마음속으로)그리다 the familiar scene	●	익숙한 장면을 상상하다.
08	a NASA mission control(지상의) 우주비행 관제소	●	NASA 우주 비행 관제소 [우주비행사의 임무(mission)를 관할하여 통제(control)하는 장소]
09	shuttle launch발사	●	우주왕복선 발사
10	space-probe탐사기 landing	●	우주탐사기 착륙(탐사 : 탐구하여 조사하다)
11	a room filled with individuals사람,개인	●	사람들로 가득 찬 방

B. 빈칸을 영어로(빈칸에 해당하는 **오른쪽 우리말에 동그라미** 하면서 빈칸 채우기)

01	the ever-increasing c_____ of human society	●	계속 증대하는 인간 사회의 복잡성
02	the ever-increasing r_____s of human society	●	계속 증대하는 인간 사회의 자원
03	technological a_____	●	기술적 발전
04	interconnected social c_____	●	상호 관련된 사회 자본
05	rapidly growing e_____ resources	●	급속히 증대하고 있는 경제 자원
06	depend on trust and c_____	●	신뢰와 협력에 의존하다.
07	p_____ the familiar scene	●	익숙한 장면을 상상하다.
08	a NASA m_____	●	NASA 우주 비행 관제소
09	shuttle l_____	●	우주왕복선 발사
10	space-p_____ landing	●	우주탐사기 착륙
11	a room filled with i_____s	●	사람들로 가득 찬 방

C. 빈칸을 우리말로(빈칸에 해당하는 **왼쪽 영어에 동그라미** 하면서 빈칸 채우기)

01	the ever-increasing complexity of human society	●	계속 증대하는 인간 사회의 _____
02	the ever-increasing resources of human society	●	계속 증대하는 인간 사회의 _____
03	technological advancement	●	기술적 _____
04	interconnected social capital	●	상호 관련된 사회 _____
05	rapidly growing economic resources	●	급속히 증대하고 있는 _____ 자원
06	depend on trust and cooperation	●	신뢰와 _____에 의존하다.
07	picture the familiar scene	●	익숙한 장면을 _____.
08	a NASA mission control	●	NASA _____
09	shuttle launch	●	우주왕복선 _____
10	space-probe landing	●	우주_____ 착륙
11	a room filled with individuals	●	_____들로 가득 찬 방

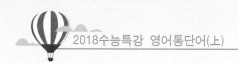
A. 문맥 속 영단어 정성껏 읽어보기(오른쪽 파란색 우리말에 해당하는 왼쪽 영어 떠올려 보기)

01	bend over몸을 구부리다 in front of a computer screen	• 컴퓨터 화면 앞에서 몸을 구부리다.
02	work in concert협력하여	• 협력하여 일하다.
03	each link(사슬의) 고리,연결 in the chain	• (협력)사슬의 각 고리
04	a small but central중요한 role to play	• 해야만 하는 작지만 중요한 역할
05	the trustworthiness신뢰성 of the others	• 다른 사람에 대한 신뢰성
06	fail to~하지 못하다 notice an important data point	• 중요한 자료점을 주목하지 못하다.
07	the pressure압력 in a tank	• 탱크의 압력
08	atmospheric대기의,분위기의 conditions	• 대기의 상황
09	heart rate심박동 수 of an astronaut	• 우주 비행사의 심박동 수
10	The whole enterprise(모험적인) 기획(계획),사업 can be in danger.	• 전체 기획이 위험에 빠질 수 있다.
11	if the joint공동의 venture is to succeed	• 공동의 모험이 성공해야만 한다면

B. 빈칸을 영어로(빈칸에 해당하는 **오른쪽 우리말에 동그라미** 하면서 빈칸 채우기)

01	b_____ in front of a computer screen	• 컴퓨터 화면 앞에서 몸을 구부리다.
02	work i_____	• 협력하여 일하다.
03	each l_____ in the chain	• (협력)사슬의 각 고리
04	a small but c_____ role to play	• 해야만 하는 작지만 중요한 역할
05	the t_____ of the others	• 다른 사람에 대한 신뢰성
06	f_____ notice an important data point	• 중요한 자료점을 주목하지 못하다.
07	the p_____ in a tank	• 탱크의 압력
08	a_____ conditions	• 대기의 상황
09	h_____ of an astronaut	• 우주 비행사의 심박동 수
10	The whole e_____ can be in danger.	• 전체 기획이 위험에 빠질 수 있다.
11	if the j_____ venture is to succeed	• 공동의 모험이 성공해야만 한다면

C. 빈칸을 우리말로(빈칸에 해당하는 **왼쪽 영어에 동그라미** 하면서 빈칸 채우기)

01	bend over in front of a computer screen	• 컴퓨터 화면 앞에서 _____.
02	work in concert	• _____ 일하다.
03	each link in the chain	• (협력)사슬의 각 _____
04	a small but central role to play	• 해야만 하는 작지만 _____ 역할
05	the trustworthiness of the others	• 다른 사람에 대한 _____
06	fail to notice an important data point	• 중요한 자료점을 주목_____.
07	the pressure in a tank	• 탱크의 _____
08	atmospheric conditions	• _____ 상황
09	heart rate of an astronaut	• 우주 비행사의 _____
10	The whole enterprise can be in danger.	• 전체 _____이 위험에 빠질 수 있다.
11	if the joint venture is to succeed	• _____ 모험이 성공해야만 한다면

155

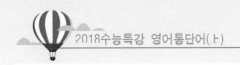

A. 문맥 속 영단어 정성껏 읽어보기(오른쪽 파란색 우리말에 해당하는 왼쪽 영어 떠올려 보기)

01	Viewed from the distance(면)거리,~	●	먼 거리에서 보여졌을 때, ~
02	The scene down the block구역 seemed odd이상한	●	그 구역 아래쪽의 광경은 이상한 것 같았다.
03	sat in the middle of the sidewalk(포장한) 보도,인도	●	보도 한가운데 앉아 있었다.
04	with her legs around a stroller유모차	●	유모차를 자신의 다리로 감싼 채
05	as I approached다가가다	●	내가 다가갔을 때
06	She and the old lady were at eye level눈높이.	●	그녀와 그 노부인이 같은 눈높이에 있었다.
07	The two were so engrossed열중해 있는 in one another.	●	그 둘은 서로에게 너무나 열중해 있었다.
08	neither(둘 중) 어느 쪽도 ~아니다 noticed me	●	둘 중 어느 쪽도 나를 알아차리지 못했다.
09	place one of her fingers on the tip(뾰족한) 끝 of the baby's nose	●	그녀의 손가락 하나를 아기의 코끝에 올리다.
10	be rewarded보답(하다) with a smile	●	미소로 보답받다.
11	explore탐사(탐색)하다 the lady's mouth with her fingers	●	그녀의 손가락들로 그 부인의 입을 탐색하다.

B. 빈칸을 영어로(빈칸에 해당하는 **오른쪽 우리말에 동그라미** 하면서 빈칸 채우기)

01	Viewed from the d_____, ~	●	먼 거리에서 보여졌을 때, ~
02	The scene down the b_____ seemed o_____.	●	그 구역 아래쪽의 광경은 이상한 것 같았다.
03	sat in the middle of the s_____	●	보도 한가운데 앉아 있었다.
04	with her legs around a s_____	●	유모차를 자신의 다리로 감싼 채
05	as I a_____ed	●	내가 다가갔을 때
06	She and the old lady were at e_____	●	그녀와 그 노부인이 같은 눈높이에 있었다.
07	The two were so e_____ in one another.	●	그 둘은 서로에게 너무나 열중해 있었다.
08	n_____ noticed me	●	둘 중 어느 쪽도 나를 알아차리지 못했다.
09	place one of her fingers on the t_____ of the baby's nose	●	그녀의 손가락 하나를 아기의 코끝에 올리다.
10	be r_____ed with a smile	●	미소로 보답받다.
11	e_____ the lady's mouth with her fingers	●	그녀의 손가락들로 그 부인의 입을 탐색하다.

C. 빈칸을 우리말로(빈칸에 해당하는 **왼쪽 영어에 동그라미** 하면서 빈칸 채우기)

01	Viewed from the distance, ~	●	_____에서 보여졌을 때, ~
02	The scene down the block seemed odd.	●	그 _____ 아래쪽의 광경은 _____ 것 같았다.
03	sat in the middle of the sidewalk	●	_____ 한가운데 앉아 있었다.
04	with her legs around a stroller	●	_____를 자신의 다리로 감싼 채
05	as I approached	●	내가 _____ 때
06	She and the old lady were at eye level	●	그녀와 그 노부인이 같은 _____에 있었다.
07	The two were so engrossed in one another.	●	그 둘은 서로에게 너무나 _____ 있었다.
08	neither noticed me	●	_____ 나를 알아차리지 _____.
09	place one of her fingers on the tip of the baby's nose	●	그녀의 손가락 하나를 아기의 코_____에 올리다.
10	be rewarded with a smile	●	미소로 _____받다.
11	explore the lady's mouth with her fingers	●	그녀의 손가락들로 그 부인의 입을 _____.

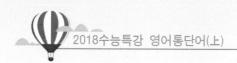

A. 문맥 속 영단어 정성껏 읽어보기(오른쪽 파란색 우리말에 해당하는 왼쪽 영어 떠올려 보기)

01	giggle키득거리다,피식 웃다 delightedly	• 기뻐서 키득거리다.
02	with an open-mouthed expression표정,표현 of delight	• 기쁨에 차서 입을 벌린 표정으로
03	start clapping박수(를 치다),찰싹 때리다 her hands	• (손으로) 박수를 치기 시작하다.
04	her grandmother's cheeks볼,뺨	• 그녀 할머니의 뺨
05	Every now and then때때로,이따금 the baby took a needed break.	• 이따금 그 아기는 필요한 휴식을 취했다.
06	tire싫증내다 of repeating the dance	• 춤을 반복하는 것을 싫증 내다.
07	after a pause멈춤,잠시 멈추다	• 잠시의 멈춤 이후에
08	explore her sense of touch with great enthusiasm열정,열의	• 굉장한 열의를 가지고 자신의 촉각을 탐색하다.
09	share공유하다 this joy	• 이런 기쁨을 공유하다.
10	grateful to have witnessed목격하다,목격자 this charming멋진,매력적인 example	• 이런 멋진 사례를 목격했음에 감사하는

B. 빈칸을 영어로(빈칸에 해당하는 **오른쪽 우리말에 동그라미** 하면서 빈칸 채우기)

01	g_____ delightedly	• 기뻐서 키득거리다.
02	with an open-mouthed e_____ of delight	• 기쁨에 차서 입을 벌린 표정으로
03	start c____ping her hands	• (손으로) 박수를 치기 시작하다.
04	her grandmother's c___s	• 그녀 할머니의 뺨
05	E_____ the baby took a needed break.	• 이따금 그 아기는 필요한 휴식을 취했다.
06	t____ of repeating the dance	• 춤을 반복하는 것을 싫증 내다.
07	after a p_____	• 잠시의 멈춤 이후에
08	explore her sense of touch with great e_____	• 굉장한 열의를 가지고 자신의 촉각을 탐색하다.
09	s____ this joy	• 이런 기쁨을 공유하다.
10	grateful to have w___ed this c_____ example	• 이런 멋진 사례를 목격했음에 감사하는

C. 빈칸을 우리말로(빈칸에 해당하는 **왼쪽 영어에 동그라미** 하면서 빈칸 채우기)

01	giggle delightedly	• 기뻐서 ____.
02	with an open-mouthed expression of delight	• 기쁨에 차서 입을 벌린 ____으로
03	start clapping her hands	• (손으로) ____ 시작하다.
04	her grandmother's cheeks	• 그녀 할머니의 ___
05	Every now and then the baby took a needed break.	• ____ 그 아기는 필요한 휴식을 취했다.
06	tire of repeating the dance	• 춤을 반복하는 것을 ____.
07	after a pause	• ____ 이후에
08	explore her sense of touch with great enthusiasm	• 굉장한 ___를 가지고 자신의 촉각을 탐색하다.
09	share this joy	• 이런 기쁨을 ____.
10	grateful to have witnessed this charming example	• 이런 ____ 사례를 ___에 감사하는

A. 문맥 속 영단어 정성껏 읽어보기(오른쪽 파란색 우리말에 해당하는 왼쪽 영어 떠올려 보기)

01	attribute(~의) 덕분이라고 여기다 it all to his small talk한담 skills	●	그것 모두 그의 한담 기술 덕분이라고 여기다. (한담 : 한가하게 주고받는 담화, 이야기)
02	saw a job posting일자리 공시	●	일자리 공시를 보았다. [비어있는 일자리(job)를 공개적으로 게시하여 알림(posting)]
03	five years of relevant관련 있는 experience	●	5년의 관련 있는 (분야의) 경험
04	compete against candidates지원자,후보자	●	지원자(후보자)들과 경쟁하다.
05	far more qualified자격을 갖춘 than~	●	~보다 훨씬 더 자격을 갖춘
06	obtain획득하다 an interview	●	면접을 획득하다(따내다).
07	He knew it was a long shot거의 승산 없는 것	●	그는 승산이 없다는 것을 알았다. [너무 멀리서 길게(long) 슛(shot)을 쏘면 골인될 승산이 거의 없죠]
08	arrive at the interview location장소	●	면접 장소에 도착하다.
09	go over훑어보다,검토하다 some last minute notes	●	마지막 순간에 볼 쪽지 몇 장을 훑어보다(검토하다).
10	an old man in a black suit정장	●	검은 정장을 입은 노인
11	read his notes to himself over and over반복해서	●	혼자서 그의 쪽지들을 반복해서 읽다.
12	catch sight of~을 보다,찾아내다 Henry's notes	●	Henry의 쪽지를 보다.

B. 빈칸을 영어로(빈칸에 해당하는 **오른쪽 우리말에 동그라미** 하면서 빈칸 채우기)

01	a____s it all to his s____ skills	●	그것 모두 그의 한담 기술 덕분이라고 여기다.
02	saw a j____	●	일자리 공시를 보았다.
03	five years of r____ experience	●	5년의 관련 있는 (분야의) 경험
04	compete against c____s	●	지원자(후보자)들과 경쟁하다.
05	far more q____ than~	●	~보다 훨씬 더 자격을 갖춘
06	o____ an interview	●	면접을 획득하다(따내다).
07	He knew it was a____.	●	그는 승산이 없다는 것을 알았다.
08	arrive at the interview l____	●	면접 장소에 도착하다.
09	g____ some last minute notes	●	마지막 순간에 볼 쪽지 몇 장을 훑어보다.
10	an old man in a black s____	●	검은 정장을 입은 노인
11	read his notes to himself o____	●	혼자서 그의 쪽지들을 반복해서 읽다.
12	c____ Henry's notes	●	Henry의 쪽지를 보다.

C. 빈칸을 우리말로(빈칸에 해당하는 **왼쪽 영어에 동그라미** 하면서 빈칸 채우기)

01	attributes it all to his small talk skills	●	그것 모두 그의 ____ 기술 ____.
02	saw a job posting	●	____를 보았다.
03	five years of relevant experience	●	5년의 ____ (분야의) 경험
04	compete against candidates	●	____들과 경쟁하다.
05	far more qualified than~	●	~보다 훨씬 더 ____
06	obtain an interview	●	면접을 ____.
07	He knew it was a long shot.	●	그는 ____을 알았다.
08	arrive at the interview location	●	면접 ____에 도착하다.
09	go over some last minute notes	●	마지막 순간에 볼 쪽지 몇 장을 ____.
10	an old man in a black suit	●	검은 ____을 입은 노인
11	read his notes to himself over and over	●	혼자서 그의 쪽지들을 ____ 읽다.
12	catch sight of Henry's notes	●	Henry의 쪽지를 ____

A. 문맥 속 영단어 정성껏 읽어보기(오른쪽 파란색 우리말에 해당하는 왼쪽 영어 떠올려 보기)

01	have the company name scrawled휘갈겨 쓰다	• 그 회사의 이름이 휘갈겨 쓰여져 있었다.
02	a perfect fit맞는 사람(것) for the job	• 그 일자리에 완벽하게 맞는 사람(것)
03	note(주의해서) 말하다,주목하다,적어두다 a couple of problems the company currently현재 had	• 그 회사의 현재 문제 두어 가지를 말하다.
04	switch바꾸다 topics	• 화제를 바꾸다.
05	his fiercely몹시,맹렬하게 proud father	• 몹시 자부심이 강한 그의 아버지
06	biggest accomplishments성취 in life thus far지금까지	• 지금까지 그의 인생에서 가장 큰 성취
07	connect관계를 맺다 with a stranger	• 낯선 사람과 관계를 맺다.
08	bid(인사 따위를) 말하다,고하다 the man adieu	• 그 남자에게 작별을 고하다adieu(작별,아듀).
09	asked to put him on hold momentarily잠깐(동안)	• 그에게 잠깐 끊지 말고 기다리라고 요청했다(on hold 보류된,연기된).
10	a familiar낯익은,친숙한 voice	• 낯익은 목소리
11	the news of landing the job직장을 구하다	• 직장을 구한 소식
12	the vice부~,대리의 presidents of the company	• 그 회사의 부회장

B. 빈칸을 영어로(빈칸에 해당하는 **오른쪽 우리말에 동그라미** 하면서 빈칸 채우기)

01	have the company name s_____ed	• 그 회사의 이름이 휘갈겨 쓰여져 있었다.
02	a perfect f___ for the job	• 그 일자리에 완벽하게 맞는 사람(것)
03	n___ a couple of problems the company c_____ had	• 그 회사의 현재 문제 두어 가지를 말하다.
04	s_____ topics	• 화제를 바꾸다.
05	his f_____ proud father	• 몹시 자부심이 강한 그의 아버지
06	biggest a_____s in life t___	• 지금까지 그의 인생에서 가장 큰 성취
07	c_____ with a stranger	• 낯선 사람과 관계를 맺다.
08	b___ the man adieu	• 그 남자에게 작별을 고하다.
09	asked to put him on hold m_____	• 그에게 잠깐 끊지 말고 기다리라고 요청했다.
10	a f_____ voice	• 낯익은 목소리
11	the news of l_____ing t___	• 직장을 구한 소식
12	the v_____ presidents of the company	• 그 회사의 부회장

C. 빈칸을 우리말로(빈칸에 해당하는 **왼쪽 영어에 동그라미** 하면서 빈칸 채우기)

01	have the company name scrawled	• 그 회사의 이름이 _____ 있었다.
02	a perfect fit for the job	• 그 일자리에 완벽하게 _____
03	note a couple of problems the company currently had	• 그 회사의 ___ 문제 두어 가지를 ___.
04	switch topics	• 화제를 _____.
05	his fiercely proud father	• ___ 자부심이 강한 그의 아버지
06	biggest accomplishments in life thus far	• _____ 그의 인생에서 가장 큰 ___
07	connect with a stranger	• 낯선 사람과 _____.
08	bid the man adieu	• 그 남자에게 작별을 ___.
09	asked to put him on hold momentarily	• 그에게 ___ 끊지 말고 기다리라고 요청했다.
10	a familiar voice	• _____ 목소리
11	the news of landing the job	• _____ 소식
12	the vice presidents of the company	• 그 회사의 ___ 회장

A. 문맥 속 영단어 정성껏 읽어보기(오른쪽 파란색 우리말에 해당하는 왼쪽 영어 떠올려 보기)

01	at a local convenience store편의점	• 지역 편의점에서
02	stretch쭉 펴다 their legs	• 그들의 다리를 쭉 펴다.
03	There were several vehicles차량 in the parking lot.	• 주차장에 몇 대의 차량이 있었다.
04	attempt시도하다 to make small talk	• 한담(한가로운 담화)을 나누려고 시도하다.
05	the clerk behind the counter계산대	• 계산대 뒤에 있던 점원
06	the clerk was short with his responses대답	• 점원은 짧게 대답을 했다.
07	He was having just one of those days일이 잘 안 풀리는 날,그저 그런 날.	• 그는 그저 일이 잘 풀리지 않는 날을 보내고 있었다.
08	commented말하다,논평하다 to the clerk that+S+V	• 점원에게 ~라고 말했다.
09	Business appeared slow(장사가) 잘 안 되는,불경기의.	• 장사가(사업이) 잘 안 되는 것 같았다.
10	responded abruptly퉁명스럽게	• 퉁명스럽게 응답했다.
11	heard him correctly정확하게	• 그가 한 말을 정확하게 듣다.
12	repeat the statement말,진술	• 그 말을 반복하다.

B. 빈칸을 영어로(빈칸에 해당하는 **오른쪽 우리말에 동그라미** 하면서 빈칸 채우기)

01	at a local c_____	• 지역 편의점에서
02	s_____ their legs	• 그들의 다리를 쭉 펴다.
03	There were several v_____s in the parking lot.	• 주차장에 몇 대의 차량이 있었다.
04	a_____ to make small talk	• 한담(한가로운 담화)을 나누려고 시도하다.
05	the clerk behind the c_____	• 계산대 뒤에 있던 점원
06	the clerk was short with his r_____s	• 점원은 짧게 대답을 했다.
07	He was having j_____.	• 그는 그저 일이 잘 풀리지 않는 날을 보내고 있었다.
08	c_____ed to the clerk that+S+V	• 점원에게 ~라고 말했다.
09	Business appeared s_____.	• 장사가(사업이) 잘 안 되는 것 같았다.
10	responded a_____	• 퉁명스럽게 응답했다.
11	heard him c_____	• 그가 한 말을 정확하게 듣다.
12	repeat the s_____	• 그 말을 반복하다.

C. 빈칸을 우리말로(빈칸에 해당하는 **왼쪽 영어에 동그라미** 하면서 빈칸 채우기)

01	at a local convenience store	• 지역 _____에서
02	stretch their legs	• 그들의 다리를 _____.
03	There were several vehicles in the parking lot.	• 주차장에 몇 대의 _____이 있었다.
04	attempt to make small talk	• 한담(한가로운 담화)을 나누려고 _____.
05	the clerk behind the counter	• _____ 뒤에 있던 점원
06	the clerk was short with his responses	• 점원은 짧게 _____을 했다.
07	He was having just one of those days.	• 그는 그저 _____을 보내고 있었다.
08	commented to the clerk that+S+V	• 점원에게 ~라고 _____.
09	Business appeared slow.	• 장사가(사업이) _____ 것 같았다.
10	responded abruptly	• _____ 응답했다.
11	heard him correctly	• 그가 한 말을 _____ 듣다.
12	repeat the statement	• 그 _____을 반복하다.

160

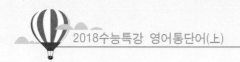
A. 문맥 속 영단어 정성껏 읽어보기(오른쪽 파란색 우리말에 해당하는 왼쪽 영어 떠올려 보기)

01	be about to(막)~하려고 하다 tell the clerk ~	• 점원에게 막 말하려고 하다.
02	pat토닥거리다(쓰다듬다) his fellow officer on his shoulder	• 동료 경찰관의 어깨를 토닥이다.
03	be notified notify통지하다,알리다 that the clerk made a complaint불만	• 그 점원이 불만을 제기했다는 통지를 받다.
04	for an extended연장된,길어진 period	• 길어진 시간 동안(장시간 동안)
05	Internal investigation조사 was completed.	• 내부 조사가 완료되었다.
06	find them to be neglectful태만한	• 그들이 태만하다고 알다.
07	No calls for service were outstanding미해결된,눈에 띄는 in their areas.	• 그들의 구역에서 미해결된(처리되지 않은) 출동 요청은 없었다.
08	the unexpected twist(사건 따위의)반전,급변 to the story	• 이야기의 예기치 않은 반전(급변)
09	The clerk was robbed강탈하다.	• 점원이 강탈당했다(강도를 당했다).
10	respond to the robbery강도(행위) scene	• 강도 현장에 응답하다.
11	barely간신히,겨우 able to speak to the officers	• 경찰관들에게 간신히 말할 수 있는
12	resist자제하다(견디다),저항하다 making the comment	• 그 말 하는 것을 자제하다.

B. 빈칸을 영어로(빈칸에 해당하는 **오른쪽 우리말에 동그라미** 하면서 빈칸 채우기)

01	b_____ tell the clerk ~	• 그는 점원에게 막 말하려고 하다.
02	p_____ his fellow officer on his shoulder	• 동료 경찰관의 어깨를 토닥이다.
03	be n_____ that the clerk made a c_____	• 그 점원이 불만을 제기했다는 통지를 받다.
04	for an e_____ period	• 길어진 시간 동안(장시간 동안)
05	Internal i_____ was completed.	• 내부 조사가 완료되었다.
06	find them to be n_____	• 그들이 태만하다고 알다.
07	No calls for service were o_____ in their areas.	• 그들의 구역에서 미해결된(처리되지 않은) 출동 요청은 없었다.
08	the unexpected t_____ to the story	• 이야기의 예기치 않은 반전(급변)
09	The clerk was r_____bed.	• 점원이 강탈당했다(강도를 당했다).
10	respond to the r_____ scene	• 강도 현장에 응답하다.
11	b_____ able to speak to the officers	• 경찰관들에게 간신히 말할 수 있는
12	r_____ making the comment	• 그 말 하는 것을 자제하다.

C. 빈칸을 우리말로(빈칸에 해당하는 **왼쪽 영어에 동그라미** 하면서 빈칸 채우기)

01	be about to tell the clerk ~	• 그는 점원에게 ___ 말_____.
02	pat his fellow officer on his shoulder	• 동료 경찰관의 어깨를 _____.
03	be notified that the clerk made a complaint	• 그 점원이 ___을 제기했다는 ___를 받다.
04	for an extended period	• _____ 시간 동안(___ 시간 동안)
05	Internal investigation was completed.	• 내부 ___가 완료되었다.
06	find them to be neglectful	• 그들이 ___ 하다고 알다.
07	No calls for service were outstanding in their areas.	• 그들의 구역에서 _____ 출동 요청은 없었다.
08	the unexpected twist to the story	• 이야기의 예기치 않은 _____
09	The clerk was robbed.	• 점원이 ___ 당했다(___를 당했다).
10	respond to the robbery scene	• ___ 현장에 응답하다.
11	barely able to speak to the officers	• 경찰관들에게 _____ 말할 수 있는
12	resist making the comment	• 그 말 하는 것을 _____.

A. 문맥 속 영단어 정성껏 읽어보기(오른쪽 파란색 우리말에 해당하는 왼쪽 영어 떠올려 보기)

01	There was once a famine기근,굶주림 in the countryside.	●	한번은 시골에 기근이 있었다.
02	go to the city to make a living생계를 꾸리다	●	생계를 꾸리려고 도시로 가다.
03	found employment직장,고용 in the house of a great artist.	●	한 위대한 화가의 집에서 직장을 얻었다.
04	rise from humble beginnings보잘 것 없는 집안에서 태어나 출세하다 through hard work		열심히 일해 보잘것없는 집안에서 태어나 출세하다(rise 일어나다,출세하다 / humble 천한,초라한).
05	the ceiling of a cathedral(주교가 있는) 대성당	●	대성당의 천장
06	intend to~할 의도이다(~할 작정이다) take that job	●	그 일을 맡을 의도이다.
07	be done with~을 끝내다 some paintings	●	몇 개의 그림을 끝내다.
08	work immediately바로,즉각	●	바로 일을 하다.
09	crush빻다,짓찧다,으깨다 small stones	●	작은 돌들을 빻다(짓찧다).
10	a fine고운,미세한 powder	●	고운 가루
11	soak담그다,적시다 the powder in a foul고약한,더러운-smelling liquid	●	그 가루를 냄새가 고약한 액체에 담그다.
12	drain(물 등을) 빼내다 the liquid	●	액체를 빼내다.

B. 빈칸을 영어로(빈칸에 해당하는 **오른쪽 우리말에 동그라미** 하면서 빈칸 채우기)

01	There was once a f in the countryside.	●	한번은 시골에 기근이 있었다.
02	go to the city to m	●	생계를 꾸리려고 도시로 가다.
03	found e in the house of a great artist.	●	한 위대한 화가의 집에서 직장을 얻었다.
04	r h b through hard work		열심히 일해 보잘것없는 집안에서 태어나 출세하다.
05	the ceiling of a c	●	대성당의 천장
06	i take that job	●	그 일을 맡을 의도이다.
07	b some paintings	●	몇 개의 그림을 끝내다.
08	work i	●	바로 일을 하다.
09	c small stones	●	작은 돌들을 빻다(짓찧다).
10	a f powder	●	고운 가루
11	s the powder in a f -smelling liquid	●	그 가루를 냄새가 고약한 액체에 담그다.
12	d the liquid	●	액체를 빼내다.

C. 빈칸을 우리말로(빈칸에 해당하는 **왼쪽 영어에 동그라미** 하면서 빈칸 채우기)

01	There was once a famine in the countryside.	●	한번은 시골에 이 있었다.
02	go to the city to make a living	●	도시로 가다.
03	found employment in the house of a great artist.	●	한 위대한 화가의 집에서 을 얻었다.
04	rise from humble beginnings through hard work	●	열심히 일해
05	the ceiling of a cathedral	●	의 천장
06	intend to take that job	●	그 일을 맡을 .
07	be done with some paintings	●	몇 개의 그림 .
08	work immediately	●	일을 하다.
09	crush small stones	●	작은 돌들을 .
10	a fine powder	●	가루
11	soak the powder in a foul-smelling liquid	●	그 가루를 냄새가 액체에 .
12	drain the liquid	●	액체를 .

162

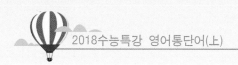
A. 문맥 속 영단어 정성껏 읽어보기(오른쪽 파란색 우리말에 해당하는 왼쪽 영어 떠올려 보기)

01	evaporate증발시키다 the liquid	● 액체를 증발시키다.
02	boil끓이다 the juice into a concentrate농축액,농축하다,집중하다	● 즙을 끓여 농축액을 만들다.
03	the rich variety of다양한,갖가지 colors	● 갖가지(다양한) 풍부한 색
04	be fascinated매료시키다 by the jewel-like colors	● 보석 같은 색에 매료되었다.
05	a particular shade색조(색깔의 정도),색채 of red	● 특별한 빨강 색조
06	yield생기게 하다,낳다,굴복하다 such a hue색상,빛깔	● 그러한 색상을 생기게 하다.
07	turn out~로 입증되다 to be the case	● 사실로 입증되다.
08	when his commissions의뢰(주문) were finished	● 그가 의뢰받은 일(주문)이 끝났을 때
09	wind up정리하다,마무리짓다 his establishment집,주거,설립	● 그의 집을 정리하다(wind-wound-wound).
10	maintain유지하다,보존하다 the house	● 집을 유지(보존)하다.
11	accompany동반하다,~와 함께 가다 him	● 그와 함께 다니다(동반하다).
12	became a noted유명한 artist in his own right혼자 힘으로, 자신의 권리로	● 그 혼자 힘으로 유명한 화가가 되었다.

B. 빈칸을 영어로(빈칸에 해당하는 **오른쪽 우리말에 동그라미** 하면서 빈칸 채우기)

01	e the liquid	● 액체를 증발시키다.
02	b the juice into a c	● 즙을 끓여 농축액을 만들다.
03	the rich v colors	● 갖가지(다양한) 풍부한 색
04	be f d by the jewel-like colors	● 보석 같은 색에 매료되었다.
05	a particular s of red	● 특별한 빨강 색조
06	y such a h	● 그러한 색상을 생기게 하다.
07	t to be the case	● 사실로 입증되다.
08	when his c s were finished	● 그가 의뢰받은 일(주문)이 끝났을 때
09	w his e	● 그의 집을 정리하다.
10	m the house	● 집을 유지(보존)하다.
11	a him	● 그와 함께 다니다(동반하다).
12	became a n artist i	● 그 혼자 힘으로 유명한 화가가 되었다.

C. 빈칸을 우리말로(빈칸에 해당하는 **왼쪽 영어에 동그라미** 하면서 빈칸 채우기)

01	evaporate the liquid	● 액체를 .
02	boil the juice into a concentrate	● 즙을 을 만들다.
03	the rich variety of colors	● 풍부한 색
04	be fascinated by the jewel-like colors	● 보석 같은 색에 되었다.
05	a particular shade of red	● 특별한 빨강
06	yield such a hue	● 그러한 을 .
07	turn out to be the case	● 사실로 .
08	when his commissions were finished	● 그가 이 끝났을 때
09	wind up his establishment	● 그의 을 .
10	maintain the house	● 집을 .
11	accompany him	● 그와 .
12	became a noted artist in his own right	● 화가가 되었다.